中华泰山文库·著述书系

泰山风景名胜区管理委员会　编

杨树茂 著

泰山美韵

山东人民出版社·济南

图书在版编目（CIP）数据

泰山美韵/杨树茂著.--济南:山东人民出版社,2020.9
（中华泰山文库·著述书系）
ISBN 978-7-209-13194-0

Ⅰ.①泰… Ⅱ.①杨… Ⅲ.①泰山-文化研究 Ⅳ.①K928.3

中国版本图书馆CIP数据核字(2020)第170906号

项目统筹 胡长青
责任编辑 杨云云
装帧设计 武 斌 王园园
项目完成 文化艺术编辑室

泰山美韵
TAISHAN MEIYUN
杨树茂 著

主管单位 山东出版传媒股份有限公司
出版发行 山东人民出版社
出 版 人 胡长青
社 址 济南市英雄山路165号
邮 编 250002
电 话 总编室（0531）82098914
市场部（0531）82098027
网 址 http://www.sd-book.com.cn
印 装 山东新华印务有限公司
经 销 新华书店

规 格 16开（210mm×285mm）
印 张 16.5
字 数 240千字
版 次 2020年9月第1版
印 次 2020年9月第1次
印 数 1-1000
ISBN 978-7-209-13194-0
定 价 200.00元

立岱宗之弘毅

——序《中华泰山文库》

一生中能与泰山结缘，是我的幸福。

泰山在中国人民生活中有着广泛而深远的影响，人们常说“重于泰山”“泰山北斗”“有眼不识泰山”……在中国人心目中，泰山几乎是“伟大”“崇高”的同义语。秉持泰山文化，传承泰山文化，简而言之，主要就是学做人，以德树人，以仁化人，归于“天人合德”的崇高境界。

自1979年到现在，我先后登临岱顶46次，涵盖自己中年到老年的生命进程。在这漫长岁月里，纵情山水之间，求索天人之际，以泰山为师，仰之弥高，探之弥深。从泰山文化的博大精深中，感悟到“生有涯，学泰山无涯”。

我学习泰山文化，经历了一个由美学考察到哲学探索的过程。美学考察是其开端。记得在20世纪80年代，为给泰山申报世界文化与自然遗产做准备，许多专家学者对泰山的文化与自然价值进行了考察评价。当时，北京大学有部分专家教授包括我在内参加了这一工作。按分工，我研究泰山的美学价值，撰写了《泰山美学考察》一文，对泰山的壮美——阳刚之美的自然特征、精神内涵以及对审美主体的重要作用，有了较深的体悟。除了理论上的探索，我还创作了三十多首有关泰山的诗作，如《泰山颂》：

高而可登，雄而可亲。
松石为骨，清泉为心。
呼吸宇宙，吐纳风云。
海天之怀，华夏之魂。

这是我对泰山的基本感受和认识。这首诗先后刻在了泰山的朝阳洞与天外村。

我认为泰山的最大魅力在于激发人的生命活力。我对泰山文化的学习，开端于美学，深化在哲学。两者往往交融在一起。在攀登泰山时，既有审美的享受，又有哲学的启迪（泰山自然景观和人文景观的结合，体现了一种天人合一的艺术境界）。对泰山的审美离不开形象、直觉，哲学的探索则比较抽象。哲学关乎世界观，在文化体系中处于核心地位，对人的精神影响更为深沉而持久。有朋友问我：能否用一个词来概括泰山对自己的最深刻的影响？我回答：这个词应该是生命的“生”。可以说，泰山文化是以生命为中心的天人之学，其内涵非常丰富，可谓中国文化史的一个缩影。泰山文化包容儒释道，但起主导作用的是儒家文化，与孔子思想有千丝万缕的联系。《周易·系辞下》中讲“天地之大德曰生”，天地生育万物，既不图回报，也不居功，广大无私，包容万物，这是一种大德。天生人，人就应当秉承这种德行，对于人的生命来说，德是其灵魂。品德体现了如何做人。品德可以决定一个人的人生方向、道路乃至生命质量。人的价值和意义离开德便无从谈起。蔡元培先生讲：“德育实为完全人格之本，若无德，则虽体魄智力发达，适足助其为恶，无益也。”

“天行健，君子以自强不息；地势坤，君子以厚德载物。”这两句话深刻地体现了“天人合德”的思想。学习泰山文化要与时代精神相结合。泰山文化中“生”的精神对我影响很大，近四十年，我好像上了一次人生大学，感到生生不已，日新又新，这种精神感召自己奋斗、攀登，为人民事业做奉献。虽然我已经97岁，但生活仍然过得充实愉快，是泰山给了我新的生命。

泰山文化是中华民族优秀传统文化的主要象征之一，是我们民族文化的瑰宝。在这方面，历史为我们留下了浩瀚的资料，亟待整理。挖掘、整理泰山文化，是推动中华优秀文化遗产的创造性转化、创新性发展的迫切需要。

日前，泰山风景名胜区管理委员会的同志来舍下，告知他们正在编纂《中华泰山文库》。丛书分为古籍、著述、外文及口述影像四大书系，拟定120卷本，洋洋五千万言，计划三到五年完成。我听了非常振奋！这是关乎泰山文化的一件大事，惠及当今，功在后世，是一项了不起的文化工程。我对泰山风景名胜区管理委员会领导同志的文化眼光、文化自觉、文化胆识和文化担当，表示由衷钦佩；对丛书的编纂，表示赞成。我认为，编纂《中华泰山文库》丛书，将其作为一个新的文化平台，重要意义在于：

首先，对于泰山文化的集成，善莫大焉。关于泰山的文献，正所谓“经典沉深，载籍浩瀚”（刘勰《文心雕龙》）。从大汶口文化时期的象形符号，到文字记载的《诗经》，再到二十五史，直至今天，在各个历史阶段都不曾缺项。一座山留下如此完整、系统、海量的资料，这是任何山岳都无法与其比肩的，在世界范围内也具有唯一性。《中华泰山文库》的编纂，进一步开拓了泰山文化的深度和广度，对于古今中外泰山文化资料及研究成果的发掘、整理、集成、保存，都具有无与伦比的综合性、优越性和权威性，可谓集之大成；同时，作为文化平台，其建设有利于文化资源和遗产共享。

其次，对于泰山文化的研究，善莫大焉。文献资料是知识的积累，是前人智慧的结晶，是文化、文明的成果。任何研究离开资料，都是无米之炊。任何研究成果都是建立在资料的基础上。同时，每当新的资料出现，都会给研究带来质的变化。《中华泰山文库》囊括了典籍志书、学术著述、外文译著、口述影像多个门类，一方面为学术研究提供了所必需的文献资料，大大方便了研究者的工作；另一方面，宏富的文献资料便于研究者海选、检索、取舍、勘校，将其应用于研究，以利于更好地去伪存真、去粗取精，提高研究效率和研究质量。

再次，对于泰山文化的创新，善莫大焉。文化唯有创新，才会具有更强大的生命力。所以说，文化创新工作永远在路上。新时代泰山文化的创新，质言之，泰山文化如何引领新时代的精神文明，服务于新时代的精神文明建设，是一个重大课题。就其创新而言，《中华泰山文库》丛书的编纂本身就是一种立意高远的文化创新。它有目的、有计划、有系统地广泛征集、融汇泰山文献资料，集腋成裘，聚沙成塔，夯实了泰山文化的基础，成为泰山文化创新的里程碑。另外，外文书籍的编纂，开阔了泰山走向世界、世界了解泰山的窗口，对于泰山更好地走向世界、融入世界，具有重要的现实意义。而口述泰山的编纂，则是首开先河，把音频、影像等鲜活的泰山文化资料呈现给世人。《中华泰山文库》的富藏，为深入研究泰山的文化自然遗产，提供了坚实的物质保障。

最后，对于泰山文化的传承，善莫大焉。从文化的视角着眼，随着经济社会的发展变革，亟须深化对优秀传统文化重要性的认识，以进一步增强文化自觉和文化自信；通过深入挖掘优秀传统文化价值内涵，进一步激发其生机与活力；着力构建优秀传统文化传承发展体系，使人民群众得到深厚的文化滋养，不断提高文化素养，以增强文化软实力。毋庸讳言，《中华泰山文库》负载的正是这样一个优秀传统文化传承发展体系。如上所述，集成、研究、创新的最终目的，就是为了增强泰山文化的生命力，祖祖辈辈传承下去，延续、共享这一人类文明的文化成果。这是一个民族兴旺发达的源泉所在。《中华泰山文库》定会秉承本初，薪火相传，继往开来。

更为可喜的是，泰山自然学科资料的整理和研究，也是《中华泰山文库》的重要组成部分，无论是地质的还是动植物的，同样是珍贵的世界遗产。

中国共产党第十九次全国代表大会报告中指出："文化自信是一个国家、一个民族发展中更基本、更深沉、更持久的力量。必须坚持马克思主义，牢固树立共产主义远大理想和中国特色社会主义共同理想，培育和践行社会主义核心价值观，不断增强意识形态领域主导权和话语权，推动中华优秀传统文化创造性转化、创新性发展，继承革命文化，发展社会主义先进文化，不忘本来、吸收外来、面向未来，更好构筑中国精神、中国价值、中国力量，为人民提供精神指引。"这是我们编纂《中华泰山文库》丛书工作的指南。

编纂《中华泰山文库》丛书是一项浩繁的文化系统工程，要充分考虑到它的难度、强度和长度。既要有气魄，又要有毅力；既要正视困难，又要增强信心。行百里者半于九十，知难而进，迎难而上，才能善始善终地完成这项工作。这也是我的一点要求和希望。

值此《中华泰山文库》即将付梓之际，泰山风景名胜区管理委员会的同志嘱我为之作序，却之不恭，写下了以上文字。我晚年的座右铭是："品日月之光辉，悟天地之美德，立岱宗之弘毅，得荷花之尚洁。"所谓"弘毅"，曾子有曰："士不可以不弘毅，任重而道远。仁以为己任，不亦重乎？死而后已，不亦远乎？"故而，名序为：立岱宗之弘毅。

杨辛

2018年7月

题　记

泰山是一座山
泰山是一尊神
泰山是一种诱惑
泰山是一个谜
五万年前的那颗智齿
出白堆家的少女
五千年前那堆猪骨
来自谁家的宴席
泰山之巅的无字碑
在诉说着什么
经石峪的金刚经
究竟是谁的手迹
那悄悄裸露着的“醉心石”
该曾有着怎样惊心动魄的记忆
思考，求证，诠释
也许会使你入门入迷
如醉如痴
这就是人生旅程的诗意
这就是对美探索的韵律

目 录

第一章

山川壮丽

——泰山景观的自然美

泰山，是天造地设的一座大山。其山体雄大，主峰雄伟，气势雄壮，故有“泰山天下雄”的说法。当年的孔子登上泰山后有“小天下”的感觉，正是对泰山这一自然特点的真实印证。

由于雄伟的泰山还处在独特的地域所形成的地理环境中，更显示了它的卓尔不凡，所谓“群峰拱岱”之势，犹如天助般地使泰山增添了“拔地通天”的磅礴气势。而阴阳对比的不同景色，使人深感山高如削、天地有别、峻中有险，更为奇崛。

泰山究竟是生命之山。大自然赋予它“岩岩”之体，也注予它无限活力。山泉、清溪在流动，绿树、红花在生长。日往月来，寒去暑至，使雄伟的泰山增添了若干妩媚，使壮丽的泰山增添了不少娇妍，使静穆的泰山增添了些许喧闹，使敞亮的大山旷区之内也藏掖着几处幽奥。泰山不单是一些古老岩石的堆积物，还是大自然中无数生命的生息地。这就使泰山自然景观的美学态势是大中有小、雄中藏秀、旷中存幽、博中见奇，呈现出主调突出、多态并辅的多层次、多色调、多情趣的审美架构。

古人曾有“封爵之誓”曰：“使河如带，泰山若厉，国以永宁，爰及苗裔。”（《史记·高祖功臣侯者年表第六》）在古人眼里，泱泱神州大地，一若黄河浩浩之水源远流长，惠及四方；一若泰山巍巍之峰挺拔坚锐，威驾四海，国家便能永保安宁，传之后世。如此黄河与泰山，岂非民族雄强之象征？

一、群峰拱岱

翻开祖国地形图，我们可以发现，依照不同的颜色所表示的不同的高度，我国地形呈现着由西而东的梯形变化，地理学家们依次分为三级阶梯：这就是以“世界屋脊”青藏高原为中心的第一级，以黄土高原、内蒙古高原、云贵高原和四川盆地、准噶尔盆地、塔里木盆地为主体的第二级，以东北平原、华北平原、长江中下游平原等沿海一带地区相连带的第三级。就在这一片绿色狭长地区的中部，有一孤岛似的褐色三角区，这就是被称为“势压齐鲁”“雄峙天东”的泰山山脉。泰山山脉绵亘数十公里，根盘数百平方公里，有大小山头一百多个。主峰突兀而立，群峰偃伏环卫，形势如天上“北辰居其所而众星共之”(《论语·为政》)。

“北辰”即北极星，是整个北方天际可为标极的一颗并不怎么亮的星，但因其位居极要，为众星所拱卫，也为人间百姓所共仰。这一点与泰山极为相似，所以便也有“群峰拱岱”之说。古人对此多有吟咏：

天连北极千山拱，云拥黄河一线来。

（〔明〕查秉彝《登岱》）

错落山形皆北拱，微茫海气自东来。

（〔明〕谢先浙《登岱》）

峰峦咸拱北，日月早窥东。

（〔明〕杨文祎《登岱》）

这些诗人，都把泰山的地位看得如同天上北极星一般，受到众山的拱卫。到了清代嘉庆年间，孔子的后人还在朝阳洞之南的摩崖上，留下了“群峰拱岱”大字题刻，大概也可以看作是对其至圣先人“登泰山而小天下”的一种遥远的呼应吧。

拱卫泰山之势有着不同的层次。

主峰玉皇顶为拱卫之势的核心，辐射开去便有日观峰、月观峰、大观峰、莲花峰等，组成岱顶之群峰拱卫之势。

泰山全景

由岱顶辐射开去，又有鸡冠峰、雁翎峰、天烛峰、丈人峰等，而外又有傲徕峰、凌汉峰、中溪山、摩天岭等，这些峰岭走向不一，但都拱卫着玉皇顶，与主峰成鳞次栉比、等而列之之势，似一朵莲花，层层花瓣拱卫着花心。

泰山山体之外，是一列列匍匐于周围的群峰：如海拔1108米的鲁山、1032米的沂山、1150米的蒙山、1023米的徂徕山，还有点缀其间的众多低山丘陵，像一天大小不一、明暗有别的星斗，散落于从北极星中心辐射开来的浩渺夜空，而泰山则稳居于鲁中山地的中心星座之位。

天时不如地利。泰山位于中华民族“母亲河”——黄河的下游，与黄河作为一河一山养育了中华民族的先民们。他们也确曾认为泰山是天下的中心：

> 东方之美者，有医毋闾之珣玗琪焉；东南方之美者，有会稽之竹箭焉；南方之美者，有梁山之犀象焉；西南方之美者，有华山之金石焉；西方之美者，有霍山之珠玉焉；西北方之美者，有昆仑之球琳琅玕焉；北方之美者，有幽都之筋角焉；东北方之美者，有斥山之文皮焉；中央之美者，有岱岳以生五谷桑麻，鱼盐出焉。
>
> （〔汉〕刘安《淮南子·地形》）

从这段文字看，古人认为，东至辽东，南至衡山，西至陕西，北至雁门以北，这一片广大区域里，岱岳（泰山）是居其中央的。这种地理观念的形成，当然是与泰山在古人心目中的独特地位有关。而独特地位的形成，与其说是自然的，不如说是心理的。也就是说，“群峰拱岱”首先是说这一大片区域内的众山群峰，很少有超过泰山主峰海拔高度的，多半是偃伏其侧，拱卫而列；其次而言，便是由于泰山巨大而久远的人文影响，而使人们在心目中对泰山愈发景仰有加。

事实上，从祖国地形图上看，北自燕山，西自太行、华山、伏牛山，南至大别山、黄山、天目山等，在这一圈之内的广大区域内，确实只有泰山及诸峰是耸立于绿色平原上的褐色孤岛，而泰山主峰又是被诸多低山伏岭簇拥着拔地而起的。

根据地质学家们绘制的泰山地貌俯视平面图，泰山主峰以玉皇顶、老平台为强烈切割中心区，其外围山势依次而降为：中浅切割低山、浅切割低山、微切割丘陵、剥蚀堆积地形、堆积平原等五个层次（《泰山志·自然地理篇》），形成中心最高、层层环绕、四周拱卫之势，使泰山既具层峦叠嶂之磅礴气势，又显主峰突兀之崇高品格。

书镌于泰山南天门两侧的楹联曰：

门辟九霄仰步三天胜迹，
阶崇万级俯临千嶂奇观。

上联极言其山之巍峨，下联极言其山之博大，而这正是对泰山自然风貌的总体概括，也是“群峰拱岱”之势所产生的总体效应。

泰山山体自然浑成，群峰蜿蜒起伏，主峰昂首突兀，如长龙将腾飞。中华民族是崇拜龙的，一向把此物看成是“兴云雨，利万物”的灵物，是世间最神圣的东西，并以我民族如腾龙为自豪。说到山之气势，也称之为“龙脉”，并有“来龙去脉”一语。泰山雄踞神州之东方，其势如龙也多为地理学家所称道。文治武功堪为清代诸帝之冠的康熙帝玄烨，巧用心思，写过《泰山龙脉论》一文，也想借泰山之盛名以振王朝之威，不过，从地理科学的道理来看，其立论还是考而有据的：

古今论九州山脉，但言华山为虎，泰山为龙。地理家亦仅云泰山特起东方，张左右翼为障，总未根究泰山之龙，于何处发脉。朕细考形势，深究地络，遣人航海测量，知泰山实发龙于长白山也。

长白绵亘乌喇之南，山之四周，百泉奔注，为松花、鸭绿、土门三大江之源。其南麓分为二干：一干西南指者，东至鸭绿，西至通加，大抵高丽诸山皆其支裔也。其一干自西而北，至纳禄窝集，复分二支，北支至盛京，

> 为天柱、隆业山，折而西，为医巫闾山。西支入兴京门，为开运山。蜿蜒而南，磅礴起顿，峦岭重叠，至金州旅顺口之铁山，而龙脊时伏时现，海中皇成、鼍矶诸岛，皆其发露处也。接而为山东登州之福山、丹崖山，海中伏龙，于是乎陆起。西南行八百余里，结而为泰山，穹崇盘屈，为五岳首。

这位清王朝的龙君勘察有迹，引证有据，言之凿凿地断为“长白山之龙，放海而为泰山也”，其隐而自喻之意昭然于目。而事过300年之后，其精神内蕴自当别有理解，谓泰山为中华龙脉之首，或不为过矣。

“星垂平野阔，月涌大江流。”诗圣杜甫总善于写出古老山川的广阔背景，进而点出广阔背景上的美丽所在。古人云，看山者“远望之以取其势，近看之以取其质”（郭熙《林泉高致·山川训》）。泰山其质朴厚坚实，其势嵚崟磅礴，一派雄浑阳刚之气。何以如此，一首清人小诗写道：

扶舆元气在，浩劫尚濛濛。
独立沧溟岸，高盘青帝宫。
千峰五岳长，一雨九州同。
漫说昆仑大，穷荒故易雄。

（〔清〕高珩《泰山》）

泰山当为天地间元气之所钟聚，故而可长五岳、同九州、比昆仑，称“雄”于天下。

二、阴阳分野

阴阳分野，是泰山地形风貌和自然景观的独特之处，山之阳其山势陡峻，气象万千，生机盎然；山之阴则平缓绵延，深远幽奥。

何以如此呢？

地质学家告诉我们，泰山的形成不是一种古地层隆起现象，而是由于晚期地层断块凸起，即局部地层断裂掀斜抬升造成的。这种造山运动的结果遂使泰山两侧具有不同的地形地貌：其山之阳斜坡陡，高差大，且山前面临的是沉降日深的冲洪沉积层，土层厚度达数千米；山之阴则因抬升幅度小，坡度缓，与整个被抬升起来的山体连接未断，绵延开去。抬升后的山体久经剥蚀，古老岩层裸露，与山前广阔的沉积层形成强烈对比。这样，泰山南北其地形地貌、水文植被、气象物候便有了较大差异，山之阴阳也多呈现出不同的景观特色（参见吕朋菊《泰山的形成及其年龄》等文）。

泰山景观的阴阳之异，从一枝一树、一山一谷，到齐鲁之别、南北之差，细心的游人都曾看在眼里，留记在诗文中：

阳枝晞日华，阴谷飞霞绮。

（〔明〕杨祜《登岳》）

阴崖含风正苍翠，阳谷向日忽斑斓。

（〔清〕范埰《登岱》）

这是写一山之中的阴阳之异：一则苍翠，一则斑斓，一则阳光灿烂，一则云霞绮丽。这是因为太阳的向背而产生的景观格调的差异。虽说太阳是生命的源泉，但世间的美又有阳刚与阴柔之别，可见不能简单地只把耀眼的阳光看作唯一的美。那本身并不发光而善于转借阳光的月亮、云霞、花朵，也一样美得使人如醉如痴，正像世上具有阳刚之气的男子汉固然可敬，而堪具阴柔之姿的弱女子则也十分可爱一样，阴阳分割，使泰山景观之美变得丰富多彩。

泰山之阳，山崖陡峻。巍峨泰山主峰突兀而立，主峰南侧高崖深渊，落差达数百米，悬无立足之地，连飞鹰也为之发愁，因此下为鹰愁涧。其上有瞻鲁台，意谓立此视点高而无碍，一望八荒空阔，可一览鲁国风光。这里也有“爱身崖”，那是由“舍身崖”演化而来，因为这里陡壁悬崖，多走一步即有粉身碎骨之险。由人“舍身”不如劝人，“爱身”更有益于世道人心。中天门上下，虽陡势渐缓，但也多深谷长壑，大起大落。而泰山之阴，坡势稍缓，起伏延伸，连绵不已，并无多大落差。这山前山后之别，显露出泰山或险峻巍峨或平缓低回的两种面貌，似乎造化在向人们暗示着“一阴一阳之谓道”的深奥哲理。

诗人杜甫留下了“造化钟神秀，阴阳割昏晓”的名句，权威的解释为“泰山的高峰，耸入云霄，山阴山阳，明暗不同，面南迎阳早晓，面北背日易昏”（冯至《杜甫诗选》3页）。这自然印证了这里所说的“阴阳分割”的景观特色，真实地反映了泰山之阴与泰山之阳的微妙变化。不过，我对这两句诗却有着另一种理解：这里所说的“阴阳”应为“日月”，那就是说，是日升月落带来了泰山上的晨昏之变。上句“造化钟神秀”是从空间意义上写泰山之博大，下句“阴阳割昏晓”是从时间意义上写泰山之变化。上下句立意相对相成，极为宏观，此说不知能否为世人所接受。因为把本来是说黄昏与拂晓的“昏晓”一词转变说成“明暗”的影响太大了，几乎所有的注释都要去绕这个弯儿。

玉泉顶远望

按照新的讲法，虽说抹杀了以往鉴赏家所圈定的诗圣对泰山景观的一项重要发现，但泰山南北的阴阳明暗之别还是真实而可信的。

泰山之阳植被繁茂、生机盎然，是因为阳光充足、水脉丰富、气候温润。走进泰山之阳就像走进了天然植物园，高耸的乔木、攀缘的灌木和如茵的草丛把个泰山封裹起来。繁茂的植被是自然风景的实体和外貌，林木青翠、飞鸟云集，才使山水更有活力；芳草遍地、蝶蜂往来，才使景观更为诱人。这正是泰山之阳的自然魅力——雄壮中有绮丽。

泰山之阴只因人迹罕至，其景观少为人知，其实，那里的原始生态更为奇谲诡异。其山体多由古老岩石组成，历经大自然古气候淋溶演变、风化侵蚀，地形切割强烈、沟壑纵横、叠嶂层峦，从而形成许多奇峰怪石、洞穴山涧、高崖深谷，有“满山乱石如群羊”之喻。更为生动的是，古崖怪石之上，往往长有扎根岩缝的古松柏，有的斜伸，有的倒挂，虽傲然独立而经久不衰。如后石坞的天烛峰，这里峡谷万丈、溪水飞流、深潭跌瀑、云深林茂，在山谷北侧有两根巨石柱拔地而起，秀峰如削、直插云天，远远看去，酷似两支点燃的蜡烛，煞是好看，因以名为大小天烛峰。这种植物与地形的天然结合，显示了泰山景观雄中藏秀的特色。

泰山之阳自然景观虽多胜境，但因有史以来，多为游人游赏、墨客留迹、帝王朝拜等，留下了大量的人文景观，其路、水、山、树等也多有人为设置之处，更多地体现了自然景观与人文景观的融合互补，自然与文化的相得益彰；而泰山之阴多因涉足不便，人迹罕至，其景观多是自然状态的，山是久经风化的苍山，河是侵蚀日久的石河，树是天然自长的古树，路是荆棘横生的荒径，少有人为设施和文化遗踪，更多的是天然生态和古拙情趣。

山之阳精心匠意的人文景观与山之阴自然天成的山水胜境也是一种对照与互补。

泰山作为一座崛起于东部大平原的古老山岳，其山之阳与山之阴的差异除了在其自身景观上的体现外，还有更广更深的地理分割意义，使泰山南北在更大的历史内涵上形成一种对照和互补。清代著名文人姚鼐在其《登泰山记》一文开头写道：

> 泰山之阳，汶水西流，其阴，济水东流。阳谷皆入汶，阴谷皆入济，其当南北分者，古长城也。

这里显示出泰山在水文地理上的分割意义：山之阳是汶水流域，其地势东高西低，自然汶永西流；而山之阴是济水流域，地势西高东低，济水自是东流。河水东流是我国大江大河的总体趋势，而汶水西流则是一种特例。东流为势西流为例，也是一种世界格局，显示出泰山的独特地理意义。

姚鼐还写过两句这样的诗：

> 峻极通天地，阴阳辨鲁齐。
>
> （《望岱》）

前一句写泰山之高峻，后一句写泰山之形势。向来齐鲁以泰山为界，这已是古老的事实，但齐鲁两国竟因一山之隔，国情民俗各显其异。史书载，与周王室同姓的鲁国恪守周礼，重视精神文明建设，成为中国礼仪之邦的发祥地，并培育了一位“日月不息，师表常尊”的大圣人孔子。而异姓的齐国，为周王室宗法制所鞭长莫及，任用新贤，一时称霸天下，成为很有实力的诸侯之国。自古以来，鲁风齐俗便成为中国历史上社会发展的两种模式，各有其特色，各有其长短，对照而互补似乎更臻完美一些。

三、一统青秀

群峰拱岱，阴阳分野。

泰山是崇高而雄伟的，泰山又是葱郁而妩媚的。构成其崇高而雄伟的主要因素是山石累累、岩岩峻极的地质地貌，是其内在风骨；而其外在风貌的葱郁与妩媚，则取决于有利的水文和繁茂的植被条件。泰山在地层几度海陆升沉之后，沉积了生命的沃土，繁育了茂密的林木和草丛，曾是“茂林满山，合围高木不知有几”的葱郁之青山。孔子的《丘陵歌》中写道：

枳棘充路，陟之无缘。
将伐无柯，患滋蔓延。

那时的山岳，当然没有如织的游人，而原始生态的滋育养息，使圣人几乎无路可攀，不由得涕泪潺湲，令人咏叹不已。圣人总是别有情怀，当然那时人们所向往的主要是畅行无阻的大道，并非如现代人“回归自然”的绿园。到了魏晋南北朝时，自然美的意识蒙眬初立，大自然的繁荣景象开始纳入美的视野。于是谢家两位男女诗人先后写道：

峨峨东岳高，秀极冲青天。
（〔晋〕谢道韫《泰山吟》）
泰宗秀维岳，崔崒刺云天。
（〔南朝〕谢灵运《泰山吟》）

他们都是首先承认泰山以“高”为上，是高可入天的大山，其次则看到这高山的满目“秀”色，即那繁茂的林木在装饰着这座大山，使泰山变为美的审视对象。看来，这生命的秀色比伟岸的高山更具有美的内涵，也更富有美的激情和灵性。

到了唐代，诗人李白、杜甫都曾亲登泰山，留下诗篇。在他们的笔下，泰山之高已是不言而喻，其用笔则侧重于展示这座高山上的种种生机、色彩和传奇。李白写到了泰山的“千峰”“万壑”“涧谷”“绝巘”，也写到了泰山上的“青苔”“藤罗”“长松”“山花”，雄伟的山势，秀媚的山色，已不再是荒蛮的山野，而成为诗人自娱的乐园。杜甫则把这如仙如幻的美景更加世俗化了。他把对泰山的总体审视印象概括为一个“青”字：“岱宗夫如何，齐鲁青未了。”这“青”色正是泰山的生命之色，林木花草的植被之色，也是最具自然魅力的朴美之色。它郁郁葱葱、妩媚斑斓，是秀丽的；它大气磅礴、势连齐鲁，又是雄阔的。“齐鲁青未了”所以流传千古、脍炙人口，正因为它概括了泰山自然景观“既雄且丽”的基本内涵，又突出了它“寓秀于雄”的主导格调。势连齐鲁的磅礴泰山，襟裹于绵延未了的青郁之中，是壮美之姿与佳秀之色的完美结合。一位诗人曾这样描绘过他初登泰山的印象：

岱宗仰望郁嵯峨，万壑千岩气象多。
雨过春光横翠黛，烟迷晓色露青螺。
秦王封禅碑还在，汉武祈灵事不磨。
今日我来登眺处，苍天咫尺手堪摩。

（〔明〕张盛《初登泰山》）

这位诗人笔下的泰山，正是雄伟与秀丽的景观相融为一的泰山，其山势“嵯峨”，其山色葱郁，一场春雨过后，草木萌发，浅翠深黛交错横列，烟云迷蒙之中，一个个山头如青螺般静卧。这使人想到唐代诗人刘禹锡的《望洞庭》：

湖光秋月两相和，潭面无风镜未磨。
遥望洞庭山水翠，白银盘里一青螺。

雨后的泰山竟似江南水乡的山光水色那般清丽，那般轻柔，确与嵯峨伟岸的危崖绝壁形成对比。

关于泰山植被的情况，新编《泰山志》中写道：

泰山植被区划属暖温带落叶阔叶林带，鲁中南泰山丘陵栽培作物油松、麻栎、栓皮栎林区。泰山地形复杂，植物种类繁多，加之人工引种栽培，形成多样的植物类型，分为森林、灌丛、灌草丛、山顶灌丛草甸、草甸、石质稀疏植被以及作物植被等类型。

构成泰山植被的植物属华北植物区系，受局部小气候影响，一些地段零星分布有南方植物种类，如榔榆、盐肤木、白檀、白棠子树、海州常山、山胡椒、石血、竹叶子等。另外，局部地段人工引种的南方植物种类，如茶、水杉、柳杉、杜仲、乌桕、毛竹等，也生长良好。

泰山共有维管植物1136个种、变种、变型及栽培变型，隶属133科，550属，其中野生植物814种，栽培植物322种。

（《山东省志·泰山志》）

泰山上的林木花草历来是十分繁茂的。古代的泰山"茂林满山"，盘道两侧"茂林间草"。但是，自民国以来，泰山林木植被多遭劫灾，至新中国建立前夕，仅存残林3000余亩，已完全失去暖温带落叶阔叶林的森林面貌。此后经数次大规模人工造林，至21世纪90年代，森林覆盖率已达79.9%，总面积约51万亩。21世纪60年代初，来泰山登游的郭沫若写下过这样的诗句：

人功方峻极，绿化到山椒。

他称颂了人工造林、绿化泰山的赫赫实绩，由此烘托了泰山雄伟而壮丽的自然景观。

泰山的林木植被的风景效应是泰山景观富有激情活力的魅力所在。远观泰山，在蓝天白云的映衬下，如一道绿色长城，蜿蜒起伏于广袤的大地上。透过朦胧而滚动的山岗，可以看到因距离与光照的不同所呈现出的深浅明暗的山色变化，那浓重的深黛蕴含着无尽的沧桑，那鲜活的新绿飘动着蓬勃的青春，那耸起的巅峰如一道道绿色的波浪。"长松入云汉，远望不盈尺"，这是李白的远观发现；"岱宗夫如何，齐鲁青未了"，这是杜甫的望岳印象。每天不知有多少慕名而来者，还没有走进泰山，便瞪大双眼在寻找泰山那娇娆的身姿与俏丽的容颜。应当说，泰山给人们的第一印象与最后留念就是那青绿无涯的美。一

林海

位古代的游人曾为此发过这样的议论："登泰山孔子意也，小天下则孟氏意也，若予之意，止在泰山一片青也。"（王思任《登泰山记》）这位清人之见与唐代诗圣杜甫当年初望泰山之发现竟出奇地相似。如此渊博的大山，竟一个"青"字了得，可见其整体风景的灵性便在于此。

进入泰山，便如融入那深沉浩渺的绿色海洋之中，时时感受着一树一木、一花一草的温情和气息，陶醉于"松拱一天翠，草生万壑青"的天然世界。你走在那蜿蜒的山道上，向上望，会被那林立如海的路旁绿树所吸引，细细打量它们的品种和年龄；向下看，会被那一碧如茵的山间草丛所打动，久久留恋它的幽雅和清纯。你很想在山间草地上打个滚儿，你很想对着幽幽林海唱首歌儿。动物与植物是构成世界生命体系的两大重要系列，动物与植物有着天然的联系和内在的吸引力。作为动物之首的人类，对生存于世间的各类植物，也有着天然的好奇与浓厚的兴趣，特别是在现代化生活环境中待久了的人们，看见刚萌发出土的一棵小草、刚泛起青翠色的一株小树、刚鼓起花苞的一朵小花、刚冒出石缝的一枚绿叶，都会怀着热望生命的应有的深情，关注着、憧憬着它们灿烂生命的曲折历程。而泰山正是以博大的胸怀孕育着无数粒生命的种子，编织着缀满人类希望绿叶的浩渺林海，雕琢着象征世界光辉前景的巍峨秀峰。一统青秀的泰山唤起了古往今来游客们的多少激情和雄心，那刻遍山野的种种题词留字便是见证：

四顾山河天浩渺，拥青叠翠识朝宗。
高碍斗牛登处近，青分齐鲁望中宽。

泰山的植被景观给整个山岳增添了色彩和活力，为积淀日久的人文景观提供了丰厚的基础和氛围，而古老的人文景观也为斑斓的植被景观充实了内涵和底蕴。

四、二水分波

俗话说，人往高处走，水往低处流。

自古登泰山有三条路：东路、中路、西路，正是因为泰山南麓有三道谷：东谷、中谷、西谷。写过著名散文《登泰山记》的清代官宦文人姚鼐就曾这样写道：

> 泰山正南面有三谷，中谷绕泰安城下，郦道元所谓环水也。余始循以入，道少半，越中岭，复循西谷，遂至其巅。古时登山，循东谷入，道有天门。东谷者，古谓之天门溪水，余所不至也。

姚鼐所述，与今日登山情况大体相符，即由中谷之侧的岱宗坊起步，到中天门，转经西谷上段的顺天河峡谷攀上南天门。所谓“东谷”者，已废弃，人迹罕至。“谷”者，两山之间的峡谷，即流水道也。由此三谷，便成为泰山南麓由上而下的三道水溪，像三条舒卷有致的飘带缠绕于山前诸峰之间，飘落于山南汶河平原之上。这三条水溪的来龙去脉，有关书籍曾有这样的记载：

> **东溪**　有泉出其巅，曰悬淙泉。瀑水南流达于双沟。双沟环涌，岭北诸谷水皆汇此，又名东溪山，为东溪发源也。……艾峪水自北来汇此，西折而南，因名明堂泉。其经流曰十里河，由泮归汶，总名东溪也。
>
> （〔清〕聂剑光《泰山道里记》）
>
> **中溪**　源出黄岘岭，诸谷之水汇为中溪，过王母池。池上有王母梳妆楼，故名其水。由州东南会泮河，入汶水。
>
> （《岱史》）
>
> **西溪**　其源出岱顶。上纳龙峪之水，经黄岘岭西流，故名黄西河。又汇竹林西河，经龙潭，上接投书涧诸水，溪水又南，东受广生泉之水，绕府城西南，经古汶阳桥及渿河桥下，又南下泮归汶，总名西溪也。
>
> （〔清〕聂剑光《泰山道里记》）

正因所谓“东谷”已废弃，东溪也就为人们所遗忘，而流贯泰安之城中的中溪——梳洗河、西溪——渿河仍为泰山灵性山水中的两条风光旖旎的迤逦之水，为人们所关注，所游赏。

中溪——梳洗河是现今步行登泰山最富有情趣和魅力的游览之路的伴河，所谓一路行来“人往山上走，水往山下流”的意趣，正是由于路与溪相伴相错、若即若离、并而生悖所产生的效果。这条山溪的上游曲折于深涧幽壑，水流由小而大，是由无数涓涓细水汇聚而成的，自然也弱不胜舟了。有人写诗咏道：

响玉淙淙涧底幽，何须箫鼓竞浮舟。
中流不逐东西泻，百折无回皓月秋。
（〔明〕萧协中《中溪》）

这种境界，使人想到唐代诗人王维“明月松间照，清泉石上流”的幽静之美。河的下游即梳洗河，那是在溪水流过王母池之后。西王母是泰山上的重要神灵，仅次于泰山老母。既然山上山下的重要神位都被他神所占，她便栖居于瑶池圣泉之旁。此处原建西王母梳妆楼，以供其洗盥专用，女神虽神犹人一般，据说时有胭脂旧色溢出，可见当年王母盛容。只是年华久逝，岁月不饶，楼圮神去。有诗为证：

蕊宫原不珥明珰，楼去波澄映夕阳。
轻抹霁烟迎黛色，嫩萦河芷带天香。
瑶池沁液风寒冷，岳麓分泉月浸凉。
欲借双成问王母，恐随时局亦新装。
（〔明〕萧协中《梳洗河》）

诗中所写虽颇有些凄凉之意，但蕊宫道观也应是清寂幽闺一般。清幽之中，自是不乏凄清之美，泉冷月凉，神怡心旷，颇宜道人静养。诗人最后还是给西王母开了一个小玩笑，想想她也该跟随时局，一派新装了。

而今的梳洗河，故名依旧，虽是楼圮神去，但两岸景致，多有佳胜。其上游有依河临溪的斗母宫。游人至此，可以听流泉，观飞瀑，品清茶，赏明月，一涤尘虑。中流虬在湾，其上有虎山公园，有山景，有水情，其侧王母宫清泉依旧，风景不殊，道观犹在，香火日盛。下游的梳洗河流贯新城，两岸垂柳依依，虹桥每每横跨，河水映出现代楼影市容，顺流南下入汶。“梳洗”之名，由来何时？当与王母传说有关。《岱史》称：“黄帝建观岱岳，遣女七人，云冠羽衣，修奉香火，以迎西王母。”此说荒远难考。但魏人曹植《仙人篇》诗中有“东过王母庐，俯观五岳间”之句，唐人李白也有“朝饮王母池，暝投天门关”之句，可见此名由来久矣。虽说“梳洗”之事也只是西王母“宫闱”之举，但其历史烙印的人文价值愈显珍贵，“梳洗河”之名便像一件古旧文物而受人珍爱。

西溪——渿河是以自然景观优胜而名于世人的，所以元人王旭便有“我爱西溪好，披云屡往来。一川烟景合，三面画屏开”的美好诗句赞誉其自然风光。西溪西汇百丈崖、白龙池、大峪诸水，沿长壑深涧而下，其沿岸峰峦起伏，林木幽郁。元人徐琰曾写道：

> 天下名山巍然而大、岩然而尊者，泰山而已。泰山胜境窈然而深、蔚然而秀者，西溪而已。溪居岱宗之右麓，延袤数十里，树林阴翳，磴道崎岖，清泉奇石，瑰玮万状。行愈远，而山愈奇，境愈胜。

近千年过去，这位文人所述西溪风景依然佳盛，成为泰山游览的新热点。西溪溪水长流不息，由通天河汇入黄西河，溪涧泉水顺流而下，穿过河滩树林，由无极庙过长寿桥，遇百丈崖水流骤然跌下，形成悬流飞瀑，成为西溪胜景之一。由于水流日久，冲击愈深，崖下石涧被琢成深潭，传说潭中曾藏龙，因之名曰“黑龙潭”。河水迂回南流，又有白龙池，越过道道小坝，进入“龙潭水库”。水库大坝高差较大，水流漫坝溢出，如水帘横展，珠玉串串，浪花点点，煞是迷人，每每成为夏季游人戏水观瀑之佳处。看到那柔情多姿的水，还应想到那沉默而稳固的坝。俗话说，刚柔相济。这话似乎在这里可以找到一个生动的例证。由无数块泰山花岗石垒成的“铜墙铁壁”植根于涧谷之中，以稳固的躯体抵抗着肆虐的洪水冲击，把“恶”的凶物变成了美的形象，赢得流连山水者的倾情赞美。又经龙潭水库、石硖水库，溪水流入泰城。其下游便是渿河。

渿河景致自是另一番情趣。明人萧协中曾写道：

溪水南流驶，晴烟水面浮。
逗岩深浴鹭，濬脉远通舟。
古渡苹花冷，横津蔓草幽。
翛然归汶上，此去总悠悠。

（〔明〕萧协中《渿河》）

渿河水流，季节性强。每当夏秋两季，山洪暴泻，激流飞湍，漫滩跌瀑，浪花飞溅。枯水季节，则只山泉细流，潜渗于沙砾之下。如今，渿河两岸，新修堤坝，多处拦截，使河水蓄积于桥下。如站在泰山大桥，则可见河水丰满，碧波荡漾，长廊亭阁，倒映水中。时有游艇畅行水上，成为山城一景。

渿河小景

梳洗河和渿河，都是发源于泰山峰谷中的山间溪流，只是到了多雨季节才显得强劲起来，腾挪跌宕，奔腾呼啸；而一年的大多数日子里倒是涓涓细流，委婉低语，十分温顺。这明丽而温顺的溪流与雄伟而挺拔的高山相比，那当然是有着阴柔与阳刚之别的。如果说泰山是雄伟博大的，那么，缠绕与飘动于其中的潺潺溪流则以秀雅与柔韧之美，为泰山美韵的主旋律增添了和谐多样的协奏曲，听起来更丰满浑厚，动人心魄。

山是凝固的水，水是流动的山。

五、三级断层

浑然天成的巍巍泰山，登攀起来的感觉竟像是在上一座精心设计的登高瞭望楼阁：起步平缓、愈上愈险。漫漫山道，截为三段。过二天门，有快活三。吃苦在后，精彩在天。其轻重缓急、和谐有致的节奏，又像是在聆听一首完整的古典乐章。

这当然是天意妙得，而绝非人为匠心。

泰山有着独特的地质地貌。专家们经过仔细勘测报告说："泰山地区地质构造以断裂为主，新构造活动较强烈。其构造特点为断块掀斜抬升。南部上升幅度大，北部上升小，因而地形南高北低，南坡陡北坡缓。山南三条北盘上升的正断层，即云步桥断层、中天门断层和泰前断层，形成泰山南坡陡峻高拔的三大台阶式的地貌景观，构成'朝天'景观并带上富有节奏感的自然美。"（谢凝高《泰山·人类的珍贵遗产》）登山而有美的节奏，这也许正是本书题名《泰山美韵》的灵感所在。

断裂抬升使泰山南坡出现三大台阶，泰山地貌便展现出雄浑挺拔的气势，而台阶的存在给山体开拓出较开阔的空间。这一切，使自然景观呈现出旷与幽、险与坦、力与美的区别与结合，景观形态与蕴含更为丰富。

泰前断层：这是泰山耸起的起脚处，处于泰山南麓山脚与莱汶平原的交接边缘，正是今日泰城所处地带。一边是耸起的高山，一边是广阔的平原，两种地质差异较大的地形磨合在一起，为人类生存提供了较大的便利。有史以来，泰山既是动植物繁育的最佳场所，也是生云致雨、水脉丰沛的风水宝地；而山下的沃野，有利耕耘，收获甚丰。因此，数万年前这里便成为先民们的栖身地。随后，山川崇拜成为人类生存的重要精神支柱和寄托，山下祭所与神庙的出现便又成为山岳与沃野结合部的人类物质与精神文明的标志物，这或者便是城市的雏形。今天看来，泰城最古老的建筑便是与祭山与敬神有关的庙宇了，最庞大的一组即是岱庙，其位置的选择则显示出泰前断层对整个泰山的特定意义。

泰前断层的地貌内涵还应包括高山与平原相交错与磨合所形成的丘陵，如虎山、金山、蒿里山等星散于泰山主体之前的小山。这些小山多由局部挤压隆起形成，山势平缓，高度不大，成为泰前断层上的过渡性点缀。山上林木葱郁，山路平缓曲折，适于游人游赏小憩。

泰前断层拉近了山前平原与抬升山体的距离，使城与山紧密结合在一起。游人刚刚还漫步在车水马龙的繁华街区，看泰山还只是横卧于遥遥视野之中；转过街口，步入山路，霎时便感到已置身于城郭之上。从岱宗坊起步，只十几分钟至一天门，那已是"山味"颇足了。因此有人写道：

天门初步路非遥，城郭人民似可招。
自是登仙无委巷，野袍山屐任翛翛。

（〔明〕萧协中《一天门》）

到顶五十盘，红门起初步。
回看下方人，已在云中住。

（〔清〕沈德潜《红门》）

红门所在，正是泰前断层的切割地带，上盘与下盘高下反差甚大，形成第一段陡峻之处，上下之间便判若两界了。

中天门断层。泰山之路并非扶摇直上，一步登天，而是有起有落，上下盘旋，这正是登泰山的“节奏感”。从一天门到南天门之间，中天门便是一大起落处，这正是中天门断层所致。如果是沿西路乘车上山，经过盘旋曲折的山路来到中天门车场，仍需抬步攀上一段陡坡和石阶，才能看到中天门石坊，这正是中溪山——黄岘岭的脊背，其山前为深涧大壑，其山后也为陡崖深谷，断层切割线正从这里通过。这里的特殊地形地貌造成泰山整体格局上的新变化、新特点：

（1）形成重峦叠嶂之势。在泰山之前游人所看到的山并非泰山主峰，而只有登上黄岘岭来到中天门，才见真泰山。这正是山中有山、山外有山的景观之妙，使泰山主峰有藏而不露之美。

（2）带来有起有落之快。登山是艰苦费力的，特别是登十几里山路的大山、陡山。初登泰山山路平缓，可是一到回马岭便觉艰难，再攀十二连盘，定是气喘腿软。如果中天门之后仍是如此陡峻，游人便望而生畏了。不，它却来了个“快活三里”，使你生理与心理都得到调整，这正是中天门断层的微妙之效。

（3）产生旷中有幽之美。中天门坊所在地为黄岘岭之脊背，山势平缓，视野空旷，东北西三面有山环绕，南面则可直视南天，在群峰叠峦之中形成一个较为开阔的景色空间，使攀游而来的游人大舒一口气，放眼一看，劳累的身心得以协调放松，显示出一种旷阔视野的审美效应。而黄岘岭以北的断层深涧则是幽深曲折、林木葱郁，时有溪水潺流沟底，蝶蜂飞舞其间。只可惜游人难以攀至，只能远远观望，其幽美之处多在想象之中了。旷达的峰顶，幽深的沟壑，使游人领略旷中有幽的复式景观，这也许正是中天门一带使人流连之所在。

云步桥断层。这里山势陡峻，高低相差悬殊，而且断裂在泰山主峰之侧，于是便使主峰愈益突兀，山势更加奇崛，地层断裂形成的深谷大壑把登山之路切断，两岸壁立如削，谷底乱石累累。泰山南麓，岱顶下山泉汇流之水沿断裂谷奔流而下，跃崖飞瀑，溅沫迸珠，形成水帘，生成云雾，在云步桥一带，蔚成壮观景色，历来为游人玩赏流连。为使山路连接，原有木桥一座，后改建为石桥，题为“云步桥”，桥东有“酌泉亭”，又名“观瀑亭”。桥上有一巨大石坪，传为宋真宗登山驻跸处，故名“御帐坪”，今立帐柱窝尚存。路侧还有一巨石如屋，题为“飞来石”，实为暴雨冲刷使山上巨石滚坠至此。断层之长谷向东北延伸而去，直至岱顶南侧之深壑。

云步桥断层也是由于上盘地层与下盘地层在这里断裂，上盘抬升猛裂，形成泰山主峰，下盘与之脱节，断裂为谷，造成陡峻之势，为泰山自然景观增添了一处山势峻拔、沟深谷壑的惊险景点，给登山游人在接近峰顶之时增添了更多的游兴。在他们深为惊叹之余，便要进入最后的艰难历程——十八盘了。

此外，这里不仅山势惊险峻拔，而且水流飞瀑成趣，有山有水，山情水韵，相辅相生。这在如此高度的山峰之上，山水结合得这样佳妙，也是极为少见的。光看山容易枯燥，光看水显得单调，有山有水，一切就都活了。为此，有人题过一首诗道：

百丈崖高锁翠烟，半空垂下玉龙涎。
天晴六月常飞雨，风静三更自奏弦。
苍水佩悬云片片，珠帘洞织月娟娟。
晚山倒着肩舆下，回看斜阳景更艳。

（〔明〕陈凤梧《百丈崖》）

“百丈高崖”“玉龙”空垂，都是雄伟之景观，但风静、雨飞、悬云、织月，却是秀雅之风致。雄伟是泰山景观之主调，秀雅却也是泰山景观之辅调。雄中有秀，秀而更雄，正是泰山景观的基本格调。所谓“泰山天下雄”，主要是指由于泰山高拔而险峻的地形地貌给人的崇高感；而“齐鲁青未了”的植被水文状况又使泰山每每以葱郁的林木和丰沛的水流给人以秀媚感。

天造地设的三级断层，赋予了泰山三重相似而不相同的自然景观，构成了旷而有幽、雄中藏秀的多重内涵。

三级断层使登山历程更有节奏感。

三级断层是巍峨而博大的泰山独特的自然景观。

六、四季殊色

中国古典绘画艺术尤其擅长表现自然山水，由此，山水画的理论技法探讨也取得了许多重要成果，如强调对自然山川进行直接观察，强调创造生动的艺术意境等。宋代郭熙对山水画理论的贡献尤其卓著。他认为不仅每一山川都有自己的风格，而且因为时间、条件和观察角度的不同，同一山川也会“每看每异”。因此，画家对于山川的观察一定要细致、全面、深入，才能表现出每一山川的特殊意态。他曾提出：

> 真山水之川谷，远望之以取其势，近看之以取其质。真山水之云气，四时不同；春融怡，夏蓊郁，秋疏薄，冬黯淡。尽见其大象而不为斩刻之形，则云气之态活矣。真山之烟岚，四时不同：春山淡冶而如笑，夏山苍翠而如滴，秋山明净而如妆，冬山惨淡而如睡。画见其大意，而不为刻画之迹，则烟岚之景象正矣。
>
> （〔宋〕郭熙《林泉高致·山水训》）

理论来源于实践。画家笔下的山川四时不同，正因为自然中的山川四时每异所致。宋代著名文学家欧阳修所写《醉翁亭记》中写到滁州山水时也强调：

> 若夫日出而林霏开，云归而岩穴暝，晦明变化者，山间之朝暮也。野芳发而幽香，佳木秀而繁阴，风霜高洁，水落而石出者，山间之四时也。

真不愧为大家手笔，寥寥数十字，便写尽一年四季的山色差异和特点。其实，泰山的四季景色也是各有千秋的：

> 东岳峥嵘迥不群，中峰瑞霭更氤氲。
> 天门雪尽河流合，日观春晴海色分。

风起秦松常似雨，气蒸汉柏欲成云。
千秋霸迹终销歇，犹说相如封禅文。
（〔明〕徐中行《登岱》）

春天的泰山，从冬日的沉睡中醒来，色彩淡淡。峥嵘的群峰，弥漫的云烟，一阵阵暖风，为它梳理着灰蒙的蓬发；一场场春雨，为它温润着初展的笑颜。巨大的山体，透过雾霭般的轻纱，渐渐呈现出嫩嫩的绿色。残雪在渐渐地消融，山溪在汇流着来自山涧的春水，绿色在慢慢地扩展。在这片片延展着、蠕动着的新绿中，也偶见一些隐约其间的淡红色点缀其间，该是那最先向人间绽开的生命的花朵吧？古人诗云："天街小雨润如酥，草色遥看近却无。"那一场又一场淅淅沥沥、如烟似雾的春雨，沐浴着千年秦松、百代汉柏，当然也滋润着从铺满枯叶的山麓萌发出来的遍地小草。隐隐草色便是泰山带给人们的第一个春的信息。随之，树也绿了，悬崖也绿了，山间小河也绿了。处处"野芳发"的缕缕幽香，伴着高低远近的群鸟的鸣唱，使山间春色愈来愈浓了。古老的泰山又开始了一个青春焕发的季节。

朱明过雨静岚氛，岳色霏微共夕曛。
倚杖坐看林下润，披衣犹拂洞中云。
狮峰瀑布当空泻，龙峪泉声夫岸闻。
漫说新晴供晚眺，九农应是尽欣欣。
（〔明〕查秉直《夏月雨霁登岱》）

电闪雷鸣，雨过天晴，夏天的泰山是靠暴风雨洗出来的。阳光和雨露诱发漫山的植被鼓起最强劲的生长欲，常年不谢的松柏也抖落了旧装，冒出了新叶。最活跃的莫过于喧闹的溪流和飞溅的瀑布，其欢欢笑语和隆隆吼声常传出几里之外，使深山失去了往日的幽静。大雨过后，在格外强烈明亮的夏日阳光下，整个山体似乎变成了一块绿得透明的翡翠宝石，其色彩鲜亮而又极有层次。那深深浅浅的绿色条块，好像给这块巨型宝石留下了美丽的皱褶。夏天的气候好像是个淘气的孩子，脾气说变就变，那骤来的雷雨不时给葱郁的山体灌注不息的活力。雨后那空中匆匆飘动的云流又时时给秀丽的山体缠上一条白飘带，这正是所谓“半山居雾若带然”的自然奇观。更高层的大块云朵却又给光影交替中的山麓补缀上暗绿色的花瓣，这不由使人想起军旅中的毛泽东当年所写的“雨后复斜阳，关山阵阵苍”的美妙诗句。山上山下，花木竞荣，蝶飞鸟鸣，好看极了，热闹极了。夏日的泰山无忧无虑地袒露着自己的一切。

殊方此日逢重九，绝岳高吟散远愁。
汉畤秦封空往事，紫萸黄菊自深秋。
天清楼阁明三观，野旷山河辨九州。
独是怀亲忧国意，白云沧海共悠悠。

（〔明〕杨祐《九月登泰山》）

古人逢秋总离不开一个“愁”字，那大概也是一种民族文化意识的积淀。其实，秋山最美，秋天的泰山也最美。

泰山的秋色也许开始于第一片飘落的树叶，也许开始于第一声秋蝉的低鸣，也许开始于由浊而清的潺潺溪流，也许开始于由花而实的芊芊草木。不过，在远望者的眼中，秋日的泰山是妩媚而清丽的。山势远近高低清晰可辨，似乎是一件尘封多年的古玩被内行的鉴赏家清洗过，露出本色，只见纹理纵横，历历在目。山色深浅浓淡，山姿丰富多彩，似乎是一位雅装的佳丽，扯去了朦胧的罩纱。整座泰山打破了春夏以来的单一青绿，杂以片片绛红，也有点点鹅黄；有深深苍翠，也有浅浅新绿，斑斓至极。秋天是春夏的延续，也是春夏的综合。“一年一度秋风劲，不似春光，胜似春光”（毛泽东句），这才是今日秋天的泰山的真实写照。秋天是泰山一年中最辉煌的季节。

碧海烟归尽，晴峰雪半残。
冰泉悬众壑，云路郁千盘。
影落燕齐白，光连天地寒。
秦碑凌绝壑，杖策好谁看。

（〔清〕施闰章《云中望岱》）

终于迎来了肃杀的冬日。

冰挂

其实，泰山的冬天别有情趣。当绵绵秋雨中悄悄飘下几朵小雪花的时候，便意味着“天下皆冬”了。几场寒风过去，雪花覆盖了山花。曾是朝气蓬勃、生机盎然的泰山似乎悄悄变成了一个独钓江雪的渔翁，静坐在茫茫雪野之中。那从星星点点到纷纷扬扬飘落了多日的各种树叶，静静地覆盖了充满生机的山麓，似乎是为独钓者穿上了层层冬装。曾是喧哗跳荡的山溪流水也潜藏在寒冰之下。各种小昆虫们不知躲到什么地方去了，只是天上的鸟儿还间或一掠而过。冬日的整个泰山使人看上去充实多了，沉稳多了，也成熟多了。当然，身着雪装的泰山便又是另一番风采。许多游人乐于冒雪登山，当年的刑部郎中姚鼐就深深领略过“苍山负雪，明烛天南”的佳趣。雪后的晴日，泰山银装素裹，静卧在颇有暖意的阳光下沉思着。而当凛冽的寒风呼啸着反复袭来的时候，泰山高举着漫山的青松和挺立的山岩，坚强地迎接着下一个春天。

冬日的泰山还有一种奇观：雪凇。那是在山的较高层处，气温下降到摄氏零下十几度，一旦有潮湿的气流吹来，遇冷成雾状，流动中触及山上树木，结挂在树枝上，似绽开了朵朵莲花，使整棵树变成了巨型“白珊瑚”。灌木枯枝也装饰一新，使整个世界变成水晶宫，在阳光的照耀下，晶莹光彩，十分迷人。

当然，冬天还是岱顶观日出的最好季节之一。尽管游人们要受风寒之苦，但冬日清晨，碧空清澈，红日映天，彩霞斑斓，会使游人大饱眼福。对日出景象留下经典性文字的著名桐城派文人姚大官人不正是在“积雪击面”中惊奇地发现“极天，云一线异色，须臾成五彩，日上正赤如丹，下有红光，动摇承之”的壮丽奇观吗?

七、徂徕如画

徂徕如画。

这话又是冒雪游泰山的桐城派文人姚鼐讲过的。那天，他由泰山南麓起步，登过了“道中迷雾冰滑”的七千多级台阶之后，眼前出现的景色：

及既上，苍山负雪，明烛天南，望晚日照城郭，汶水、徂徕如画，而半山居雾若带然。

这是站在岱顶向南俯视所见。所谓“汶水、徂徕如画”，是把汶水与徂徕山看成一个一水一山的整体，青山横卧，碧水长流，自是一幅色彩丰富、生机盎然的山水画，而且沐浴在晚日斜阳的一片金辉之中，远远望去，那真是美丽极了，灿烂极了。

徂徕之美离不开汶水之环映。徂徕山横列泰山之前，其山势不如泰山巍峨，却被汶水环绕。发源于东部沂蒙山区的汶河，分流为南北两支，南支流为柴汶河，从徂徕山之南流过；北支流为牟汶河，又汇合从北部山区入流的瀛汶河、石汶河等，从徂徕山之北流过。双流汇合于大汶口后向西流去。所以汶河环绕徂徕山一圈，古人有“岱顶登观绝顶来，汶流双曲抱徂徕”（徐源《登岱宗》）的诗句，写出了绿水绕青山的自然之势。

徂徕山又称龙徕山，山上多松。《诗经·鲁颂·閟宫》里称颂“徂徕之松，新甫之柏”是建宫筑庙的栋梁之材，可见，那时的徂徕山便是林木葱郁的山林。其山背依泰岱，东接新甫，似如岱前一“几案”。明人萧协中称：徂徕山“距州三十里，巍若列屏，乃岱之案山也”。清人赵国麟也说“徂徕列泰山前，犹老人几，泰山坐而凭之，尚伛其背，若将俯焉。以故貌徂徕者殊众，然松径、竹溪名藉甚典册中”（赵国麟《游徂徕山记》）。萧、赵二贤都把徂徕山比作泰山至尊之前的“几案”，而泰山自是凭几而坐的老人，其依傍呼应关系自非一般，所以有“云与泰山接，泉临汶水湄”之诗。站在泰山之巅，眺望“汶水、徂徕如画”，也在情理之中了。

然而，泰山与徂徕终也有别。为明萧协中所著《泰山小史》作注的近人赵新儒在其“徂徕山”注中说：“徂徕景致绝佳，无泰山之伟大，而深邃过之。”由此可见，徂徕在泰山面前，不敢称其伟大，而其景致“绝佳”“深邃”之特色，当为其胜。

其深邃何在？在其“松径”“竹溪”之“绝佳”也。

徂徕山峰峦苍翠，林木茂密，有古树名木千余株，尤以松柏为多，遍布山崖幽径、庙内阁旁。如徂徕山最高峰太平顶，双峰耸立，老松偃覆其上，葱郁深秀，自是佳胜。其巅南为万松岭，自古多美松，至今仍是松柏遍布，常年不凋。徂徕山南麓的佳胜之地礤石峪，群峰如簇，一水环绕，松柏掩映，翠郁幽深，《泰安县志》曾称其为“徂徕第一奥区”。位于太平顶西北的中军帐，后又建三清殿，殿前古松冠盖如云，遮天蔽日，其枝柯长伸，远观似大鹏展翅欲飞。清人曾题联曰：“万迭青松千涧日，一曲流水四周山。”徂徕山虽不以巍峨高大取胜，其海拔高度仅千米，比泰山是差一截子，但因其自古即松柏茂盛、苍郁覆地，也多有道人隐士隐居其间。有一巨石上刻下《王野人诗》：

徂徕山下是吾家，吸露嘘风卧紫霞。
几百年来无个事，朝朝坐对老松花。
（〔唐〕王希夷《王野人诗》）

看来，隐士往往与孤松相伴为伍。

徂徕山上多松还多竹，有“竹溪”之胜景。说到竹溪，自然使人想到著名的隐士逸闻“竹溪六逸”。唐代开元年间，在外远游的李白与仕宦文人孔巢父、韩准、裴政、陶沔、张叔明等六人同隐于徂徕山南麓西北的“竹溪”，整日酣歌纵酒，号“竹溪六逸”。对于“六逸”们的生活与信念，李白曾有诗描述道：

猎客张兔罝，不能挂龙虎。
所以青云人，高歌在岩户。
韩生信英彦，裴子含清真。
孔侯复秀出，俱与云霞亲。
峻节凌远松，同衾卧盘石。
斧冰嗽寒泉，三子同二屐。
时时或乘兴，往往云无心。
出山揖牧伯，长啸轻衣簪。
昨宵梦里还，云弄竹溪月。
今晨鲁东门，帐饮与君别。
雪崖滑去马，萝径迷归人。
相思若烟草，历乱无冬春。
（〔唐〕李白《送韩准、裴政、孔巢父还山》）

从诗来看，这都是一些以“龙虎”自喻的“青云人”，其貌或“英彦”，或“清真”，或俊秀，峻节高迈，生活放荡，自视不俗，所以隐居“竹溪”。这也往往是古人“待价而沽”的入仕捷径。明代诗人邱璿的《题竹溪六逸图》咏道：

徂徕之山竹满溪，溪中流水清漪漪。
昔人已往不可见，至今陈迹犹依稀。

清代诗人王士祯《徂徕怀古》诗云：

徂徕林壑美，复爱竹溪清。
应有云霞侣，幽居远世情。
钓竿想巢父，酒态忆长庚。
寂寞空山道，寥寥千载名。

清人尹乐孔也有《竹溪怀古》诗，其云：

徂徕竹色好，苍秀满林邱。
劲节寒柯耸，澄心碧浪流。
眼中空海岱，天外寄蜉蝣。
六逸草堂在，高风千古留。

从这些诗来看，竹溪多竹临溪，竹木萧森，溪流清澈，风景玲珑秀峙，翠峰环绕耸立，自是远离世情。这些隐士们幽居于此，澄心励志，其“高风”为后来也想步其后尘的文人们所景仰，也为松竹交映、风景如画的徂徕山留下了千古流传的佳话。

生活于清代前期的泰安五贤之一的赵国麟身为泰安人，早就因徂徕山“松径、竹溪名藉甚典册中”而向往之，后入游徂徕，与当地主人“纵谈徂徕之胜，以二圣宫、礤石峪为最”。

二圣宫即“竹溪”处。从三岭崮向西北，进入山道，只见“怪石星罗棋布”“峰峦回环映带”，沿溪行里许，西北一山，端严静正，三泉汇而为池。渡大溪北望诸山，层峦叠嶂，相争相让，最高为太平顶。又循小溪而北，依山为阁，阁上两像并坐，东为老子，西为孔子，此即“二圣宫”的来历。再由阁东拾级而上，为“三清殿”。这里林幽树茂，水净山清，历来为隐者高士所择居处。

竹溪六逸

礤石略，位于徂徕山南麓。此处多悬崖绝壁，古柏老松。步入深涧中，到处是老树怪石，坎坎坷坷。上有翠峰蔽日，下有清流成溪，“环坐四望，峪中旷如奥如，兼擅其胜”，使游人想到陶渊明笔下的世外桃源，“人说避秦事，不复知外间有魏晋”。清人有《礤石峪》诗曰：“苍黄变丛枝，殿阁山峥嵘。仰面孤峰插，回头嶂叠更。马登岩径险，人到石梁平。山犬当关起，唁唁吠履声。”

著名的“泰山八景”之一有“徂徕夕照”，此即指三岭崮之巅的独秀峰后峪处。“每当夏秋雨后黄昏，山青树翠，夕阳穿云拨雾，余晖洒向崇山峻岭，经交叉折射，苍松翠柏，叠嶂层峦，碧水奇石，牧童樵夫等，若明若暗，变化莫测。夕阳裸露时，数里之外景物若在眼前，薄云蔽日瞬间，风光物态扑朔迷离，顿生海市蜃楼之感。清人林杭学咏诗：‘独秀峰前落照红，千岩飒飒晚来风。竹溪云径层岚掩，桑海霞楼倒影空。石涧苍松明灭外，金支翠羽有无中’。”（引自《山东省志·泰山志》）

岱前徂徕果然风景如画。

八、灵岩独绝

泰山之阳，宫观寺庙遍布，而“灵岩胜境”却远在山之阴西北一隅，似乎是泰山老母有意藏在身后的一块珠宝，轻易不肯示人。因此，历来游泰山的人很多，而知灵岩的人甚少。但是，所谓“登泰山不游灵岩，不成其游也”的说法却又为许多人所耳闻。灵岩之“独绝”，便在于此。

“灵岩”何以得名?

《泰山道里记》载："东晋京兆竺僧朗事佛图澄，硕学渊通，初止于琨瑞山降锡焉，尝往来于此说法，猛兽归伏，乱石点头，灵岩所由名也。"这位竺僧朗公为东晋时人，正是灵岩古寺的创建者。至今，灵辟峰南崖下有一状似老僧伛立的巨石，世传为朗公讲经化身而成，因称朗公石。从寺内东望朗公石身后，还有一群弟子紧随身后，踽踽而行，其实，那不过是长在山脊上的一株株侧柏，远望似人形，与人形奇石结合为一生动景观，令人愈看愈像，愈看愈奇，颇具灵性，诚信"灵岩"二字不为虚拟。

灵岩位于泰山主峰之侧，四围山势陡峭如削，佳木葱茏，山谷深处创建寺院神殿，历史悠久，佛名远播。唐代宪宗时宰相李吉甫把它与浙江天台国清寺、湖北江陵玉泉寺、江苏南京栖霞寺并誉为"域中四绝"(〔宋〕张公亮《灵岩寺记》)。宋人又有诗曰：

四绝之中处最先，山围宫殿锁云烟。
当年鹤驭归何处，世上犹传锡仗泉。

宋代著名山水画理论家郭熙在他的《林泉高致·山水训》中谈道："千里之山，不能尽奇；万里之水，不能尽秀。"山水之称奇秀者，自是绝胜："泰山占齐鲁，而绝胜者灵岩。"可见，宋时灵岩已为山水画家所瞩目。这与同代人张公亮所写《灵岩寺记》中所述"泰山西北数里有灵岩寺者，按图经本希有佛出现之地"的情景可相印证。

明代便有了其寺"一不至，岱不成游"(〔明〕王士性《岱游记》)的说法。

到了清代，曾任山东粮道、泰安知府的宋思仁以登临灵岩的亲身感受题诗云：

郁郁灵山秀，支筇到绿萝。
双泉留鹤影，千佛驻鸾坡。
嵌石苍松古，依云绀宇多。
岱阴名胜地，第一此岩阿。

(〔清〕宋思仁《灵岩》)

这首诗概括了灵岩的松石山色和佛宇景观，把它称为"第一名胜"，与前人所见略同。浏览历代赞誉，难怪有“灵岩奇异出尘寰，压尽江南万重山”的美名。

灵岩景致有灵岩山色与灵岩寺观两大部分，即自然与人文两大景观。

灵岩山色。

灵岩辟支塔

应先从灵岩谷讲起。去灵岩先入通往灵岩的长谷，谷口便有乾隆皇帝题额“灵岩胜境”的石坊。越过石坊，便见峰峦屏立，林木葱茏，青翠宜人。沟涧纵横，跨桥连座，使人兴致倍增。过桥仰望南山，石峰嶙峋，山势如楼似阁，山巅有一圆形孔洞，大如车轮，似皓月耀空，即明孔山。谷内多古松，多奇石。如黄茅岗一带，乱石如羊群，看上去有的昂首奔跑，有的低头吃草，有的卧圈静养。苏轼《黄茅岗》诗备述其胜。走过一段枝叶繁茂、苍翠蓊郁的“十里松”，便来到灵岩寺山门。

站在山门外远望北山（方山），只见青峰如削，环寺而立，上下林木葱郁，盘道回旋其间。北崖最高处，为悬星岩，俗称功德顶。其上有石龛一处，供奉佛祖。其西为拂日岩、积翠岩、巢鹤岩等石崖翠峰；其东有白云洞、一线天、灵辟峰、朗公石等诸多景观。山上时有晴岚云雾盘绕，奇石怪树耸立，有“方山积翠”胜景，别有洞天。有诗云：

路入山门景便幽，高风不断石林秋。
照人霜叶红于染，拂袖岚光翠欲流。
几过野桥横绝涧，遥从古刹见高楼。
北峰真与天相接，更拟攀萝到上头。

（〔明〕薛瑄《灵岩道上》）

灵岩风景绝胜，历来被佛家看重，自东晋时僧朗说法建寺以来，一千多年香火不断，最盛时为宋代，僧人沙弥达五百余人。他们对这里的自然风景，颇有体验，僧人之偈也写得很有风味。如金元年间僧园照所写诗（偈）二首：

再到灵岩古道场，俨然乔木蔽云房。
十分山色四时好，一味松风六月凉。
老树挂藤侵石壁，落花随水入池塘。
主人乞与禅床卧，梦里如闻天上香。

年来乘兴一闲游，直拟寻山山尽头。
之字水从斜涧出，羊肠路到断崖休。
古藤依倚岩前树，老木侵攲涧下流。
啼鸟催归日将暮，林荫扑翠湿衣裘。

诗中把灵岩一带的自然风情写得古朴清醇、幽静芳馨，使僧人娱情其中，野趣自得。灵岩为佛家胜境，自古依然。

佛家爱灵岩，皇家也爱灵岩。颇爱文墨风流的乾隆皇帝曾多次驻跸灵岩寺，奉佛赏景，为灵岩景观写下了大量诗作，对所谓“灵岩八景”一题再题，以至于八，可见乾隆对这“八景”偏爱之深。这“八景”便是（仅选其一题）：

巢鹤岩

法定开山有鹤瑞，羽衣皓皓驻云峰。
至今月白风清夕，仿佛东坡梦所逢。

甘露亭

泉疏甘露淙淙注，亭子因仍甘露名。
用汲谁工注爻象，马迁曾是叹王明。

卓锡泉

泉临卓锡一亭幽，万壑千岩景毕收。
最喜东南缈缈处，澄公常共朗公游。

摩顶松

高松西指为求经，般若真诠泯色形。

假使虬枝解更向，定知糟粕是清宁。

铁架裟

片铁为衣状水田，沧桑几阅镇精坚。

谁云五叶一花止，试看伽梨万古传。

白云洞

霭霭英英相后先，穿云忽上白云巅。

春郊方待一犁雨，便可为霖润大田。

雨花岩

峰枝涧叶未芬芳，只有天花扑鼻香。

底事坐来都不著，维摩室里即斯床。

爱山楼

萦青缭白相氤氲，无色声天大块文。

著个横楼真恰当，四时佳气与平分。

灵岩的胜景幽情，在乾隆的笔下一揽并收，且点化生动，读来可增加一点儿赏景的情趣。

其实，这诗中已引出许多神话传说，应属人文景观了。如“鹤瑞”说，据金人陈寿恺云，“昔法定建寺，患其无水，双鹤飞鸣，其下涓涓，果得二泉。”这是“双鹤泉”“卓锡泉”，“世传为佛图澄锡仗卓出者，又名锡仗泉。水西流，汇为镜池，澄泓充溢，欲呼‘功德池’”（《泰山道里记》）。所谓“五步三泉”胜景，即苍崖下的卓锡泉、白鹤泉、双鹤泉，三泉相距不远，而涓涓细流终年不竭，其清流汇入镜池，池水清澈见底，晶莹洁净。泉南即茶社，传中国饮茶之风即始于此寺。茶社东有巨石，上有天然纹理，如僧人袈裟披褶之状，因曰“铁袈裟”。

灵岩寺内除大雄宝殿之外，最引人瞩目的是千佛殿。内有三尊释迦分身大佛，四围则是40尊罗汉彩色泥塑，姿态各异，神情不一，比起金面佛祖来则更具人情味。此作被梁启超称为“海内第一名塑”。

灵岩奇绝之处还在于寺西的一片墓塔林，或高或低，或方或圆，为历代住持高僧墓塔，共计167座。其中的慧崇方塔建造最早，造型精致奇异，塔座东西饰门皆有侍女做开启状，颇为生动。

灵岩是仙境，是佛国，也是人间世界。

第二章

古岳沧桑

——泰山景观的人文美

天下名山无数，唯拔地而起的泰山以“五岳独尊”而名闻古今遐迩。众所周知，论自然高度，泰山并不为五岳之长，而独受其尊的局面正是由有史以来的人文行为积淀而成的。当然，何以在此山积淀而不在彼山，泰山也有其自然优势，这大概正所谓泰山是“中央之美者”的缘故。

山陵本为大地突起之处，而在原始人看来，这便是神威的显现，于是便崇拜山岳。泰山如此突兀于大地之上，更是神威大显。周代以来，对泰山便由崇拜、祭祀，升华为封禅。祭祀泰山之权为周天子所专擅，泰山也就成为诸山神之长。推演而下，从秦始皇开始，封禅成为国家大礼。与此同时，民众百姓有灾有难也都乞灵于山神，文人墨客们也移情于名山胜景。如泰山这样的名山，便在无形之中被人们用真心、诚意、挚情捧塑得更加巍峨高峻，于是也就留下了诸多人文景观，使后人得以窥视、观照、考证、诠释，使泰山的景观内涵更加丰富多彩。

诗云：“七十二君多胜事，只今斜阳照苍茫。”胜事已无由再演，但苍茫大地之上，一片美丽的斜阳，令人玩味，令人陶醉，也令人清醒许多。于是，帝王封禅，百姓拜佛，名人题字，信徒造庙，给泰山增添了许多人文遗迹，使它与民族文化传统有着千丝万缕的联系。由此，1961年郭沫若先生游过泰山后写道：“实事求是地看泰山，在齐鲁一带，的确是座名山，自然胜景之外，还有历代人文遗迹。泰山应该说是中国文化史的一个局部缩影。”（《读随园诗话札记》）

一、一路庙观

泰山是一座气象雄伟的自然风光山，也是一座积淀丰厚的人文历史山。而在这历史的人文积淀中，最早也是最有影响的部分便是与山川崇拜与宗教信仰一脉相承的神祇活动。伴随着香火日盛的袅袅烟雾，泰山的尊严和地位也在崇拜者与仰慕者的心目中愈益抬升，其效应大大超越了泰山自身的自然威力。这也许正是泰山在五岳中称“尊”的主要原因。

神灵崇拜是一种圣洁的观念形态，也是一种世俗的物化行为。所谓“柴望山川”的古老礼制，便是在举目望祭的同时，也应燔柴举火以祭。而在泰山上赫赫扬扬举办了三千多年的封禅活动，也是或在“泰山上筑土为坛”，或在“泰山下小山上除地”。伴随着这些文明而愚昧的崇拜活动的世代延续，泰山上下便兴建了从山前到山侧、从山麓到山顶极为壮观的“朝天”祭祀建筑序列，使朝山者在初步瞻岩、渐入佳境的同时，也体验着与神同在、步步登天的神圣灵应境界。由此，迤逦星布的一路庙观，既是人对神的一种仰承和谄媚的辉煌神话，也是神对人的一种炫耀和无奈的虚幻传奇。当然，历史的冷却使往日的辉煌变成今日智慧和艺术的结晶，这一路庙观就成了一本历史文化史稿。

泰山之庙的渊源和主体是岱庙。它被称为“泰山神”之庙，因为庙的正殿“天贶殿”中供奉着统治泰山的最高神“东岳大帝”。此神既不入佛，又不归道，独擅泰山之威，直通天神之灵，当然也为历代君王所膜拜。

据史书载，庙创于汉，拓于唐宋，后为历代整修。东汉应劭《风俗通义》称：“岱宗庙在博县（今泰安郊区旧县镇）西北三十里，山虞长守之。”北魏郦道元《水经注》引《从征记》载：“庙中柏树夹两阶，大二十余围，盖汉武帝所植也。”宋建中靖国元年（1101）至宣和四年（1122）重修岱庙，历时21年。《宋宣和碑》有“诏命屡降，增治宫宇，缭垣外周，罘罳分翼，岿然如清都紫极，望之者知其为神灵所宅，凡为殿、寝、堂、阁、门、亭、库、馆、楼、观、廊、庑合八百一十有三楹”的记载。金大定十八年（1178）庙除垣墙外，全部毁于火，大定十九年至二十一年（1179～1181）按旧制重修。明清两代屡加修葺。1949年后，又多次重修和新建，现存建筑保持了明末清初的风格（据《山东省志·泰山志》）。整个庙院总面积近十万平方米，为帝王宫城式组合，从前门（正阳门）到后门（厚载门）为一中轴线，经配天门、仁安门至正殿、后寝宫多进排列，东有汉柏院，西有唐槐院，四周城墙高筑，四角有角楼，总体构思是中心对称、层层深进的古典格局，体现了漫长封建社会壁垒自封、等级森严、左规右矩、一王自尊的政体模式。人是生活在这样的环境里，神自然更应为人的楷模。

“朝天”祭祀建筑序列的起点是“遥参亭”。遥参亭前即为“通天街”，这即暗示了这“一路庙观”的寓意所在——通天。“遥参亭”的“遥”则是点明这里正是与最终目的上天之处相呼应的起点，这正如当代美学家杨辛教授诗云：

清风万里汗初停，盘道千重若龙腾。
云中回首惊来路，一片青烟遥参亭。

一旦真的升入“天阶”，方才发现“遥参亭”的妙意所在。

从遥参亭经岱庙坊进入岱庙正阳门、配天门、仁安门，至天贶殿泰山神前，这段百余米的路程虽短，但其心路甚长。其地势虽还平坦，但神位已如升天。这正是一种“心到神知”的登山预演。

登山路程的实际起步当然是岱宗坊。

石坊，本来是树建于乡里以旌表善举的门碑式建筑，多横跨于通衢要道，装饰性极强，富有民族乡土风味。在从岱宗坊起步的登山中路至岱顶，便有一天门、孔子登临处、天阶、红门宫、玉皇阁、回马岭、中天门、五大夫松、昇仙坊、天街等十数处石坊，其中一、二天门石坊为里程碑式建筑，标志着登山路程的阶段性起讫，其他石坊都与人文历史与传说有关，具有一定纪念意义。如“孔子登临处坊”显然是对圣人孔子登临泰山的载志与追怀。在人们的传统观念中，泰山与孔子是相辅相成的，都是民族文化的巨大遗产。此坊立于山前，如一座与泰山同辉的纪念碑，令人肃然。

泰山朝拜者在其登山主道上遇到的第一座神庙即是祭祀忠勇与信义化身的关公的关帝庙，这虽是关公的山西老乡所建，但也代表了崇尚忠孝节义信的炎黄子孙们的共同意愿，为儒、道、佛三教所共尊。

登山道上第一座带有宗教色彩的古建筑应是红门宫。红门门楼为飞云阁，跨道而立。路东为佛寺，为弥勒院，供奉弥勒佛；路西为道观，原祀碧霞元君，

斗母宫

后奉皇后之神“九莲菩萨”。红门宫的联语为“万壑泉声沉宝罄，千峰云影护禅关”。自然景观与人文景观如此交融为一，也许正是红门这一景点的独特之处。

过红门便有了进山的感觉，也就多了伴神的意念。不几步，便是“万仙楼”，是楼阁式建筑。据传说应为道观，但此祀何仙，难以确指，于是附会之说很多，“万仙”之概也就道尽无遗了。它正是崇尚神仙的明代所建而遗存至今的较为完整的建筑。楼北的所谓“谢恩处”，或曰皇帝登山、群臣谢恩的分手之地；或曰求神祛病免灾、香客还愿的叩谢之所。

临中溪而建的斗母宫有着“三潭迭瀑玉珠响，万树铺翠古楼红”的自然胜景，曾是市井小说《老残游记》中所写游人饮酒品茗、对诗聊天的风流旧地。大概因为这里是唯一一所为尼姑住持的宫观，又恰处上下泰山的繁华要道，生活气息较浓，多情传闻便多。其实这里因龙泉山水流经此处而名龙泉观，清人宋思仁有诗赞此景色：

上方钟磬出云微，斗母宫严静掩扉。
满涧松阴尘不到，夜深风雨有龙归。

（《斗母宫》）

泰山多道观，中途跨道式门楼“壶天阁”最为典型。道家有言，海上有三山，其形若壶，即方壶、蓬壶、瀛壶，均为神仙栖息的胜景良苑。此处名壶天，当与此有关。且此处山势险峻，三面朝山，崖高谷深，宛如壶形，所以其阁联曰：

登此山一半已是壶天，
造极顶千重尚多福地。

这正是充满道家思想的洞天福地，游人看彼景，吟此联，似乎有入境成仙的飘逸感，原来此阁便叫“升仙阁”。

其实，登山的路程还漫长而艰难。

真正产生飘飘欲仙的轻松感的时候是攀上十八盘的尽头南天门。此门虽无宏大的构架，却缘耸立于双侧陡峭的飞龙岩与翔凤岭对接之谷口，颇有“俯仰之间，一门当关”之险，正如两侧门联所言：

门辟九霄，仰步三天胜迹。
阶崇万级，俯临千嶂奇观。

南天门并无太多的宗教色彩，有的是美的崇高感和愉悦感。当游人远来泰山，天门尚在眺望之中的时候，那便是“门辟九霄，仰步三天胜迹”的崇高感充溢心头；而当游人征服盘路，天门已在双足之下的时候，又便是“阶崇万级，俯临千嶂奇观”的愉悦感荡漾心底了。

“一路庙观”的终点是位于岱顶天柱峰顶的玉皇庙，庙将泰山峰顶围在院中，内有极顶石裸露于光天化日之下。这组泰山最高处的古建筑是离“天”最近的了，所以门侧有联曰：

地到无边天作界，
山登绝顶我为峰。

中国哲学、神学、美学的最高境界是“天人合一”。如果说这种境界在数千年的历史中只是一种锲而不舍的追求，那么，一旦登上泰山顶峰，便可达到象征性的最佳境界，那将是如何辉煌、壮丽、幸福无比啊！

二、九曲阶盘

古人曰：“从善如登。”(《国语》)意思是说实施善举的艰难，就像登山一样，可见登山之难是人所共喻的。这四个字还被前人镌刻在泰山云步桥南的摩崖上，使游人们看到题刻想到登山之难是理所当然的，应努力登攀；体验着登山的滋味，也应联想到坚持做好事也真是不容易——登山之旅与人生之理在此相生发，也是双得。

游泰山也是古难今易。20世纪末的今天，可以坐汽车、乘缆车，脚不沾地，也可以乘直升机一步登天。由今而昔，则愈往愈难：没有现代化交通工具之前，虽靠开动双脚，一步一个台阶地上，但此前盘道多损，比之则益发难行了。有盘道又比无盘道时轻易多了。据今查到的有关登游泰山的最早文献，应是东汉应劭所撰《泰山封禅仪记》，看来那时的登山道路是比较原始的，字里行间使人想见其举足之难：

> 是朝上山，骑行，往往道峻峭，不骑，步牵马，乍步乍骑。且相半，至中观留马。去平地二十里，南向极望无不睹，仰望天阙，如从谷底仰观抗峰。其为高也，如视浮云；其峻也，石壁窅窕。如无道径通，望其人，端如行朽兀，或为白石，或雪，久之白者移过树乃知是人也，殊不可上。

可以看出，这里所写的情景正是壶天阁、回马岭一带，是泰山途中的第一个险峻地段，再加上山无路而有雪，使登攀者感到“殊不可上”了。待到最艰险的十八盘，那情景则是：

> 仰视天门窔辽，如从穴中视天。直上七里，赖其羊肠逶迤，名曰环道，往往有絙索，可得而登也。两从者扶挟，前人相牵，后人见前人履底，前人见后人顶，如画重累人矣。所谓磨胸捍石，扪天之难也。初上此道，行十余步一休，稍疲，咽唇焦，五六步一休，蹀蹀据顿，地不避湿暗，前有燥地，目视而两脚不随。

文中所述，其道路如羊肠透迤，其登者如相迭重累，其步履则蹀蹀据顿，可以想见，那“十八盘”的山路该是难以立足的陡峭崖谷，绝无盘盘石阶，更无扶手栏杆，只不过靠一根绳索，使人有所攀附罢了。难怪攀到最后，人们都“目视而两脚不随”地狼狈不堪了。

这正是近两千年前随东汉皇帝封禅泰山的当地官员的登山实录。

泰山之路迭印着历史的辙迹，摄录下筑路人的甘辛。

泰山盘路的石磴，大约形成于宋元之际，其间屡被大水冲毁，屡加整修。据《泰山道里记》载：康熙五十六年（1717）六月六日，泰山大水，盘路祀庙皆圮，命江南学政林之浚等重修。乾隆三十六年（1771）年五月十五日夜，泰山水，盘路圮，知府夏玢重修。仅以光绪八年（1882）任道熔所立《修盘路记》碑为例，看泰山盘路整修情况：

> 泰山由麓至顶四十余里，其间石磴六千七百余级，合计其地尚十不逮一耳。历年既久，半已倾圮，行者多有陨越之虞。道熔于是岁春月，爰檄曹守泼澄、徐令寿基，计工修葺，危者安之，毁者易之，以及桥梁陡崖石坡等工，亦皆修治完固。而险峻难跻之道，拾级可升，今而后，行者皆便于登降矣。惟恐更阅数年，而今之所谓完固者，又何若也？因于事后提拨间款银五百两，合修理山路工项银五千五百两，共成六千两，分发济、泰、沂三府生息，以为岁修之费。道熔于奏闻后，已奉俞旨准照所请，爰为之记，以垂永远焉尔。
>
> 光绪八年，岁次壬午孟秋
>
> 宜兴任道熔书

此碑立于红门宫北盘路西侧，与其并立者还有光绪十二年（1886）陈士杰撰书《修盘路碑记》碑。这些石碑的书立者为当时地方官员，而具体执行盘路修筑任务的，应是当地石工石匠，他们没有留下名字，但他们的智慧与汗水已渗入道道石磴之中。

泰山之路激励着有志者的雄心，回响着登游者的歌吟。

追寻先人们的足迹，孔子“登泰山而小天下”的睿思永远是人生之旅的一面旗帜，杜甫“会当凌绝顶，一览众山小”的壮句也深深嵌入后来者的心底。哲人和诗人先后为艰险曲折的泰山之路增添了无限魅力。那默默承受着登攀者沉重步履的盘路石阶刻写下一页页并不轻松的历史，所以古人曾有“泰山若厉”（《史记》）的古训。

明代两位进士先后写过有关登泰山的记游诗，前一位进士为嘉靖进士杨继盛，他因弹劾权相严嵩，被诬陷身死。《泰安县志》载其《登泰山》诗云：

志欲小天下，特来登泰山。
仰观绝顶上，犹有白云还。

这位忠贞之士胸怀壮志而来，想以登山之旅砥砺自激，其步履想是坚沉的。看来他是登上了“绝顶”，看到犹有白云往还，颇有几分悠然。他对自己的结局也许没有料到，但其心襟应是坦然的，因为泰山之旅曾激励过他。

后一位进士是于慎行，曾官至“尚书”。他自认为是泰山人氏，仕途也多有忤逆。他的一首《登岱》云：

玉阙朱楼万仞端，六龙辇道倚巑岏。
悬崖翠磴云中转，叠嶂红泉树杪看。
海色曈昽三观晓，秋声萧瑟五松寒。
天门咫尺君应见，比似人间路更难。

这首诗把山上景色写得很美：山顶有玉阙朱楼，山腰有翠磴红泉，早上有海上晓色，晚间有寒松秋声，景观十分迷人。但最后笔锋暗转，说到登上天门虽近在咫尺，但攀登起来十分艰难。字面上说比人间的道路更难，其实是寓指人间更有重重困难。这大概是诗人久经仕途沉浮的由衷之言。泰山之路依靠勇气和汗水总是可以征服的，而人生之路往往使人困惑难择。不过，登泰山，经九曲阶盘，跨层层山峦，总是可以砥砺人生之志、体验游赏山水之趣。

十八盘

由岱宗坊举步，路程平缓而稍有上坡之感，到一天门，便开始踏磴攀阶，真正上山了。此处山林庙观丰赡，逗起游览的第一个兴奋点。过红门又平缓悠然，经斗母宫、柏洞，至壶天阁、回马岭，此处山高路险、层峦叠翠、峰回路转，令人眼花缭乱，为登山第一险区、观景第一幽区。由此劲步直上，步步艰难地登上十二连盘（实为十八盘的预演），到达中天门，路程过半，视野豁然，为第一旷区。又是峰回路转，三里快活，过云步桥，更趋艰险，随之进入最后的决战：登十八盘。此段石阶共1500多级，垂直高度为400米，可谓危崖叠耸、天梯倒挂，使人备尝登攀之苦，不禁热汗浃背、额头挥珠、滴落八瓣。累累石阶，伴你流汗，送你上天，赠你人生征途如此这般的深深体验，使你永远忘不了那一步一回头、一步一向前的“十八道阶盘”。待你一鼓作气，登上跨越双峰之间的南天门，泰山已悄悄退至你的足下。当年的大诗人李白在此曾吟出“天门一长啸，万里清风来”的快句，此意也正是无数后来者之胸中快语。

“仰观绝顶上，犹有白云还。”天街路面坦荡，视野开阔，云雾时起，怪峰林立，颇有腾云升天之感。又是一组石阶累累的石盘路，又是一座金碧辉煌的神祠庙观。当你跨过最后一道石阶，那莲花状的“极顶石”正像盛开的石花向可敬的攀登者们祝贺。

从山下到山巅，共计7000余级石阶。石阶不言，可游人们走完最后一道石阶，才会领略到高山之外的广阔天地及无限风光。高山是令人景仰的，石阶是平凡而容易被人忽略的。如果没有一道道石阶的积微之功，哪能完成攀登高峰的伟大壮举?

“泰山若厉”是九曲石阶的碑记。

三、遍地碑刻

古老的泰山不可磨灭的文化遗产在于碑刻。先民们确实难以估量由他们开拓的人类历史终究能延续多久，但他们想到怎样才能使这一宇宙间的奇迹永留于世，于是便把他们的所见所闻、所做所思刻在了存在久远的石头上。果然，后人与先民沟通的最可靠的信息渠道便是那些还活着的石刻。

泰山上碑碣、石刻分布广泛，遍地皆是。据统计资料显示，历代刻石存于今者有2500多处，仅从岱庙至岱顶的登山道上，一路就有823处。其中重要的有秦李斯刻石、汉代张迁碑和衡方碑、晋代孙夫人碑、北齐经石峪摩崖石刻、唐摩崖石刻，以及大量的宋、元、明、清以至近现代摩崖石刻。其形式多样、

秦泰山刻石

内容广泛，多以即景言情述志为主，这不仅丰富了泰山的自然景观形象，而且积蓄了许多历史文化信息，具有一定的科学和艺术价值。

最古老的泰山刻石立于公元前219年的“李斯刻石”，堪称“名山刻石之祖”。原刻石分为两部分：一为秦始皇东巡泰山时所刻立，二为10年后秦二世补刻，共222字，均为我国文字重要书体小篆的创立者李斯所书，由此可睹其书迹风采，实在难得。此碑原在岱顶玉女池上，后遭火灾，埋于瓦砾之中。失而复得后移山下又被盗，当时县令毛澂曾下令大索十日，遂又失而复得。此碑经千年风雨剥蚀，现仅存10个残字，越发珍贵。于是曾有人叹道：

访古因耆旧，临池意渺然。
零星两片石，卓越二千年。
（〔清〕王家榕《题秦刻残石》）

现代文学大师鲁迅也认为秦泰山刻石“质而能壮，实汉晋碑铭所从出也”。

出土于乡里民间的东汉石碑张迁碑和衡方碑也都是国家一级文物。两碑均刻立于东汉，以朴拙劲健的汉隶书刻，为历代金石书家所推崇。两碑的历史价值与艺术价值为泰山博大丰富的人文内涵增添了光彩。

真正显示出泰山雍容大度之风采的刻石是经石峪金刚经摩崖石刻。其石地阔一亩，字大如斗，计千余大字，被康有为称为“大字鼻祖”“榜书之宗”。其体势开张，沉雄自然，随地势高低而刻写，铺地而成，书法溶化于自然之中，历来为游人所激赏品味。旁立石亭，亭柱联语“天门倒泻一帘雨，梵石灵柯千载文”，把遥遥天门与漫漫经石协调于泰山山水大观之中，是自然景观与人文景观相融相汇的典范。

在岱顶的大观峰壁上，依山崖巨石的自然节理，镌刻着由唐玄宗御书御制的《纪泰山铭》，碑高三丈，字大如盘，书体端庄婉媚，颇有唐人之韵。此碑显赫高耸，为岱顶一大奇观。据史书载，其碑“旧填金泥，元时错落，每当晴朗时，自南数十步望之，字里行间光彩照灼”。对其书作，唐人所著《述书赋》曾评曰：“开元应乾，神武聪明，风骨巨丽，碑版峥嵘，思如泉而壮凤，笔如海而吞鲸。”明王世贞认为其字“虽小变汉法而婉缛雄逸，有飞动之势；若鸾凤翔舞于云烟之表，为之色飞”。虽说对皇帝所说之话总有几分惶恐，但其字当占一席之地是毫无疑问的，而且是占尽泰山之巅的无限风光。

泰山之巅还有一座“无言”之碑，那就是千年以来众说纷纭的“无字碑”。它立于岱顶玉皇庙山门前，可谓地处险要，与极顶争长。碑为上小下宽的梯形，顶覆石盖，直耸青天。通碑无一字，一则不知何人何年所立，二则不知出于何意，成为千古一谜。历来对此揣测者多有所议，自是“仁者见仁，智者见智”。有一作者算是与立碑者心有灵犀：

绝岩植空碑，古人如有意。
由来最上乘，原不立文字。

（〔明〕邹德溥《无字碑》）

这位万历进士书读得多了，思想又能开窍，终于悟得“不着一字，尽得风流”之美的最高极致，所解“无字”之根底，正得其真谛。

泰山刻石，遍地皆是，特别是从山下到山巅的主盘道上，历代游人有感而发，即石而题，借景抒情，多有点睛之妙。应当说，这也如点滴之水，涓涓之流，汇成了泰山文化的瑰丽景观之海。

“勇登仙境”，这是刻于红门附近的一则游人题字。“红门”已是道佛双卡，过红门自然是初入仙门，而真正入境则需勇气继续攀登。

“洞天福地”“步玉清”，这都是含有道家仙境构想的理想之所。登山者虽未必笃信，但清美之词肯定是能调节情绪、减轻思虑的。

“肤寸生云”“万古凌霄”。前者是说泰山独特的气象特点，后者则是升入天界的形象写照，都是对“朝天”意向的一种渲染。

“虫二”，这是一个小小的文字游戏，即寓“风月无边”之意，但对刻画泰山自然景致来说起到了独特的作用，因此也为游人所赞赏不已。

“渐入佳境”“放怀”，这是在过万仙楼之后出现在山道之侧的题字，对游人有着导向性提示作用。

“万笏朝天”，这是对在此远望诸峰所生印象的一种朝圣式比喻，因为“朝天”与“朝圣”也是一致的。

“天衢”，自然是通往天府的通衢大道。

“柏洞”，是对一段柏松蔽日的幽静山道的形象化命名，步入柏洞，凉爽在身，清静在心。

在山道第一幽区壶天阁一带，题词石刻也相应增多，且诗意隽永：“勒马回看岱岭云。”如果真的骑马至此，是应该“勒马回看”的，因为这里山峻林幽、水潺鸟鸣，还有云飞雾绕，令人流连。

“峰回路转”，这是借用名人名文之名句，不过用在这里又恰切此境，妙点此幽，属神来之笔。

“山高水长”，虽是军人武将所题，但观此景吟此句，令人情意缠绵，胸襟激荡，想见军人情怀如大海一样广阔。

“接踵过中天，高山群仰止。为问熙攘人，曾否忆国耻？”此题刻立于21世纪30年代，正是中华民族处于危机的时候，游人不是仙人，他们的民族切肤之痛隐约在心。今天看来，仍令人心动。

中天门以北、云步桥一带，山高涧深，泉瀑飞溅，花蝶争艳，多为游人驻足观赏。此处题刻颇多：“云路先声”“山辉川媚”“若登天然”“天下名山第一”“郁确其高”，这些赞词刻于不同年代，出自不同人之手，形式也不统一，但为“江山多娇”折腰的情志一如言表，今天目睹其字仿佛如闻其啧赞之声。

“如”是一处大草象形字谜，游人往往难以辨识。但其字行笔流畅，如操笔熟手在桌上虚拟练笔。据了解其字正是一位酒家堂倌所书，也是泰山题刻中的一个特例。

“飞泉”“云桥飞瀑”“月色泉声”“河山之脉”“泉响云飞”，这一组赞泉叹水的题字正是对泰山第二幽区风景特点的真实写照。此处山势如此之高峻，水泉如此之飞溅，确为罕见。

“排闼送青”“栏环翠秀”“同步青云”“抚松盘桓”，这是五松亭一带的题刻。当年真宗皇帝选中在此设帐驻跸，松茂泉清、层峦叠翠一览在目，正是观山佳处。

“群峰拱岱”“东天一柱”“冠盖五岳”“松云绝壁”“空翠凝云”“松风泉韵”“涛声云影”，这里是对松山、十八盘一带，已近绝顶，景色既雄且秀，游人在气喘吁吁之时，看此题字，也增添几分悠闲情趣。

“龙门”“绝顶云峰”“天门云梯”“首出万山”“云路千盘”“仰不愧于天，俯不怍于人”，山之险峻，情之激昂，似相伴相生。

“五岳独尊”“雄峙天东”“天地同攸”“置身霄汉”。山已到了绝顶，题刻也说到了极致。这些会说话的石头，将永远向后人诉说下去。

四、历代封禅

泰山封禅，已经成为历史上一种独特的人文景观。司马迁的皇皇纪传史书《史记》中“八书”之一便是“封禅”，其书开篇便道：

> 自古受命帝王，曷尝不封禅？盖有无其应而用事者矣，未有睹符瑞见而不臻乎泰山者也。

司马迁如此肯定地指出“帝王受命”与“封禅泰山”几乎是一码事，可见泰山在历代帝王心目中的地位之重了。中国的君臣百姓所一向恪守信奉的“天条”便是“天人合一”，而作为众人之首的帝王必承天意才能伏百姓。天意何在？其势拔地通天的泰山便首担此任，所以历代帝王称君即位之际，必以筑土为坛以祭天，山下除地以报地，行封禅之典礼。

《史记》中司马迁引管仲之言曰“古者封泰山禅梁父者七十二家”，这应是泰山封禅史的最初篇章。不过，管仲也只记得12家：无怀氏，伏羲氏，神农氏，炎帝、黄帝、颛顼、帝佶、尧、舜、禹、汤、周成王等。

史载来去踪迹清晰的第一位封禅泰山的帝王应是秦始皇。“即帝位三年（前219）东巡郡县，祠驺峄山，颂秦功业，于是征从齐鲁之儒生博士七十人，至乎泰山下”（《史记·封禅书》）。由于儒生们对封禅礼仪众说不一，秦始皇遂自定礼制，整修山道，自泰山之阳登山，在岱顶行登封礼，并立石颂德。礼后自泰山之阴下山，行降禅礼于梁父山。由此完成了始皇帝受命于天、统一天下的伟大功业。十年后，秦二世皇帝东巡碣石，经泰山时举行祭祀之礼，并在其父皇原刻石上补刻祭辞，这就是遗存后世的“秦刻石”。

创世纪的秦王朝是辉煌的，又是短暂的。秦失其政，豪杰蜂起。垓下一战，汉王而立。好大喜功的汉武帝即位30年后于元封元年（前110）率群臣东巡，至泰山，先派人在岱顶立石。东巡海上后返泰山行封禅礼仪，并埋下玉牒书。封禅礼成，汉武帝在明堂受群臣朝贺，改年号“元鼎”为“元封”，并以泰山前嬴、博二县奉祀泰山，因此名“奉高县”，这便是泰安旧称“奉高”的来历。

其后，汉武帝在20多年内又数次封禅和祭祀：

元封二年（前109）祠泰山，筑明堂。

元封四年（前107）冬，武帝南巡，次年春还至泰山，四月封禅。

太初元年（前104）武帝幸泰山，祀明堂，禅高里。

太初三年（前102）正月，武帝东巡海上，四月还至泰山，第三次封禅。

天汉三年（前98）三月，武帝幸泰山，第四次封禅，并祀明堂。

太始四年（前93），幸泰山，祀高祖于明堂，禅石闾。

征和四年（前89），武帝由钜定还至泰山，第六次封禅，并祀于明堂，禅石闾。

东汉有三位帝王到泰山封禅和巡幸：

光武帝刘秀在即位三十多年之后于建武三十二年（56）二月，率群臣至奉高，先在山下斋戒，为封禅做准备，然后开始封禅：山下燔柴祭天，山上登坛致礼，并藏玉牒，封石检，其礼仪规模超过了秦皇汉武。封禅后改年号为“建武中元”。

其后，中国社会经历了长时期的分裂和动乱，封禅活动也就无法继续。五百多年后，出现了又一个强盛统一的封建王朝李唐王朝——国强气盛的帝王们又想到了泰山。

唐太宗李世民虽为第二代皇帝，但其功勋卓著，如同“开国之主”，他的“贞观之治”为历史留下了辉煌的一页。本来他是有资格、有实力登封泰山的，他本人也有此强烈欲望，但终因诤臣力谏等阴差阳错之原因，未能一遂宏愿。

第三代君主唐高宗李治虽软弱无能，但他身旁有一位干练的“女强人”武则天。麟德二年（665）十月，高宗率文武百官，武后率内外命妇，队伍浩荡云

唐纪泰山铭

集泰山。次年春封禅开始，高宗行初献礼，武后升坛亚献，其礼仪庄严浩大，祭后改元为“乾封”，“奉高”县也改为了“乾封”县。

60年之后，盛唐的最后一个皇帝唐玄宗李隆基于开元十三年（725）十月率百官贵戚及外邦使节，行至泰山封禅，并加封泰山神为“天齐王”，礼秩加三公一等，把泰山神推到了最高尊位。唐玄宗还亲自撰书《纪泰山铭》，勒于岱顶大观峰，为此举留下了不可磨灭的一页，正像他的辉煌政绩“开元之治”。此后的一百多年，李唐王朝逐渐走向衰败。

大概历史上最张扬铺排的封禅礼仪要数宋王朝第三代君主真宗赵恒。他即位十年后，于大中祥符元年（1008）十月，自汴京出发，率千乘万骑，东封泰山。这次封禅何以大事张扬？主要在于真宗心虚，为此就要伪造“天瑞”，伪造“天书”，并勒刻《谢天书述二圣功德铭》，诏王旦撰《封祀坛颂》，王钦若撰《社首坛颂》，陈尧叟撰《朝观坛颂》等，各立碑山下。由于精心策划，这次封禅进行得细致圆满，但作伪之举在历史上留下了永久的耻辱。

明代开国之主朱元璋出身赤贫，乱世称雄，他对泰山之神威并没有多大兴趣，因此，他不搞封禅，也不承认唐宋以来加给泰山神的种种封号，只称其为“东岳之神”。他在位期间，只几次派人到泰山祭祀泰山神，《明太祖封东岳泰山之神碑》至今仍存岱庙内。据载，明代第三位帝君成祖朱棣曾于永乐七年（1409）三月，东巡驻东平，望祭泰山。明世宗朱厚熜于嘉靖十一年（1532）为求子东巡祭泰山。

由此而后，泰山封禅便已成为历史的陈迹，但祭祀和登游泰山的君王又创造了巡幸泰山的新纪录。

清代的泰山祭祀，始于清世祖爱新觉罗·福临，即开朝君主顺治皇帝。随后，康熙皇帝、雍正皇帝和乾隆皇帝等不仅多次派人到泰山致祭，而且多次亲临泰山，游赏山水，祭祀神灵，赋诗作文，对泰山的建设也起过积极作用。

清康熙二十三年（1684）九月，康熙皇帝南巡，十月至泰山，曾为泰山题“普照乾坤”“云峰”诸字，宿岱顶，翌日晨观日出，下山后祭泰山神于岱庙，以为苍生祈福。

康熙二十八年（1689）康熙南巡，经岱麓，令地方官员每岁量纳香税，整修泰山祠庙。

康熙四十二年（1703）康熙南巡，至泰安州登泰山，遣官致祭泰山神。

清王朝第四位皇帝乾隆创下了登泰山的最高纪录，他11次来泰安，6次登上山顶。主要有：

乾隆十三年（1748）春二月东巡，陪母祭孔庙，祭泰山。

乾隆十六年（1751）夏四月，南巡回京都，经岱谒岱庙。

乾隆二十二年（1757）夏四月至泰安，谒岱庙，登岱顶祀碧霞元君。

乾隆二十七年（1762）三月至岱，谒岱庙，登岱顶祀碧霞元君。

乾隆三十六年（1771）春二月东巡，为其母祝80寿诞，谒岱庙，祀碧霞元君。

乾隆四十一年（1776）三月，东巡至岱，谒岱庙，祀碧霞元君。

乾隆四十五年（1780）南巡，经泰安谒岱庙。

乾隆五十五年（1790）三月，东巡至泰安谒岱庙，登岱顶祀碧霞元君。临行，复谒岱庙（《山东省志·泰山志》）。

作为皇帝，乾隆对泰山可谓“情有独钟”，四十多年间十余次登祭泰山，并为泰山写下了一百四十多首诗，至今大多留刻在泰山各景点，为后人观赏。

乾隆如此频繁朝祭泰山为什么不搞封禅呢？他在最后一次来泰山时曾写了这样一首诗：

登封降禅古来传，总属夸为可鄙旃。
造极至今凡六次，无他只谢愧心虔。

从诗中可以知道他六次登上绝顶，对封禅却认为多属夸耀可鄙之行为，而他多次谒岱，只是为了诚心诚意地表达他抱愧之情。由此看，他没有多少皇帝架子。

五、传说多彩

泰山景多、庙多、神多，传说故事也多。千百年来流传下来的神话传说既切合泰山景观的实际特点和人文背景，又充满着奇异的想象和浓郁的地方特色，为人民群众所津津乐道。一块静无声息的石头不知沉寂了多少年，一旦附会上一个有声有色的故事，那石头就神了。一棵自生自长的老树不知熬过了多少风雨日夜，被深知底里的山民们细述其苦乐悲欢，那棵树也就活了。当然，石头和树的故事都是由人口口相传的，神石和活树也就成了人的代言者和精神寄托。所以，哲人们说，神话是“在人民的幻想中经过不自觉的艺术方式所加工过的自然界和社会形态”（马克思《政治经济学批判·导言》）。大体来说，神话是纯粹的幻想与虚构，而传说则往往有一些历史事实的影踪。但神话与传说的主旨多在惩恶扬善、贬丑褒美。由此，泰山也融进民族文化源远流长的历史长河之中。大体说来，有关泰山的神话传说有说景的、说人的、说事的三个方面：

说景的传说，如泰山的来历，志怪小说集《述异记》就有此一说：

> 昔盘古之死也，头为四岳，目为日月，脂膏为江海，毛发为草木。秦汉间俗说，盘古头为东岳，腹为中岳，左臂为南岳，右臂为北岳，足为西岳。先儒说，盘古氏泣为江河，气为风，声为雷，目瞳为电。古说，盘古氏喜为晴，怒为阴。吴楚间说，盘古氏夫妻，阴阳之始也。

盘古本为我国神话中开天辟地的英雄。这则轶闻则把盘古氏开天辟地之后与大自然中的日月山川之变附会在一起，幻想出一段创世纪的神话。特别是其肢体分解为五岳，“头为东岳”也就应了泰山“五岳独尊”之说，使人奇想顿生，对英雄盘古氏肃然起敬。

对泰山上的一些颇有特点的个体景观也都有些寓意深刻的神话传说。如“望人松”，传说是一对年轻夫妻为了整治好泰山，丈夫出山学本事，而在家的妻子含辛茹苦，久等数年而丈夫不归，终在一个严冬为大雪淹没。春天，在她站立的地方长出一棵袅袅婷婷而又一臂长伸的松树，像是妻子呼唤丈夫，又像主人欢迎游客，因此称为“迎客松”或“望人松”（见《泰山大全》1550页）。

又如“探海石”，又叫拱北石。传说是黑虎神见山顶有妖孽作怪，提着擎天棍上山镇妖，由于用力过猛，棍打在石上断为两截，那断掉的一截顿时化作一块巨石，即探海石(《泰山大全》1562页)。又如“卧龙槐”，是一位为人忠厚和善的山民，花五吊钱从两位伐木的木匠手中把被风刮倒的古槐买下而精心维护培植起来的。当这位山民得了不治之症后，卧龙槐的精灵又救了他(《泰山大全》1544页)。“斩云剑”则是一位勇敢的青年，为拯救遇到凶云恶雾的采药人而英勇搏斗的英雄形象的化身。这些传说的共同主题是惩恶扬善，赋予泰山上这些著名的标志性景物以较丰富的人文内涵，使游人从中得到某些劝诫警示，这正是我们民族一向善于“寓教于乐”的文化特色。

还有的是把一些历代传说或古籍经典中的故事附会到泰山景观上来，说得圆满，倒也使人初疑终信。最典型的是经石峪传说曾为西天取经的唐僧、悟空、八戒、沙僧等师徒四人因失信于老乌龟被掀到河里，经卷全湿而在此晾晒，那刻在摩崖石坪上的金刚经大字，正是晾晒经卷时经文入石三分、难以揭取而留下的。此说地点显然不符，但经文入石而成岩刻说得惟妙入理，怕也能使许多人信以为真。再如吕洞宾的许多轶事传闻在泰山上也流传不少，借歇马崖上三字影迹演义出吕洞宾三戏牡丹女的风流韵事，把吕洞宾说得颇有现代人的气息，并且最后又把康熙年间的泰安大儒赵国麟拉来与吕洞宾调侃，使“三字崖”的字义至今仍是个谜(《泰山大全》1542页)。这些传说，少了说教味，多了些幽默感，倒也使游人们倍增游兴。

说人的传说。最著名的应是“石敢当”。“在大江南北的农村，大凡阳宅冲处，或正对巷口、桥梁的地方，常立有石碑一块，上刻‘石敢当’三字，认为可以降恶辟邪，禁压不祥。泰山周围修建民房，则多将刻有‘泰山石敢当’的石碣建于后墙正中，此俗一直沿用至今”(《泰山大全》1620页)。此说中的“石敢当”是怎么回事呢？一则传说中说石敢当是后晋泰山石家林人，姓石名敢，因善于捉妖拿邪被尊称为“石敢当”，并为江南人民所仰慕(同上)。于今，石敢当的石像被竖在岱庙门前，也被今人所尊敬。“石敢当”也许就是泰山在古来百姓民众心中至上神威、精神浓缩的人格化。人们要想社会清明、生活安定，总想有一个能镇妖驱邪的黑脸金刚，传说中的“石敢”正勇“当”此任。再一个传说中的著名人物便是碧霞元君——“泰山奶奶”，这可是个菩萨心肠的女神，她坐镇泰山顶，但凡诚心百姓有什么三灾八难，只要有求于她，她总尽力满足善男信女的

泰山石敢当

心愿，因此她的威望一直很高，特别对年迈心诚的妇女们，更是关照有加，因此，泰山每年总有大量中老年妇女上山祈福还愿。有些传说中的元君也很有传奇色彩，如与黄飞虎争霸泰山（《泰山大全》1531页）、与泰山神共治汶阳田（《泰山大全》1533页）、使小性扔绣鞋圈地盘（《泰山大全》1539页）、为不使百姓无故受害而巧斗霸道的玉皇大帝（《泰山大全》1559页），以及元君出游徂徕山的盛况（《泰山大全》1634页），都为这位女流尊神增添了不少人性韵味。大概在百姓眼中，碧霞元君是神，也应是人，是女人，是上流女人，是侠义女人，是有七情六欲的女人。碧霞元君的存在使泰山更神圣化，也更世俗化。

鲁班也是与泰山有缘的名人。关于鲁班的传说有很多，大都说他是巧智之人。当修牌坊的石匠们犯愁架不上横梁时，他一句“土埋到溜脖啦”的气话启悟了大家（《泰山大全》1534页）；当天贶殿验收时发现东北角一檐椽长半寸，是他抡起一斧，刚好削平，使大家惊呆了（《泰山大全》1536页）；是他为干活的木匠们送去“斩木剑”；是他为愁女儿嫁妆的张木匠送去了“石头嫁妆”（同上）。这位鲁班师傅，心巧又善良，是劳动者行列中的圣人和神仙。很多人都愿把他的事迹搬到自己的家乡，攀为自己的乡亲，而如此引人瞩目的泰山，也定会留过他的足迹，因此，与土木工程有关的去处，大都有鲁班智慧的闪光。

还有一些说事的传说，大多是故事完整，情节曲折，说来动人。泰山西路，高山深涧，风光旖旎，美丽而动人的神话传说也不少。只说黑龙潭与白龙潭便是故事荟萃之地。传说白龙与黑龙本是兄弟二人，只是遵父遗嘱为百姓掘泉找水而献身深潭，此二潭池便成为他兄弟二人的纪念碑（《泰山大全》1581页）。“龙潭仙草”的传说则以公主与山民的爱情为背景讲了一段共同惩恶的快事（《泰山大全》1582页）。白龙池传说中的小白龙与黑龙潭传说中的鱼姑娘，虽均为兽中之神，但也深通人性，同情百姓，为神话传说中的美的化身（《泰山大全》1576～1581页）。

泰山山清水秀，景美情柔。发生在“拦住山”一带的梁秋和阳春生死不渝的爱情故事凄婉动人（《泰山大全》1551页），刻记在“舍身崖”之下的徐大用热诚助愚孝之人的悲欢往事警示后人（《泰山大全》1563页）。还有，流传在“三笑处”的不同版本的传说故事，有的慷慨悲牲，有的泾渭分明，有的达观幽默，虽都是借着一块石头三个字说的，但说法不同，各具性情，使人听来也别有兴味。

神话是人类对世界、自然和社会生活的原始理解和奇幻想象，而传说则是对过去事情的记述和评价，是真实的，也可以是虚拟的。对于泰山上的许多神话传说，多是世人借泰山之名物表述对世风民情的一种心态和愿望，褒扬真善美，贬斥假恶丑，与泰山自然景观相表里，成为泰山文化遗产的宝贵财富。

多彩的传说也是一座活着的泰山。

六、诗文礼赞

泰山是载入中华民族文化史册最古老的山岳之一。在我国最古老的具有神话内容的地理书中这样论述泰山：

又南三百里曰泰山。其上多玉，其下多金。有兽焉，其状如豚而有珠，名曰狪狪，其鸣自设。环水出焉，东流注于江，其中多水玉。

（《山海经·东山经》）

这里所记述的，应当是荒蛮时代的泰山自然生态。所谓“环水”，即今日梳洗河。人类进入文明时代，泰山在先人心目中是高大而值得崇敬的。那首写在两千六百多年前的为鲁僖公能兴祖业、复疆土、建新庙而歌功颂德的大型颂诗《闷宫》中唱道：

泰山岩岩，鲁邦所瞻。
奄有龟蒙，遂荒大东。

至于海邦，淮夷来同。
莫不率从，鲁侯之功。

在诗中，以岩岩高峻的泰山来衬托“莫不率从”的“鲁侯之功”，而泰山之高是人所共知、举目可视的，鲁侯之功虽是难以以目直观，但在诗人笔下似乎可以与泰山等量齐观，那当然也就无与伦比了。这应是造化之功的泰山第一次承载蕴含人文意义的公众情感。

如果说，自然的泰山已在百姓眼中心中有了神圣化倾向，那么，孟子所述孔子“登泰山而小天下”的圣人之言便把神圣的泰山推上哲人之思的顶峰，泰山君临天下的崇高地位再也动摇不得了。于是始皇登封，汉武鼎铭曰：

登于泰山，万寿无疆。
四海宁谧，神鼎传芳。

泰山成为帝王钦慕、叩拜的神山、圣山，其人文内涵大大超越了自然景观意义的本色泰山，这也许正是中国历史文化的独特之处。

不过，泰山与世俗之情是难以绝缘的。魏晋以降，文人墨客们的山水美意识开始萌动。大政治家曹操以一首四言诗《观沧海》首开摹写自然山川之美的风气，曹植则在诗篇中大写泰山：

神哉彼泰山，五岳专其名。
隆高贯云霓，嵯峨出太清。

（《驱车篇》）

阊阖正嵯峨，双阙万丈余。
玉树扶道生，白虎夹门枢。
驱风游四海，东过王母庐。
俯观五岳间，人生如寄居。

（《仙人篇》）

其后，有才华的男女诗人们也钟情山岳，极写泰山之巍峨与青秀：

泰山一何高，迢迢造天庭。
峻极周以远，层云郁冥冥。
（〔晋〕陆机《泰山吟》）
峨峨东岳高，秀极冲清天。
岩中间虚宇，寂寞幽以玄。
（〔晋〕谢道韫《泰山吟》）
泰宗秀维岳，崔崒刺云天。
岞崿既崄巇，触石辄迁绵。
（〔南朝〕谢灵运《泰山吟》）

这些诗人虽生在不同时代，但其诗笔和情调似一脉相承，对那时的泰山都留下了“既雄且秀”的美好印象。

“国家不幸诗人幸，话到沧桑句便工。”对描写自然山川之美来说，这一规律似乎是不适宜的，因此，大动乱的年代少有传世的山水诗佳作。作为盛唐之音的领唱者李白，竟为泰山一气写下了六首记游诗，其中虽不乏仙风道骨的传奇色彩，却也刻画了“千峰争攒聚，万壑绝凌历”“飞流洒绝巘，水急松声哀”的泰山险峻而秀丽的自然风光，而“天门一长啸，万里清风来”则是登上绝顶的独特感受，它拨动着其后一千多年来无数游客的心弦，为之击节，与之共鸣。其后，与李白并驾中国诗坛的“诗圣”杜甫，凭年轻人的勃勃雄心和生逢盛世的良好心情，为势压众山、青连齐鲁的泰山带来了一幅大写意，成为古今泰山之诗的绝唱：

岱宗夫如何，齐鲁青未了。
造化钟神秀，阴阳割昏晓。
荡胸生层云，决眦入归鸟。
会当凌绝顶，一览众山小。

泰山有此一作，似巍巍泰山耸峙天东，教千古之人难以攀越。

写泰山之文，古今篇什甚多，或铺排或简洁，或洋洋大观，或寥寥数笔，大都各擅其长，各展一侧。读来读去，其中本有资格封禅而拒绝封禅的明太祖朱元璋的《泰山高》堪称奇文：

> 岱山高兮，不知其几千万仞。盘根齐鲁兮，也不知其几千百里。影照东海兮，巍然而柱天。益于民庶兮，兴云吐雾，神龙出乎其间。降祥则甘露垂于松柏，佳岁则滂沱遍于厚坤。冬则寒风时出，岩壑杂然而有声，百川林薮森然而如雷。坤之所载，世之山首岱山也。至如旸谷之东方，或登峰顶，时闻天声万籁，岱山之高也哉，柱天之势，其可云乎。俄而风生万壑，云起诸峦，隐隐雷动百川，倏忽电掣，万里长虹，此岱山之神至也。至则威灵百备，神之造化如此。少时，风静云收：电敛雷息，又百川之清泰，其泰山尤其高哉。其苍松也，始天地而生，依丹崖而长；松之所以长千寻不比，丹崖所以高万仞何量，盖由太古之岁月，以至于今。苍松扫丹崖而莓苔不秀，丹崖映苍松而五色交辉。猿啼云树之杪，鹤翔日观之东，鹍鹏盘旋乎深谷，虽扶摇不可得而升峰。於戏，登泰山而小天下，越大海而渺江湖，信哉！

这篇精短而激昂铿锵的文赋，把泰山的巍峨、博大、危石秀色、云诡波谲之情状写得淋漓尽致、惊心动魄。朱元璋本草莽之人，可见其文正是君侧高手吟哦润色而成，是一篇很精悍的泰山礼赞。

清人慧秀的《岱宗赋》，文体陈旧，语句工丽，无文章灵气，但其中所述，有历史渊源、经典故事、神话传说、景观物产、风云气象、人文精神等，万象包罗，罗列详备。与以往记载行踪的文章相比，内容更丰富；与以往抒发性情的文章相比，内涵更实在。对这样的旧赋，详读细考一番，会对泰山了解得更多一些。

有关泰山的现代诗文中，影响较大的有徐志摩的《泰山日出》、杨朔的《泰山极顶》和李健吾的《雨中登泰山》。

徐志摩的《泰山日出》，与其说是写泰山日出之景，不如说是写诗人心中之情，因为其文中给人印象最突出的是那“散发祷祝”的巨人，是巨人的“普彻的欢声”“普彻的光明”。

杨朔的《泰山极顶》有鲜明的时代背景，那就是我国历史由个体经济向集体经济转化的重要转折时期。所以，朝阳洞山民所收养的一窝小山鸡在山盘道上留下的一串“个”字的细节很耐人寻味。这篇文章把泰山雄伟壮丽的自然景观比作一卷“青绿山水画”，把泰山悠久古老的人文景观比作一部“史稿本”，这两个比喻很有概括力，也很准确生动。40年过去，泰山仍可说如此，杨朔看泰山很得要领，那看不到海上日出而祝愿祖国“如日之升”的崇高感情也是值得后人世代发扬传承的。

李健吾的《雨中登泰山》由于选入中学教材而更广泛传播开来，使许多人登泰山由原来最大的兴趣是看日出而开始注意体验雨中登山的诸多情趣，开拓了泰山旅游景观的内涵，丰富了泰山旅游的景观视野。

如果说，自然生态的泰山是“第一泰山”，那么，古今成功而精彩的泰山诗文实际上又塑造了“第二座泰山”。

七、三教并存

有道是，有苦难的地方就有宗教。

泰山在与中华民族共渊源同发展的漫长历程中，既是民族崛起与危难的见证者，又是世人避难与祈安的隐蔽所。无论从远古的自然崇拜，到历代帝王的封禅活动，还是广泛盛行于民间的拜佛求神之风，泰山都是人们所寻求的精神寄宿地、所崇拜的神灵的聚集处，这些都成为泰山宗教活动兴盛和发展的适宜土壤和环境条件。长期流传于我国社会的两大宗教——道教与佛教，在泰山上也一直占有相当地位，许多古建筑与相关设施也都与两大宗教的宗教活动有密切关系，特别是作为土生土长、有深厚群众思想基础的道教，一直成为泰山上的主导宗教，其道观庙宇也一直占据着封禅登山的主山道；而佛教寺庙则远居深幽之处，靠青山秀水怡养佛心。

泰山被誉为“群山之祖，五岳之宗，天地之神，神灵之府”，是人间仙境，因之向为道教所钟视。战国时，就有方士黄伯阳隐居于岱阴的鹿町山岩洞，后人称之为“黄伯阳洞”。传说中的仙人安期生曾修炼于泰山东南的仙人山。李白的《泰山吟》中便有“终当遇安期，于此炼玉液”的诗句。出土的汉代泰山仙人镜铭文曰：“上泰山，见仙人，食玉英，饮澧泉，驾蛟龙，乘浮云。白虎引兮，直上天，受长命，寿万年，宜官秩，保子孙。”所述一派仙人、仙食、仙兽、仙境，正是中国道教徒们所向往的理想境界。

泰山上最早的群众性道教活动是与东汉末年的黄巾起义相伴而起的。所谓“五斗米道”道师张陵的弟子、泰安人崔文子，曾“居潜山下，后作黄赤散丸卖药都市，会民有大疫，文子拥朱幡，系黄散以徇人，饮者即愈，所活万计”（宋思仁《泰山述记》）。可见，那时的道教活动以为民众治病为契机，以鼓动农民造反为目的，因之具有广泛的社会性。

大一统的两汉已矣，中国历史又进入长期分峙动乱之中，为宗教活动的开展提供了更充分的基础。道教思想或渗透于社会上层，或流行于民间百姓，许多人为之遁迹于山林之中。曹植的《飞龙篇》《驱车篇》《仙人篇》诗中，都浓墨重彩地写了在泰山一带寻仙、遇仙、学仙的浪漫诗情，由此可见文人们的思想追求。

道教的鼎盛是由于唐代开国皇帝的鼎力提倡，因为李唐王朝以为道家思想之祖老子李聃是他们的先祖，于是“太上老君”成了最高尊神，把道教奉为国教。唐高宗李治追封老子为“太上玄元皇帝”，并偕皇后武则天在泰山王母池西侧建岱岳庙，树双束碑，以表达对“太上老君”的双份虔诚。唐玄宗到泰山封禅也以道家的恭谨勒刻《纪泰山铭》。这一切，深深影响了唐代世风。诗仙李太白游泰山所留下的六首诗便写尽了泰山上的一段谪仙奇遇：

玉女四五人，飘摇下九垓。
含笑引素手，遗我流霞杯。

清晓骑白鹿，直上天门山。
山际逢羽人，方瞳好容颜。

偶然值青童，绿发双云鬟。
叹我学仙晚，蹉跎凋朱颜。

举手弄清浅，误攀织女机。
明晨坐相失，但见五云飞。

仙女、仙童、仙翁，都让这位大诗人遇上了。也许，是因为他满脑子的成仙意念所致。

王母池庙会道事

其后，唐代张炼师、吕洞宾、张仙，宋代张景宕，元代丘处机、张志纯、海印，明代张君宝、王阳辉、吴守一等著名道家人物，均在泰山上从事道教活动，留下了深深的足迹。与此同时，泰山神也得到了朝廷所颁封的种种道教封号，使泰山诸神愈显神威。如明人所撰《碧霞宫碑》所记：“自碧霞宫兴，而世人香火东岳者，咸奔走元君，近数百里，远即数千里，每岁拜香岳顶者数十万众，施舍金钱币亦数十万，而碧霞香火视他岳盛矣。”可见道教在泰山的广泛影响，至今泰山道观宫庙尚存二十余处。

泰山上的佛教活动大约开始于东晋。晋穆帝永和年间，佛教弟子僧朗，在泰山西北的昆瑞山创建朗公寺，至此外来佛声便回响在山林之间。以后，朗公又在方山“始建精舍十余区”，此即后来扬名南北的灵岩寺创构之始。中经北魏灭佛之灾，泰山佛寺也被毁严重，后又迅速发展，建神宣寺、光华寺、普照寺、谷山寺，北齐时又兴建了四禅寺，并盛行刻经。此间，在泰山经石峪的铺地摩崖上，勒刻金刚经一千余大字，为泰山人文景观留下了千古不朽的瑰宝，也是佛教思想光辉映照泰山的一举世杰作。

隋唐时代，随着佛家思想的深入传播，佛教活动在泰山大为发展，又相继创建藏佛寺、资福寺、法华寺、神通寺、竹林寺、天封寺等二十余处佛寺，并大兴石窟造像。外来佛家思想也逐渐被民族化，心一为境，清静为宗，是曰禅宗。如唐代诗人王维参禅入诗，以诗喻禅，所写《赠东岳焦炼师》云：

山静泉愈响，松高枝转疏。
支颐问樵客，世上复何如。

诗境以山林为背景，以清静为旨意，空寂之中，使之忘却自我，沉入空灵，是为佛境。

唐开元年间，禅宗北派降魔禅师到灵岩寺弘扬佛法，使灵岩寺名声大振。至北宋，先后有8位皇帝御书灵岩寺，规定其寺中住持必须由皇帝直接派遣，时寺中僧侣500余人，盛极一时。现存宋塑40尊僧人泥像，至今熠熠生辉。

明清时期，佛道两教已趋衰势，但民间宗教情绪不减。明宣德年间，高丽僧满空来泰山先后在竹林寺、普照寺住持二十多年，交流了民族文化，也振兴了泰山普照寺的佛事活动。清康熙年间，名僧元玉于佛降诞之日，在普照寺依古制建坛传戒，并从此任普照寺住持数十年。有清人所写《普照禅林》一诗可见当年：

刹藏深坞里，短竹护颓墙。
清磬渡流水，寒山空夕阳。
莓苔纷古色，花鸟悦晴光。
尽日僧无事，安禅坐昼长。

（〔清〕孙岳巘《题普照禅林》）

山林幽静，僧人安禅，一派佛境。与王维诗《过香积寺》有异曲同工之妙。

在佛、道衰微的趋势下，两教并存合一的趋向业已出现。如斗母宫，初为道观，清初改为尼庵。但禅院香火冷落，院内有佛祖可供，也有碧霞元君神像可叩拜，佛道共炉，一香共享，正是两教大融合的表现。再如红门宫，西院供道家尊神，东院供佛家祖像，也是两教共存。

中国传统思想中最正宗的是儒家，儒家可不可以称儒教，尚有争议，但是儒家思想的统摄力应远在道佛两教之上。泰山上下虽无儒家之神庙，但作为儒家的创始者孔子的名声和思想是满贯泰山的。从山下的“孔子登临处”到山顶的“孔子庙”与“望吴胜迹”，从“苛政猛于虎”的政论到“登泰山而小天下”的名言，孔子与泰山简直是无法分开。从封禅的帝王公臣到游赏的文人墨客，千百年来的登山者中信奉儒家思想的人恐怕占绝大多数。尤其宋代还有一批企图恢复儒家正统思想的思想家隐居泰山苦读经书，号称“泰山三贤”，坚守“先王之道”和“圣人之言”，其影响也是与泰山同在的。据说，连住持普照寺数十年的名僧元玉晨起三炷香，第一瓣香不是敬佛祖，而是祝当今皇上万寿无疆。这也应看出儒家思想的巨大渗透力和支撑力。

“天下名山僧占多”，泰山自然也不例外。

八、英迹多见

泰山是古代帝王的祭所，是万千游人的园林，也是奴隶们反抗暴政的依托，农民起义的后方，革命烽火的点播处。“英名与泰山并寿”的碑铭，是泰山人文景观丰富内涵的一个重要方面。

新中国开创者之一的陈毅曾以“泰山雪霁照旌旗，渤海波翻唱大风”的豪迈诗句为泰山英雄史唱出了激昂的最强音。

泰山经历过风云翻卷的漫长岁月。

早在春秋末年，历史上有名的奴隶起义领袖盗跖就曾率“从卒九千人，横行天下，侵暴诸侯”，领导了轰轰烈烈的奴隶起义后，便“休卒徒大（太）山之阳”（《庄子·杂篇·盗跖》），即借泰山有利的地理优势休整和发展起义力量。传说泰山西麓的“九女寨”，即奴隶起义训练女兵的地方，这应当是泰山光彩的一页。毛泽东吟道：“五帝三皇神圣事，骗了天涯过客。有多少风流人物？盗跖庄屩流誉后，更陈王奋起挥黄钺。”（《贺新郎·读史》）看来，盗跖庄跻之举比五帝三皇之事更可信，更值得后人赞誉。

西汉末年，赤眉军于莒州（山东莒县）起义，后由樊崇率领起义军由徂徕山转入泰山休整，队伍扩大，有数万名起义群众，成为当时反王莽新政的一支重要力量。几经周折，最终把王莽派出的镇压军队打得大败。最后，赤眉军转向中原，直克长安，终因失去根据地的依托，孤军奋进，遭镇压和暗算，导致失败。起义军胜败两方面的经验教训中，泰山之助是重要因素。泰山傲徕峰下扇子崖天胜寨即为赤眉军休整、操练之处，现存遗迹尚见跑马场、练武场、石臼和插旗石等。“天胜寨”即起义军相信“天助我胜”之意，“号令山”“擂鼓石”之名也都与起义军行动有关。

唐朝末年，发生了规模盛大的农民起义——黄巢起义，义军转战南北。泰山有两处黄巢寨山，一在岱阴柳埠，一在西南麓万德一带，现尚有房舍遗址。黄巢寨山峰顶有擂鼓台、跑马场等遗迹，并有黄巢巧计突围的传说。但是义军终遭失败，传说泰山后石坞一带狼虎峪，即为黄巢最后牺牲的地方，闻此悲剧泰山也为之肃然。

北宋末年，中原王朝危亡，金人大举南下，传说泰安石匠姜博士和道士孙上座领导抗金起义，义军在凌汉峰一带安营扎寨，也留有义军的寨迹、刻石等。

元末红巾军起义也曾占领泰安，并在中溪桃花涧留下题刻。

清时太平军两次攻克泰安，活跃于泰山。

近百年来，神州风雷激荡，泰山声息相通。在民族危亡之时，“洗我国耻”“还我河山”等志士豪言，显示了我中华民族壮志不衰的浩然之气。在创建新中国的艰难历程中，许多英雄儿女、爱国志士抛头颅、洒热血、前赴后继，谱写了一曲曲英雄壮歌。

位于泰山中路万仙楼北盘山道侧立有“革命烈士纪念碑”，是为纪念第一次解放泰安时死难烈士而建，初建于1946年，后被炸毁，1953年又重建。碑文曰：

> 新四军一纵三旅，原系浙东抗日纵队。过去驰骋淞沪，转战四明、会稽，直至日寇无条件投降，伟大民族抗日战争胜利结束。受降开始，我淞沪浙东健儿，为贯彻我党和平民主建国方针，继念相忍，为国至意，毅然撤至山东。其间，经过钱塘、黄浦、长江诸大河，沪杭甬、陇海等铁路，公路则难数计。叠突重围，历尽艰险。澉浦之战，粉碎了反动派袭澉阴谋；沪郊屯兵，摇撼了帝国主义者的侵略恶梦。泰安攻城，三日得手，民间传为奇谈，前未曾有。
>
> 此役，由于我党教育全军，对人民应尽其全忠全孝，以全心全意服务人民，而烈士忠魂正宜不朽。在民族抗日战争与反内战自卫战争中，我全体指战工作人员伤亡以千百计，用特将烈士英名勒诸于石，所以志不忍忘，以策来兹。

为解放泰安而英勇奋战、流血牺牲的英雄儿女没有留下名字，但其英名将与万古不摧的泰山共存共辉。生活在五星红旗下的今人们每每游登泰山至此，无不对安眠在大山怀抱里的英魂们静默致礼。

生活在泰山之阳、徂徕之麓的人们，时时怀念半个多世纪前为他们的命运和前程而高举义旗的先辈们，著名的徂徕山起义已载入了革命史册，先辈们的英名和斗争史迹已镌刻在用500多块泰山花岗岩砌成的“徂徕山抗日武装起义纪念碑”上：

一九三七年“七七”事变后，日本军国主义者疯狂发动了全面侵华战争，中华民族陷入深重危难，亿万同胞处于水深火热之中。中共山东省委根据中央“到敌后独立自主地开展游击战，创建抗日根据地”的指示，迅速率领机关干部和济南市一部分党员，分批先后由济南迁至泰安，和中央派来的红军干部、省民先队、平津流亡学生组成一支抗日救亡队伍。在泰安地下党的全力配合下，分赴泰安、莱芜、新泰、泗水、宁阳等地，深入农村城镇，发动群众，开展抗日宣传，控诉日寇侵略暴行，激发并组织广大人民群众，投入抗日救亡斗争。同年十一月，省委在泰安篦子店召开省委紧急扩大会议，充分研究了当时的形势和条件，毅然决定武装起义，并对起义的组织准备工作做了周密的安排。一九三八年一月一日，省委率领共产党员、民先队员及爱国志士约二百人，集聚徂徕山大寺，宣布成立八路军山东抗日游击第四支队，任命洪涛为支队长，黎玉为政委。不数日，莱芜、新泰、泗水、宁阳等地抗日武装在我党的领导下，纷纷携带长矛、大刀、火炮、土炮，会师于徂徕山光华寺，汇集成一支英雄的抗日武装，举起了山东敌后武装抗日的义旗。四支队成立伊始，即重视党的领导和政治思想工作，宣布三大纪律八项注意，苦练杀敌本领，发动人民群众机智地捕捉战机。初战寺岭，大振军威；再伏四槐树，痛击日寇，继又进占莱芜，攻入博山。连续的胜利大大鼓舞了广大人民抗日杀敌的决心，扩大了抗日武装，坚定了抗战必胜的信念，并在仁至义尽后，被迫反击了国民党反动派的进攻。四支队在血与火的洗礼中得到了锻炼、发展和壮大。至四月份莱芜整编时，已成为拥有三个团四千余人的全省抗日劲旅。徂徕山起义，是我党在民族存亡危机之时，领导和组织的山东人民英勇抗战的壮举，极大地鼓舞了人民斗志，有力地打击了日伪的嚣张气焰。同时还在战斗中壮大了党的力量，培养了大批干部，创建和发展了山东抗日根据地，为抗日战争和解放战争的胜利作出了重大贡献。徂徕山起义军民抗击侵略者的革命英雄主义精神垂范后来！

徂徕山起义遗址

古诗云“徂徕之松，新甫之柏，是断是度，是寻是尺。松桷有舄，路寝孔硕，新庙奕奕”（《诗经·鲁颂·闳宫》）。当年苍郁的徂徕山之松树，作为栋梁之材，为修建鲁国的祖宫新庙起到了顶梁柱的作用，使鲁国呈现出一派欣欣向荣的景象。两千多年过去了，历史的往事使人怀念也使人欣羡，徂徕之松柏令人敬佩。长青的徂徕山世世代代养育着挺拔坚贞的郁郁青松，正象征着前赴后继的徂徕儿女们不屈的斗争精神。

第三章

美轮美奂

——泰山景观的辩证形态

第一节　物候辩

一、天与地

天是什么?

初世先民仰首茫茫星空无以对答。其实，他们惑然以对的，正是天。这种从感觉到认识的过程，不知经历了多少沧桑岁月，直到公元20世纪出版的权威辞书上，方把“天”的释义作为第一条这样写下来：“诸星罗列之空间也。”(《辞源》)

与“天”相对者即为“地”。

不过，查阅中国对文字释义最原始的工具书之一《说文解字》，对“天”字本义的解释却是这样的：“颠也，至高无上。”于是，晚近出版的大型辞书《辞海》即承其义：“犹颠，人头。”并引述了《山海经》中所记载的一则古代神话：

> 刑天与帝至此争神，帝断其首，葬之常羊之山，乃以乳为目，以脐为口，操干戚以舞。
>
> (《山海经·海外西经》)

这个神话人物被砍了头，却仍有战斗力。由此，也就诠释了“天即人头”的本义。

由这则神话，我们自然想到了与泰山生成有关的另一则神话传说。

传说，在很早很早以前，世界初成，天地刚分，有一个叫盘古的人生长在天地之间，天空每日升高一丈，大地每日加厚一丈，盘古也每日长高一丈。如此日复一日，年复一年，他就这样顶天立地地生活着。经过了漫长的1.8万年，天极高，地极厚，盘古也长得极高，他呼吸的气化作了风，他说话的声音化作了雷鸣，他的眼睛一眨一眨的，闪出道道蓝光，这就是闪电，他高兴时天空就变得艳阳晴和，他生气时天空就变得阴雨连绵。后来盘古慢慢地老了，最后终于溘然长逝。刹那间巨人倒地，他的头变成了东岳，腹变成了中岳，左臂变成了南岳，右臂变成了北岳，两脚变成了西岳，眼睛变成了日月，毛发变成了草木，脂膏变成了江河。

因为盘古开天辟地，造就了世界，后人尊其为人类的祖先，而他的头部变成了泰山，所以，泰山就被称为至高无上的“天下第一山”，成了五岳之首。

（《泰山大全·东岳为首》）

由此可见，天——人头——泰山在人类最初的想象里是有着一脉相连的关系的，都有着一种“至高无上”的崇高感，这也正是泰山有别于祖国其他山川的独特之处。正由于此，历来描绘泰山之崇高的诗篇多与云天相关：

神哉彼泰山，五岳专其名。
隆高贯云霓，嵯峨出太清。

（〔三国〕曹植《驱车篇》）

泰山一何高，迢迢造天庭。
峻极周以远，层云郁冥冥。

（〔晋〕陆机《泰山吟》）

岱宗高出苍烟杪，齐鲁茫茫青未了。
上有淋宫祀玉皇，倚栏呼吸通天表。

（〔明〕萧协中《玉皇庙》）

在这些诗里，所写泰山之高，或“出太清”，或“造天庭”，或“通天表”，皆言高可通天，于是，天便成了泰山之高危的一极，天也就给泰山之自然形态带来一种崇高感。这种崇高感的历史积沿，遂使本居五岳高度之中的泰山跃居五岳之首。泰山之阳即是世初先民生存繁衍的汶水之滨。早在新石器时期他们即依靠这里的肥美土地和繁茂植被求得生存，而泰山也当被他们视为神秘而尊严的山岳之神顶礼膜拜。他们仰视泰山以为可与天齐，泰山即“天帝之孙”的说法也由来已久，以致古来72贤君相继封禅于此，最终导致泰山被神化。有一首诗这样写道：

东方为岱众山宗，万域人心仰止同。
七十二君封禅后，数千年事渺茫中。
鲲游北海云长黑，鸡验中宵日已红。
弱水蓬莱在何处，群仙初别大明宫。

（〔明〕夏寅《泰山》）

这里所述说的，即是泰山作为众山之宗，由人类的山岳崇拜心理所带来的社会效应，以致群仙竞逐，极求超凡。也有人说“岱宗郁郁天下雄，谪仙落落人中龙，兹山兹人乃相从”（《泰山大全》1139页）。这大概是因为大诗人李白曾游泰山并写下了充满浪漫气息、其境几近仙境的诗作，因此可与泰山相匹配了。

正因为泰山在人们的观察与想象中高可通天，所以通常把岱顶即看作天宫，想象天宫之事即在岱顶可感、可闻、可遇，尽可与天仙之人相乐。李白的《泰山吟》写道：

登高望蓬瀛，想象金银台。
天门一长啸，万里清风来。
玉女四五人，飘摇下九垓。
含笑引素手，遗我流霞杯。
稽首再拜之，自愧非仙才。
旷然小宇宙，弃世何悠哉。

当然，李白是善于奇思妙想之人。你看，他登上岱顶，即把那里看作是“蓬瀛”一般的天仙之居，连“玉女”都下来与他相娱相赠，甚是令人心旷神怡，以致使他心态飘然、旷然，觉得宇宙都变小了。李白固然是浪漫主义诗人，但他笔下的这种描述也道出了许许多多崇拜泰山、以山为“天”的人们的共同感受，古往今来的许多游山者所留下的大量诗文，时常可以找到这类描述。这就是说，泰山之“山”，大都连“天”，山与天的形态，多已重合相迭了。

诸如此类，皆言泰山之高，几可通天，遂使赫赫泰山更增加了许多气势和尊严。

泰山巍巍高耸之姿不但使人觉得可与天齐，这是仰观时的感觉；而一旦登临绝顶，俯察苍茫大地，其崇高感便从另一种视角凸现出来，这便是大地对高山的衬托。

地是什么?

古人云：“混沌初开，乾坤始奠。气之轻清上浮者为天，气之重浊下凝者为地。”这样的说法似乎是唯心论者的“合理想象”，但也可能是被未来科学证实为天体演变的事实。至于我们现在所说的“地”，就是地球地壳的表层，就是承载山川湖海的载体，就是发育万物生长的温床。天为虚，地为实。天有五行，地有五岳，泰山为五岳之首，当为地上之天柱。正如一首诗中所写道：

泰山天壤间，屹如郁萧台。
厥初造化手，劈此何雄哉。
天门一何高，天险若可阶。
积苏与垒块，分明见九垓。

（〔金〕元好问《登岱》）

由此可见，泰山屹立于天地之间，正像如前所述，当初屹立于天地之间的盘古巨人，为人所惊骇，为人所仰慕。看到泰山，本来不可想象的天壤之浩渺叵测，便垂像于目前了。

由于屹立于天地之间的泰山的存在，使人们对大自然的观察可以找到多种视角，发现多种美的形态，其中仰视与俯视便是千百年来游观于泰山上下的人们对自然美探视的两个重要窗口。

而当人们有朝一日真的登上泰山，立足岱宗之巅，此时此刻的巍峨山岳，已降至人们的视平线以下，雄伟山体给人的心理压力已荡然无存，峻嶒峰岩的诸般峥嵘之姿已化为细浪泥丸，这便是视角由仰视转为俯视的审美转换之效。

只有天在上

登上绝顶，俯视星空，则见：

星斗垂垂临绝巘，蓬瀛渺渺涌云烟。

这是说，连星星也低低垂下临近山崖，而传说中的仙山则迷漫在远处的一片云烟之中。

登上绝顶，俯视大地，则见：

遥分东海连空碧，俯讶群山与地平。

这是说，远处的海与天一碧相连，而起伏的群山此时则匍匐于大地而不显了。

登上绝顶，人们不再惊讶泰山之高。

由仰视转为俯视，好比由天上来观地上，其景观自然大为变易了。千古圣人孔子首先得出“登泰山而小天下”的绝妙奇观，可以说是对自然景观审视点转换规律的一大发现。自此以后，唱和者与共鸣者不绝于耳际，可以说是深得此中奥妙。就以明人的一首小诗来说吧：

五岳俱神峻，岧峣泰岱偏。
半岩回骏马，绝顶俯云烟。
一览小天下，三更见日躔。
蓬莱疑咫尺，直恐碍飞仙。

（〔明〕王廷相《登岳》）

整首诗就是集中写泰山之高峻岩峣。前四句分明是写登上绝顶之前的“仰视”之景象，后四句则是写登上绝顶之后“俯视”之景象了。这种视角的转换应是随着诗人的登攀而进行的，可以说是由地上写到天上了。

人们由山下望山惊叹泰山之高，逐步转换到山上望地，惊叹天下之小。有一位宋代学人曾久居泰山之麓，而当他一旦登上岱顶，也留下了这样一首小诗：

七百里鲁望，北瞻何岩岩。
诸山知峻极，五岳独尊严。
寰宇登来小，龟蒙视觉凡。
此为群物祖，草木莫锄芟。

（〔宋〕石介《泰山》）

原来他一向是从泰山南麓的鲁地北望泰山的，因此觉得泰山在峻极的诸山中显得足够有尊严，正所谓“五岳独尊”了。但只有登上泰山之后，才产生了与孔圣人同样的“寰宇小”的感受，而他一向也很仰慕的龟山、蒙山，此刻也觉得十分平凡卑琐了。可见，仰视与俯视的差异深刻地改变着人们的固有观念。这位学人在产生了“寰宇小”“龟蒙凡”的新感受之后，就更觉得泰山是多么崇高了，认为它是“群物之祖”，连山上的一草一木都是神圣不可除芟的。

由此可见，泰山之高可以由两个视角给以表现，即或说高可通天，是以“天”为参照物；或说天下看小，是以“地”为参照物。这两种视角的泰山被古往今来者多次发现，反复表现，许多名文警句留给今天的人们以资引用和吟咏，带给登游者许多美的感受和有益的启迪。

其实，泰山就是泰山，是“厥此造化手”所劈就的泰山，是自然地质演化和沧桑风雨之变所造就的泰山。泰山之高是客观存在的，是自古至今的人类所难以使其有显著增减的。但自古至今的登游者以自己的笔墨情感在不断变换着泰山的形象，使人们从多角度、多侧面去窥探它的美。

应当说，自然的泰山就是一个，而美的泰山却有千千万……

二、山与水

山无水不灵，水无山不雄。

泰山是一座很雄伟的山，也是一座有灵性的山。

据水文专家讲，高大的泰山，是山东省内主要水系的天然分水岭。绵长的山脊线，把泰山分成阴阳两面。山之阳是大汶河水系，横贯东西，是黄河下游最大支流，汇入山东省第二大湖——东平湖，然后流入黄河。山之阴的西部是直接入黄的诸小河溪，东部则为小清河几条支流的上游。

泰山主峰玉皇顶四周，则均属大汶河流域。其水脉成辐射状排列，形成大汶河水系的三个支流的源头，而流贯泰山的则有西溪淙河、中溪梳洗河和源于后石坞的柴草河。同时，泰山上下，还有遍布山崖石罅的泉瀑，使整座泰山水脉丰富，活力充沛，形成了“山高水也高，泉流随山长”的自然景观。

古人对山与水早有很深的悟得。

孔夫子首先提出“知者乐水，仁者乐山”的纲领性比德观，其后哲人又多有发挥，把山与水的品行丝丝入扣地与人的智慧品德一一对应，论述得煞有介事。比如这样两段：

> 山则宠岌嶌崔，摧嵬嶵巍，久不崩阤，似夫仁人志士。孔子曰：山川神祇立，宝藏殖，器用资，曲直合，大者可以为宫室台榭，小者可以为舟舆桴楫。大者无不中，小者无不入，持斧则斫，折镰则艾，生人立，禽兽伏，死人入，多其功而不言，是以君子取譬也。且积土成山，无损也，成其高，无害也。成其大，无亏也。小其上，泰其下，久长安，后世无有去就，俨然独处，唯山之意。《诗》云：节彼南山，唯石岩岩，赫赫师尹，民具尔瞻。此之谓也。
>
> （〔汉〕董仲舒《春秋繁露·山川颂》）

这可以说是一篇山赋。写山的高锐，写山的物产，写山的功效，写山的品行，由山及人，令人仰慕。

水则源泉混混沄沄，昼夜不竭，既似力者；盈科后行，既似持平者；循微赴下，不遗小间，既似察者；循溪谷不迷，或奏万里而必至，既似知者；障防山而能清净，既似知命者；不清而入，洁清而出，既似善化者；赴千里之壑，入而不疑，既似勇者；物皆困于火，而水独胜之，既似武者；咸得之而生，失之而死，既似有德者。孔子在川上曰："逝者如斯夫，不舍昼夜。"此之谓也。

（〔汉〕董仲舒《春秋繁露·山川颂》）

这又是一篇水赋。说它"丝丝入扣"，是说它把水的各种特性都写到了：流动性、渗透性、冲击力、洗涤力、能灭火、能养生等，且把这种种特性，与人的品行如善察、有知、善良、勇武、尚德等一一对应，写得细微有别、恰切入里。

古人的自然审美意识的成熟是晚于伦理观念形成的，所以秦汉之际的人观山看水还总是摆脱不了比德观念的影响，总善于由物及人，这也正是传统美学的历史烙印。其实，客观地说，今天来看泰山自然山水的美学形态，是不必再囿于那"丝丝入扣"的比德关系。

山与水总是相互依存、相互映衬而显示其美的愉悦感的。在泰山，山与水相依相映的和谐之美有其独特之处：

"山高水也高，泉流随处冒。"一般地说，平原低洼处多水源，多山高原处好干旱。但在泰山上，峰峦起伏，却又水脉丰富，泉流不枯。从山之麓的条条河流，到半山腰的道道溪涧，再到山巅峰顶的处处清泉，使整座泰山水气饱满，山体滋润，植被丰茂。泉为水之源，山上山下，诸泉难计其数，自古有名之泉就达60多处。东汉应劭称"处处有泉水，目辄为之明"。这些泉水多分布在陡崖沟边的裂隙中，形成了形态各异的裂隙泉、滴水泉或渗流泉，为山涧谷溪提供了不竭的水源，也为山上居民和游人提供了饮水之便。如岱顶碧霞祠内，有两个渗水井，东为圣水井，西称玉女池。《文献通考》载："泰山玉女池在太平顶，池侧有石像，泉源素涌而浊。宋真宗东封，先营顿置，泉湍涌上徙升山，其流自广，清澈可鉴，味甚甘美。"巍巍岱顶竟有如此甘美之泉，确为珍奇，于是，人们便把它与一个美丽的神话故事联系起来，说此玉女池"为碧霞手浚（亲手挖的），或亦浣濯地也"（意为她洗浴的地方，《泰山小史》）。因此作诗赞曰：

琳宫高揭碧山岑，祠畔灵池岁月深。
藻色绿萦元女发，镜光清澈道人心。
翻疑借液银河近，肯信涵虚玉露侵。
恍惚水云飞白篆，冷冷清恍起长吟。

诗中赞叹池水之清澈，玉女洗浴之动人，因此怀疑此清泉是否从天河仙界引来，这就更增强了泉水的神话色彩。当然，现在看来，这泉水的清冽甘美已成过去，当初如此之说也许真的是由于雨水的充沛而使山泉注流的。而今的泰山最高泉，乃是岱顶的云泉，此泉至今常年不涸，水自石缝渗出，为如此高山注入灵性。

"人朝山上走，水伴人下流。"这也是泰山山与水相依相映的一大特色。这就是说，通往岱顶的路从山下起步，可分东路、西路，而伴随东路有一条中溪盘桓上下，每到雨季，溪水日涨，溪声潺湲，游人上下山，总有一路水流相随，使人观山色不忘水情，听水声时睹山貌，可谓山水相谐，取乐游人，堪称有声有色。著名文学家李健吾曾描绘过这种登山的情趣：

我们来到雨地，走上登山的正路，一连穿过三座石坊：一天门、孔子登临处和天阶。水声落在我们后面，雄伟的红门把山挡住。走出长门洞，豁然开朗，山又到了我们跟前。人朝上走，水朝下流，流进虎山水库的中溪陪我们，一直陪到二天门。悬崖峻嶒，石缝滴滴答答，泉水和雨水混在一起，顺着斜坡，流进山涧，涓涓的水声变成訇訇的雷鸣。

（李健吾《雨中登泰山》）

同样，在西溪也是溪流与山路相伴。这里，由天外村经黑龙潭到中天门为登山西路。沿此蜿蜒山道，有黄西河一路流下至滦河，山水相映，别具特色，形成了许多山清水秀的幽雅景点。如竹林寺，曾是"绿竹千竿、银杏双挺"的古寺所在，"小径沿山，清流夹道，蟠曲羊肠，景随步换。抵寺，四水参天，朱樱满地，晨钟晚磬，另一凄清"（《泰山山史》）。有人曾写诗赞道：

山意静如此，竹林古寺幽。
嘉树叶冥冥，客为清阴留。

涧道左右流，水石相环周。
阳阿犹炎蒸，不知风物秋。
（〔清〕王家榕《竹林寺》）

好一个“涧道左右流，水石相环周”。这不仅是滋育万物、颐养天年的好去处，也是一个情寄山水、道法自然的生态美，令人神往。

中天门以上，山水相映最佳处，莫过于云步桥一带。这里上为御帐坪，有护驾泉为水源。由坪上水流散落直下，形成水幕直达涧底。两侧均为百丈高崖，登山路由两崖间回转而上，一桥横跨深涧，如步云天。水幕飞溅，水花映天，为游人惊羡不已。曾有明人陈凤梧《百丈崖》一诗记其胜：

百丈崖高锁翠烟，半空垂下玉龙涎。
天晴六月常飞雨，风静三更自奏弦。
苍水佩悬云片片，珠帘洞织月娟娟。
晚山倒着肩舆下，回首斜阳景更艳。

这首诗写尽了此处山光水色、雨飞风静之美，且有日月变幻之态，使人觉出奥妙无穷。而这一切，古往今来的游者是尽收在目的，独独这位“着肩舆”而下的人剪裁成篇，羁留史册。

泰山上的山水情趣其实是多姿多彩的，历代游人每每留下一些耐人寻味的发现：

盘石暂憩舒清眺，涧壑风来号万窍。
水声俄在树梢头，疑有於菟天外啸。

这位游客途中暂憩、远览山色，却不意被藏在树梢中的水声惊起，竟然想到是有山虎在叫。

郁郁古松蟠御帐，层层石磴接天门。
山桃野杏花争发，曲涧方泉水正温。

古松、石磴、山桃、野杏，是泰山上的常见物。既然是“花争发”的时候，当然是春天来了。而“水正温”的点拨，却使人感到氤氲于这座大山之中的潜在春意。这温暖的春水为苍郁的寒山带来无限活力。

当然，泰山还有冬天的履历，冬天的水便凝为冰雪：

过眼莺花春未残，再随骢马步山磐。
云浮碧殿炉烟细，雪满苍崖树色寒。

这便是漫漫严冬留给泰山的足迹：碧殿中还有取暖之炉烟，苍崖上还有一片白雪，树木也未曾萌绿。但终究是有了“过眼莺花”，所以游人游兴不减。其实，冰天雪地中的泰山也颇有景致：

晓天红日放高晴，小坐山舆踏雪行。
冻树裹花春有迹，寒溪结玉水无声。

这里的山色是冰雪一片，这里的溪水是如玉无声，但仍然深深地吸引着游人去观赏，因为这也是一种自然美的形态。

泰山中高崖深谷常见绿苔青斑，细流潺潺，泉水叮咚。每到雨季，更见银涛雪浪，奔腾呼啸。诸多景点，多有名泉山溪，使山色更幽。泰山之灵性正在这山含水、水随山、山水一体的谐和之中。

在大自然中，山与水如阴阳互补，刚柔相济，相辅相成，构成自然生态的基础框架，显示出自然美的生机。正如古人作画的经验所述：“山得水而活，得草木而华，得烟云而秀媚。”（郭熙《山水训》）

山水之美是自然存在的，而客观美需要审美主体的观照才得以形成美的范畴，自然美也是如此。登山既是一种生命的跃动，也是一种情感的陶冶。登游泰山，可以充分体验到“溪水无情似有情，入山三日得同行”的乐趣，更加懂得那种“红雨随心翻作浪，青山着意化为桥”（毛泽东诗句）的诗人情怀。

山与水是构成泰山自然美的主要形态。世界上的事情总是这样，有了天便有了地，有了山便有了水，有了阳便有了阴，有了乐便有了悲……似乎总是双双对应，相反相成。有人说这是哲理，而美不亦正孕育其中吗？

三、日与月

古语说，天无私覆，地无私载，日月无私照，信然。然而，泰山上观日赏月却别有一番意味，为千古游人所赞赏。

日与月，按中国古人的看法，分别为太阳与太阴之精。按现在科学的解释，太阳确为地球上一切生物存在的重要能源，所谓“万物生长靠太阳”应为真理。而月亮，则是地球的一颗卫星。古人对日月的传说是富有浪漫色彩的，且把日月神话人事化。如曰：

东南海之外，甘泉之间，有羲和国，有女子曰羲和，为帝俊之妻，是生十日，常浴日于甘泉。

（《山海经·大荒南经》）

据此说，日为羲和所生，故日为羲和之子，而且有十日，于是引出了另一则神话：

尧时十日并出，草木焦枯，命羿仰射十日，中其九，乌皆死，堕羽翼。

（《淮南子》）

正是这位能射日的羿，其妻为嫦娥。何以为证，又引出另一则神话：

羿请无死之药于西王母，嫦蛾窃之以奔月。将往，枚筮之于有黄。有黄占之曰：“吉。翩翩归妹，独将西行。逢天晦芒，毋恐毋惊，后且大昌。”嫦娥遂托身于月，是为蟾蜍。

（《搜神记》）

原来日与月神话中的主人公是夫妻，是先共处而后离弃的夫妻。日与月者，太阳太阴之谓也；阳与阴者，人类男女之别也。多么富有人情味的神话故事。

而太阳总是独具魅力的。来到世间的人们总是尽情地享受着太阳恩惠的光和热，品味着生命历程的种种滋味。他们歌颂人生，歌颂自然，歌颂营造自然与人生的最大造物主太阳。太阳辉煌的风采总是富有吸引力的。

岱顶观日出是泰山景观之一大胜景。既云“日月无私照”，天下何处不见日，何处不可观日之出，而独钟泰山？古往今来登山者仍以观日出东方为心中情结不乏其人，可见，岱顶观日自有其奥妙所在。唐人有《日观峰赋》一文曰：

> 日之升也，浴海而丽天；岳之峻也，切汉而临边。登高者以致九霄之上，爱景者欲在万人之先。其所惟一，其仞惟千，伊风灵之有载，彼日观之存焉。
>
> （〔唐〕丁春泽《日观峰赋》）

这里讲得很好。泰山观日之胜正在于其山高千仞，凌霄而立，因而视野开阔，所见极远，使“登高者以致九霄之上，爱景者欲在万人之先”，这是泰山观日的地理优势所在。正因为有了这样的地理优势，所见到的日观景象也就格外精彩：“浴海而丽天。”

云海日出

“丽天”者自是日月之辉煌所在，而“浴海”者却是难得一见。因为中国的沿海仅在神州大地之东之南，广大内地是很难看到海上日出的，而远距大海的泰山竟能使人如愿以偿，就格外富有诱惑力。其实，按现代科学观点，站在泰山之巅是无论如何也看不到海的，今天的人们已经确信无疑；但自古以来，人们总是纷纭不已，确信站在泰山上所看到的捧出一轮红日的翻腾不已、跳跃不止的水平波就是大海。

> 攀崖上日观，伏槛窥东溟。
> 海色动远山，天鸡已先鸣。
>
> （〔唐〕李白《泰山吟》）

晨登日观峰，海水黄金熔。
浴出车轮光，随天行无踪。
（〔宋〕梅圣俞《登泰山日观峰》）
天鸡鸣半夜，日出东海头。
隐约蓬壶树，缥缈扶桑洲。
（〔明〕王守仁《登岳》）

以上三位诗人所咏所见都认为立于泰山之巅，果然见到了日出东海，海水浴日正在想象之中。其实，日与东海有何干？如果说这些不过是诗人的艺术想象，那么，历来的游记散文也都以纪实笔法写到了这一点：

三鼓起观日出，……时天初霁，日益弄色，其东南尽目，方微白而滉漾者，以为海耶。

（〔明〕王世贞《游泰山记》）

日初出若金，渐旦渐白，始大如轮，渐高渐缩，初远见海水，近不辨几席，既而诸峰尽露，而海上曙色渐起，反不知几千万里。

（〔明〕吴同春《登泰山记》）

又一赤盘，大倍于先所见，侧立其上，若两长绳左右汲挽，食顷乃定，羽人告曰："升矣！"盖先前所见如莲花者，乃海中日影，非日也。日且高舂，赤霞与影皆没，而下微见一线白，滉漾明灭，羽人曰："海也。"

（〔明〕于慎行《登泰山记》）

极天云一线异色，须臾成五彩。日上，正赤如丹，下有红光，动摇承之，或曰：此东海也。

（〔清〕姚鼐《登泰山记》）

以上所述，皆以为日出于海，且能见到滉漾动摇的大海之波，使泰山日出颇添异彩。

泰山日出之美，一在丽天，二在浴海，前者为实，后者为虚，虚实相成，便成境界。有诗为证：

披衣观日泰山巅，曙色曈曈气万千。
海似黄金天似黛，苍凉捧出一轮圆。

半规吞吐如丹桔，片刻飘扬似赤球。
听到鸡声三报晓，旭轮始起照神州。
（〔清〕周公才《岱顶观日出》）

海波涌出晓珠来，岱顶先瞻曙色开。
半壁火云恣荡漾，一天霞绮散崔巍。
（〔清〕宋思仁《宿玉皇顶观日出》）

太阳是地球万物的主宰，太阳是自然之美的灵魂，它带给人间光明和温暖，带给人间变幻和色彩，岱顶观日便是人类欣赏自然之魅力的一种机遇和享受。

泰山观日历来热闹非凡，而泰山赏月则显得冷清多了。其实山与月也是结缘甚古，谈起来使人不胜感慨。著名美学家宗白华曾把天上的云分为汉代的云和唐代的云，其实那句著名诗句“秦时明月汉时关”早已把月的意象也历史化了，月亮成为一种颇有情韵的历史见证者。

泰山迄今最有价值的文物是留有李斯刻字的秦刻石，此石沧桑两千余年几经灾变。乾隆年间有人忽见此石失落，缒井搜寻复得，有人写诗赞曰：

石癖如斯亦近颠，层编历又重渊渊。
此心莫道无人识，恰有秦时月在天。

这是一首寄寓慨叹的诗，无论从中国历史或中国文字史来讲，历尽斑驳的秦刻石确为稀世珍宝，如此罕见之物又确为许多人所不识；而缒井搜寻者的一颗痴癫之心，只有那阅尽秦朝兴灭的明月能够理解。这是与泰山同在的月。

历史是丰富多彩的，给泰山留下重彩一笔的大有人在。当年的真宗皇帝封禅泰山不同凡响。事过境迁，有人写下这样一首诗：

万骑千官夹道迎，六龙曾此驻霓旌。
只今惟有宋时月，还照当时御帐坪。

御帐坪正是当年宋真宗万骑千官封禅泰山的驻跸之处，其声势之煊赫威震一时，但一切都已过去，绿水青山也记不得了，只有那颗高悬夜空的明月还每每记起那霓旌之旅。当然，那也是与泰山同在的月。

秦时月、宋时月，都是贮满历史沧桑感的旧时明月。其实，泰山之月也是大自然的精灵之一，是天下人间佳节共仰的银盏玉盘，是美的所在。月在真正的诗人眼中是宁静、娇美而温柔的。大诗人李白这样写泰山月：

朝饮王母池，暝投天门阙。
独抱绿绮琴，夜行青山月。
山明月露白，夜静松风歇。
仙人游碧峰，处处笙歌发。
（〔唐〕李白《泰山吟》）

这一轮“青山月”营造了一种夜静、风轻、笙歌处处的仙逸境界，与泰山的葱郁、雄浑、博大深沉的格调是相谐和的。

泰山上也有月观峰，是茫茫月夜观赏明月的最佳去处。有人为此处赋诗曰：

月观峰上月华流，子晋笙飘仙韵悠。
伫看不知身世处，轻裾风曳桂香秋。
（〔明〕萧协中《月观峰》）

诗中境界与李白所咏是一致的，也是轻盈飘逸、超凡脱俗的，读来使人飘飘欲仙。

当然，山中月也不总如神仙境界，有人间烟火味的月亮意象也不乏其例。如：

雨过山青衬夕阳，满溪桃李吐奇香。
踏青人醉眠芳草，傍晚醒来月似霜。

这位游人饱览山光水色、夕阳芳草的美景之后，醉倒在浓浓的游兴之中，不想天色已晚，醒来已是月色如霜了。如果仅仅是睡过了时辰还好说，如果内中还有难以言表的未测之险就使人感到有些沉重了。

未及天街夜色分，泉声激荡自空闻。
松梢挂月光如线，向晚东升海市云。

这是一幅昼夜交替图。这位游客乘夜登山以观日出。此中“松梢挂月”正是残月偏西、徘徊树梢的凌晨时分。既以“挂”写月之西坠，“光如线”便是一个极为新颖和巧妙的比喻了。

山中月景莫如名人笔下那“山高月小，水落石出”地刻画了，而在大量泰山诗文中，写山、月、水、石之句也多有佳作，如：

石上写经云气护，池边濯月水痕香。

古往今来，泰山吸引着众多游人参拜游览，所留遗迹也就很多。这两句所写正是两处重要遗迹。一云经石峪石刻，在一亩石坪上刻出佛教经文，此迹为世所罕见；一云岱顶碧霞祠内有玉女池，为当年玉女洗漱之处。“云气护”写出了佛的法力无边，而“水痕香”再现了玉女的脂粉往事。“濯日”二字把“山上月”写成了“水中月”，把“外在物”写成“心中趣”，把自然写成了美。

泰山古刹普照寺内，还有筛月亭一景，把天上明月“筛”成斑驳月影，也为人称道。寺中有六朝松，树冠如盖，枝柯交横，松旁有筛月亭。每当月夜之时，月色透过树冠，洒落下来，如同被“筛”过一般，所以称为“筛月亭”。筛月之美，不到风静月明之夜，独步古松横枝之下是难以体验到的。

以月色著称的风景，还有小“三潭印月”。那是在红门宫东北的溪涧东岸，有一块既方且平的大石头，上刻“小洞天”三字。洞前为黑石阜，状如火车头，水从石缝中流出，流经柳条、饮马、石硖三个水湾。每当水满月明之时，颇有西湖“三潭印月”之趣。水中之月，当更逗人情致，空寂且俊逸，令人遐思。

泰山之胜，日月之美，难以尽述。有一首小诗曰：

寒晓随骢马，斜阳度两峰。
碧茫空眼界，奇绝到胸中。

日月东西照，烟霞远近笼。
灵辉妆异景，人世此难逢。

（〔明〕吴相《泰山晚照》）

日月共显灵辉，那真是泰山一“异景”。

四、石与树

石与树是泰山上的两道基本风景线。

据记载，最早对泰山景观的描述性文字是《诗经·鲁颂》中的“泰山岩岩，鲁邦所瞻”的诗句。注家说，“岩岩”，积石貌。可见当初的泰山是以巨石累累的状貌呈现于鲁邦之域的。从诗句所描述的用意来看，“岩岩”二字相迭，也透露出巨石累累的泰山给人的那种雄壮威严的气势。这就使本来冷冰冰的石头产生了某种逼人的情势，“高山仰止”或许正是一种崇高美的心理效应吧。

漫游泰山，使人肃然起敬的天然生成物还有那或郁郁葱葱、苍翠掩映的松林，或傲立悬崖、凌然不屈的孤松，这些久经风雨冰霜的古松，给泰山添了精神，给游人长了兴致。除了松树，泰山上下还长满了多树种的乔木和灌木林、藤本和草本植物，也十分茂密，构成了完整而旺盛的植被层，显示了泰山的无限生机。

石与树，是泰山自然景观的两种对立物。石与树相依共存，又各显品格。有一首唐人小诗《泰山石》写道：

鸡鸣日观望，远与扶桑对。
沧海似熔金，众山如点黛。
遥知碧峰首，独立烟岚内。
此石依五松，苍苍几千载。

（〔唐〕李德裕《泰山石》）

这里所说的“泰山石”，即指泰山的名石之一——岱顶日观峰北的拱北石，又叫探海石。此石长约两米，平地凸起斜向北方，游人常攀登其上以观日出。

因此，诗便从观日写起，茫茫云海为红日映照，点点众山仍一片青黑。在云雾缭绕之中，碧峰独立；在五松的护佑之下，此石恒存。“苍苍几千载”便是“泰山石”精神的写照。在这里，石与松相依共存，简直就是一个动人的神话。可惜而今五松已逝，只苍石独存。

在泰山，石与松血脉相连，生气一体。据《博物志》云：“松本石气，石裂而受沙即产松，松三千年更化为石。”因此，“泰山多松亦以多石耳”（转引自冯时可《登山记》）。这种说法，看似牵强，实则为世间诸物之转化规律所致。考古发现的“树化石”不正是千万年的古树“化为石”的证据吗？

泰山松最著名的史话便是关于“五大夫松”的传说。传说秦始皇登岱遇雨，遂避于松下。事后，此松即被封为“五大夫”松，为秦官第九爵也。松得官职，史无前例，此松遂藉藉于世人之口，褒贬毁誉不一。如明人屠隆《五大夫松》一诗写道：

高节栖灵岳，宁汙嬴氏官。
天风吹不断，涛卷万峰寒。

这首诗极赞松树的高风亮节，决不受嬴氏（秦始皇）的污辱。而另一首明人之作则迥此立意：

雨中松树倚嶙峋，不洗东风旧日尘。
何似桃花含意远，武陵只恋避秦人。
（〔明〕魏允贞《秦松》）

这首诗讥讽古松再也洗不掉旧日被封之污尘，其形象嶙峋，还不如武陵源中的桃花含意之深远。

当然，古松无辜，受大自然风雨抚育的青松无知。它们靠一粒飘落在石罅崖边的种子顽强萌发生长，迎风抗寒，长成高干，蔚然屹立。去五大夫松不远，曾有一枝干若虬的青松，被称为“处士松”，后为风雨所毁。在五松亭后的西北高崖处还有古松一株，树冠探出，似昭示游客，名“望人松”。望人松地处高山绝崖，根系深植于岩缝石罅之中，是石与树共同构筑的崇高形象。

石与树又是决然不同的。

泰山之树以松柏为主。《抱朴子》曰："天陵偃盖之松，大谷倒生之柏，凡此诸木，皆与天齐其长，地等其久也。"就是说，松柏之树，在诸树中独具一格。一为多生长于高山大谷，与高岩巨石为伍。古人曾赋曰："山有乔松，峻极青葱，既抽荣于岱岳，亦擢颖于荆峰。"二则其树龄悠长，几与天地同寿，为人所追慕。松柏之树"禀天然之贞劲，经严冬而不零。虽凝霜而挺干，近青春而秀荣"（〔晋〕左九嫔《松柏树》）。总之，泰山之树是一种生命的蓬勃，其兴衰之变意味着大自然的律动。在泰山上，有人看到"晴光点逗千峰翠，野色模糊万树春"，有人看到"一路山青皆似玉，千林树老尽生苔"，有人看到"悬崖古柏落空翠，架壑危松度远虹"……泰山之树以多姿多彩的自然生态，为畅游中的人们带来诸多诗意。

泰山之石与泰山同生同在。太古之初，天地初成，山隆海陷，石质凝定。对于此中奥秘，后来人做着多种猜想和测定。而泰山之麓却发现一"桶状结构"的"醉心石"，其石纹成环层辐射状，似一石桶。如此怪异节理使人想象着泰山石形成的漫长而神秘有趣的过程。本来，石头都是绝无生息的死寂之物，即使在大自然数度沧桑之中，它也是"无动于衷"的。但此静寂之石中所蕴动势，仿佛打开了宇宙之中的另一世界。但石头终究是石头。即使如岱顶的那尊被称为"无字碑"的石阙，不仅因为它"身无一字"，惹得后人对立碑者纷说不一，且还因为它"身无一息"，以致弄不清它从哪里来，是怎样被移到岱顶的。谜一样的无字碑像茫茫宇宙一样为人所初识而又不尽知。于是面对泰山上下累累之石，人们纷纷评头论足：

柴望当年告治平，谁知风起鲍鱼腥？
惟有石表依然在，蔓草寒烟夕照明。

（〔明〕王裕《石表》）

这是一首评论"无字碑"的诗。诗意说当年秦始皇为了宣示他的治平大业而立此碑，但他本人病死在巡狩途中（当时为了掩饰其死讯，随臣以发臭之鲍鱼掩其尸臭）。漫漫两千多年过去了，如今只有那无声无息的石碑还立在一片夕阳荒草之中。这显然是说，一切都会过去，只有石头是永恒的。

松亭亭，石屹屹，
偃盖万古青，
坚确千年历。
故乘风雨夜飞来，
不是秦王鞭策激。

这又是一则松与石的佳话。在云步桥之上，有巨石如屋。据传，此石系明朝万历三十一年（1603）夏，由暴雨所致，此石由山巅坠此。后人遂称为“飞来石”。由此可见，此石坠此纯属天然，但何以偏偏坠至“五大夫松”处，于是引起人们的种种猜想，难道此石有灵，也知皇帝在此有封？好在这首小诗并不认这个账，而是归结为“故乘风雨夜归来”的。不过，这似乎又为“松石有缘”找到了一个力证。

奇观

泰山上自有天趣的名石，还有仙人桥、试心石、胭脂石、仙影石、试剑石、剑匣石、朗公石等，以自然天趣的形态，得到世人因缘附会的传说，使石性与人的审美情趣巧妙统一。

泰山上也有自成天趣的名树。如高立崖头的望人松、匍匐倔强的卧龙松、冠盖如云的六朝松、相依相怜的姊妹松，它们决然没有如五大夫松、处士松等那些传奇色彩和历史纠葛，它们只是凭着自己适者生存的自然天性，表现出独异于众多林木的特殊个性，为自己赢得了不朽的声名，从而为那些热爱自然、寻奇探胜的游人所关注和称颂。

在泰山上，石与树的和谐交响也曾构成为山前山后的两大景观焦点。在山前，朝阳洞北，两峰双峙，山势陡峻，十八盘即将起步，而放眼两壁山岭，苍松如海，松鸣如涛，连当年祭拜泰山的乾隆皇帝也写下了“岱岳最佳处，对松真绝奇”的名句。诗人们更是吟咏不已：

寒松韵空山，千株万株寄。
对峙绿云停，摇曳虬鳞坠。
飞泉下峰顶，遥光破苍翠。

寒松摇曳、山石对峙，正是石与树韵律的谐和与交织；动与静，声与色，云与水，在组合着一幅绝奇的山林图。

在山后，在古老幽静的“独足盘”，一面是危崖耸石，一面是陡壑深涧，其境幽邃，游人罕至，而此处上下古松林立，怪石参差，株株龙干虬枝，处处狰狞粗粝，姿态各异。又是石林和松海的交织，山风时来，波兴浪涌，若虎啸龙吟，景象十分壮观，形成了奇特的泰山自然景观之一的“石坞松涛”。因此，有人写诗赞曰：

石坞何年辟，奇观造化钟。
庭无丹灶活，门有白云封。
古洞滋灵液，危岩挂怪松。
可同书法论，入妙在藏峰。

（〔民国〕缪润绂《后石坞》）

这是一位深通书艺的诗人。他把整个石坞景观归结为“藏锋”，分明是借用了书艺中的行话。这个字眼的内涵，一是有锋，即说这里的自然景观颇为奇异，正所谓“古洞滋灵液，危崖挂怪松”，前者说这里多灵泉，后者说这里石崖与松树的特点；二是善藏，即是说这些怪异景致深藏不显，常封不露。其实，这种深藏不显的怪异景致的构成主要是石与松的奇崛和交互，是石与树的交响曲。

一般来说，石是静态的，树是动态的；石是刚性的，树是柔性的；石是质实的，树是涵润的；石是无生命的，树是有活力的。石与树正是山的两种基本构成物，也是山的景观的基本风景线。

有人说：“泰山岩岩，藏万仞之石，而不以石显。”（赵国麟《游徂徕山记》）就是说，泰山是累累积石而成，但为什么“不以石显”呢？我想，那就是因为山上树多。苍松翠柏，郁郁葱葱；青杨绿柳，参差披拂；紫藤攀缘，山丹遍布；朱樱夏熟，紫奈秋摇；整座泰山是远看一片葱茏，近看巨石嶙峋，山石与林木相掩映，怪石与名树共齐名。石与树的共生共长，给人既雄且丽、刚中含柔的美感。

美是心灵与世界达成默契的产物。泰山上的石与树，其美固然来自其物本身的形体、色彩和韵律，但当人类尚未发现并认识这座巍巍高山的时候，它是荒芜的、寂寞的；只有当走向大山求生求乐的人们摆脱了对自然的恐惧和对大山膜拜的蒙昧之后，山才是美的。高山绿林、危石悬瀑，才会给他们带来观赏的愉悦和感官的快慰。历代游人所留下的种种题记和大量诗文，记录了彼时彼地多种多样的体验和感受，使后来的人们产生许多共鸣。这又说明，美是一个古老的话题，却又是一个新鲜的话题，美是人类长久共享的共同财富。

五、云与崖

山崖陡峭，白云缭绕，这是人们描绘高山景色的惯常用语，而对于泰山来说，也不例外。打开古今游人所写泰山诗文，俯拾即是。

晨游泰山，云雾窈窕。

（〔三国〕曹植《飞龙篇》）

泰山一何高，迢迢造天庭。

峻极周以远，层云郁冥冥。

（〔晋〕陆机《泰山吟》）

兜舆迢迢入翠微，往来白云荡胸飞。

白云直上接天界，山巅又出白云外。

（〔清〕蒲松龄《登岱行》）

仅此可见，从公元一百多年到一千多年之间人们都是这样写，写山必写云，写云山更神。这个奥秘，早被宋代著名山水画家郭熙看破，并以理性语言完整地提了出来：

山以水为血脉，以草木为毛发，以烟云为神彩。故山得水而活，得草木而华，得烟云而秀媚。

…………

山欲高，尽出之则不高，烟霞锁其腰则高矣。

（〔宋〕郭熙《山水训》）

诗与画常常一理，在许多诗人的笔下，也掌握了以云写山的诀窍。

天门何崔嵬，下有青云浮。
泱漭绝人世，回豁高天秋。

（〔明〕王守仁《登岳》）

志欲小天下，特来登泰山。
仰观绝顶上，犹有白云还。

（〔明〕杨继盛《登泰山》）

回马岭前春日西，涧花岩草郁萋萋。
上方钟落不知处，惟见白云岩畔栖。

（〔明〕边贡《回马岭》）

这三首诗，一写“绝顶”，一写“天门”，一写“回马岭”，都属泰山之高处景观，苍茫云烟或浮游其上，或栖驻其间，给郁郁青山增添了许多朦胧感和神秘色彩，使之更加诱人。

其实，泰山之云更有其独特之处，也早为人所瞩目。古人云：“触石而起，肤寸而合，不崇朝而遍雨乎天下者，唯泰山之云耳。”（《公羊传》）这个发现是细心而有趣的，就是说，泰山之云起自山石之间，且能在很小的范围内生成而迅速扩大，用不了一个早晨便能使天下受其滋润。这大概正是由于泰山上水源旺盛、水气充沛，且地势有利之故。由于这个原因，泰山之云并不因山势高峻才有。清代诗人沈德潜曾作诗写道：

到顶五十盘，红门起初步。
回看下方人，已在云中住。

这首诗题曰《红门》，是写登山初步处的红门景观。诗人登此回看下方，已见云缠雾绕了。这位诗人的老师叶燮曾对泰山之云的形貌做过精彩的描述：

> 泰山之云，起于肤寸，不崇朝而遍天下。吾尝居泰山之下者半载，熟悉云之情状：或起于肤寸，弥沦六合；或诸峰竞出，升顶即灭；或连阴数月；或食时即散；或黑如漆；或白如雪；或大如鹏翼；或乱如散鬈；或块然垂天，后无继者；或联绵纤微，相续不绝；又忽而黑云兴，土人以法占之，曰："将雨"，竟不雨；又晴云出，法占者曰："将晴"，乃竟雨。云之态以万计，无一同也。以至云之色相，云之性情，无一同也。云或有时归，或有时竟一去不归，或有时全归，或有时半归：无一同也。此天地自然之文，至工也。
>
> （〔清〕叶燮《原诗·内篇下》）

由此可见，泰山之云真是仪态万方，瞬息万变。烟云之多变，正是天地间的自然现象，是自然变幻之美。

变中有不变者，那便是耸立千仞、中流砥柱般的山崖与峻峰。有道是"壁立千仞，无欲则刚""石者，天地之骨也"。作为天地间有宏大气势的山水景观，首先要有陡峻高险的峰峦，有挺拔刚劲的岩崖。在五岳之中，"嵩山多好溪，华山多好峰，衡山多好别岫……泰山特好主峰"（郭熙《山水训》）。泰山向来有"拔地通天""雄峙天东""五岳独尊"之誉，仅陡峭的岩崖便有数处，古今游人为之题咏以纪其胜。

（一）御帐崖

此为当年宋真宗登岱驻跸处，周围水色山光蔚为壮观。明代学者王守仁赋诗曰：

危构云烟上，凭高一望空。
断碑存汉字，老树袭秦封。
路入天衢畔，身当宇宙中。
短诗殊草草，聊以记吾踪。

明人萧协中也为之赋诗曰：

片石云中出，苍崖俯大观。
旌旗余草绿，帐幄染枫丹。
鹤唳山风冷，湍流夜月寒。
只今凭吊问，松影露漙漙。

前一首诗中，“危构”即高崖，高到几何？“云烟上”，即说高到云之上了，因此使人“一望空”，总感到“路入天衢”，身在宇宙之中。后一首诗仍是以烟云衬“苍崖”，只是后面写得更加凄清难耐。这两首诗都影射到一些历史典故，或说秦皇封树，或说真宗驻坪，思旧伤怀，读来令人不胜其高寒。

（二）舍身崖

此崖在岱顶日观峰南，三面陡峭如壁，下临万丈深壑。有清人写道：

万仞突苍崖，天风吹凛栗。
石栏未敢凭，云深白日黑。

诗中天风、苍崖、云深、黑日，烘托出一种舍身投崖的悲剧氛围，使人不忍卒读，不忍目视，于是，改为“爱身崖”当是众望所归。

（三）东百丈崖

在泰山西溪长寿桥下，悬崖百丈，飞瀑直泻，极为壮观。萧协中在《东百丈崖》中咏道：

瀑布银河泻，危峰玉筍攒。
无论高百丈，杪出白云端。

又是“危峰”，又是“云端”，又是山与云的巧妙结合，又是刚与柔的艺术统一。

（四）西百丈崖

东百丈崖之西，壁立千仞，西崖东向，更加陡峭，多雨之季，似天河倒泻。萧协中在《西百丈崖》诗写道：

东峰矜峻拔，西岫更嵯峨。
不尽登封帝，留将石再磨。

比之东百丈崖，其峰更“峻拔”与“嵯峨”，也就是其崖高更甚于云高。不过这里没有用“云”来衬托，而是用“水磨石穿”的力感来反衬其落差之大，落差越大，自然其泄水山崖更见其“嵯峨”了。

泰山之云，还有当地人所谓“腰玉”一景。“腰玉”者即白云缠其山腰也，其云白如玉，似一巨人腰怀白玉一般。此种现象又叫“山带”，带状白云“或冠峰峦，或至中岭”，这往往是“天将雨”的先兆。姚鼐的《登泰山记》也曾写道：

及既上，苍山负雪，明烛天南，望晚日照城郭，汶水、徂徕如画，而半山居雾若带然。

如果说山高为纵势，那么云横则为横势；如果说峰峦屹立似有刚性，那么云雾缠绕则如柔性；如果说山林葱郁一片青秀，那么烟云如带一缕青白。如此相辅相成，也堪称一种和谐之美。

唐宋诗人多以为“石为云根，云以触石而生”，这在泰山上多可得到验证。如岱顶有白云洞，在天街中段南侧之下，沿石阶可下达。此处有巨石似象，名曰象山，俗称象鼻峰。峰西有洞，即白云洞。洞处悬崖间，下临深谷，巉岩多窍，常有白云缭绕，俗以为洞内出云，故以名“云窝”。其实，此处山崖陡峭，正处风面，湿气上升，遇寒成云，正是特殊地形使然，非自洞中出也。象鼻峰东，另有青云洞，俗谓天阴时青云洞泛青云，青云与白云汇合，即成雨云。因此二洞常被视为山间晴雨表。而其上则为凤凰山。有人诗曰：

洞中时吐白云翔，岩上闻经集凤凰。
不是居民占卜幻，崇朝晴雨纪《公羊》。

斩云剑

常常这样，自然形胜加上人为想象就构成一个美的神话，此“云窝”处如果真是白云缭绕、凤凰云集，那真是泰山上的一大奇观。

在中天门之上，盘路以西立着一柱石笋，并无伟岸之姿，游人至此也许并不十分注意。但这一柱石却影响着穿谷登峰、乍云乍雨的泰山云雾的变化，因此，人们给了它一个十分威武的名字——斩云剑。这里隐藏着一个自然形态特殊变化的奥秘。

此“剑石”矗立在半山悬崖，其东为陡壁耸峙，其西为深谷大壑，以此石为界，上下时有两股雾气在运动。山上的云雾沿峡谷下来，至此便回转而返，山下的云雾沿峡谷升腾而上，至此也折而复回。两个气旋的锋面在此相遇，温差交错即可形成锋面雨，转瞬之间雨遍峡谷。此种现象恰恰发生在这“剑石”附近，因为此石正处在上壁与下崖的交接处，似一把石剑劈斩了山中云雾，使云变雨。此一奇迹顿使这块并不威武的石头蒙上了传奇色彩，令人刮目相看，正如一句名言所述，美的产生正是由于“自然的人化”所致。

清人的一首《泰岳朝云》，把泰山云的无穷魅力发挥到了极致，使此一景观充满了神话色彩：

> 五花崖畔乱云屯，顷刻迷漫变晓昏。
> 东引苍龙离海壑，南拖白练曳吴门。
> 半城雨脚藏红影，一抹烟鬟湿翠痕。
> 仿佛仙灵朝帝阙，风摇环珮散轻缊。
>
> （〔清〕黄钤《泰岳朝云》）

诗中仍从岱顶白云洞畔的五花崖写起，那是“云窝”，自然是乱云屯聚之地，顷刻之间便使天色由明变昏，而且云气漫延，以致引得东海苍龙出海，拖得吴门那匹被孔子的学生颜渊看见过的白练也飘然而去了。这是何等辉煌壮丽的一天云锦！由于这云锦之变，已使山下之城半是阴影半是阳光，而山峦之上却也留下了青翠的雨痕。最后又以仙人为喻，烘托着这种半是人间、半是仙境、半是晴翠、半是云雨的朦胧天气。这不正是《公羊传》那句“触石而起，肤寸而合，不崇朝而遍雨乎天下”名言的诗化吗？

六、峰与谷

峰与谷是高山景观的两个视点，当然是一则高入云端，山岩崚嶒；一则低通水流，草木滋漫。在泰山也是这样，于是有人写下了这样一些诗句：

仰看渐觉天根近，俯瞰偏惊地势雄。

峰头常有白云封，涧底总无黄犊饮。

白云缭绕千峰合，翠石崚嶒万壑奔。

狮峰瀑布当头泻，龙峪泉声夹岸闻。

这都是从不同角度来写泰山上的种种景致的，一高一下，一仰一俯，一峰一涧。大概由于地形高下的悬殊，阳光和水分的供需差异，影响着植被的生长发育，于是，使山峰与山谷呈现着不同的自然风貌，这也是造化使然。按照古人的观点，凡丘陵高敞、豁然明亮，当为阳性；溪谷卑下、屈曲郁暗，当属阴性。阴阳互映互补，构成了泰山上下不同特色的自然景观，古今游人多有发现：

天门万仞晴光霭，日观三更曙色融。
花底鸟啼流涧碧，松阴龙卧劈峰旋。

上边是晴光霭霭、曙色融融，下边是碧流潺潺、鸟啼声声，使人赏心悦目，不胜流连。

嵚崟叠嶂逼苍穹，深谷回岩烟雾通。
挂壁寒泉飞涧白，拂云秋树入霜红。

层峦叠嶂直入云天，极言其高峻无比，而深谷巨壑岩石累累，烟云却奔流畅通，这也正是泰山常见景色。在这种上下参差之间，“挂壁寒泉”和“拂云秋树”却以对比鲜明的红白色彩和动静有致的不同形态给高峰深谷增添诸多魅力，似乎形成一个完整的微观生态世界。

崇朝常说泰山云，如削芙蓉迥出群。
叠嶂回阴藏巨壑，长河浮练落晴氛。

这里则说，泰山峰上，白云缭绕如一片出水的洁白的荷花，而群峰之间，深谷长河如一匹白练跌落飘浮。把泰山上下渲染得如同仙境一般。

云净日从霞外出，峰高人在碧空浮。
仙岩列嶂青无了，帘水飞涯翠欲流。

这当然是登临峰顶者的俯临视野，连霞外之净云红日都看得一清二楚，人则在碧空中浮游一般。再看岱侧的“仙岩列嶂”是一片青翠无垠，飞落悬崖的清清水流似乎也变得绿透了，而使人觉得是那山间青翠在流。多么美的色彩和韵律!

碣石峰头留皓月，蓬莱海底见初阳。

这位兴致勃勃的登临者看见了多么精彩的一瞬：日月同辉。月亮还挂在高高的峰头，似乎很不情愿离去。是否还有心事牵挂呢？哦，那遥远的“蓬莱海底”，正在跃出一轮初浴的红日，这也许正是那轮皓月依依不舍的“潜台词”吧。日月同辉中的泰山当然也是十分妩媚的了。

攀壁凭虚无尽处，峰头倒挂夕阳残。

这回应该“退岗”的则轮到忙碌了一天的太阳了。尚处在“峰头”的太阳也大有滞留之意，似乎被“倒挂”一般。正如那句名言所说，多少年来，千百万人的祝福和祈求，也没有把夕阳留住。倒挂的夕阳还是从人们的视野中慢慢消失了。只可惜那轮颇念旧情的皓月没有前来送行，好在暮色中的泰山可以安慰一切失落者。

峰与谷的相悖相映正是泰山深处的一段情话。

“泰山特好主峰。”泰山主峰为天柱峰，又名太平顶、玉皇顶，游山者多以登绝顶为快。登上此巅，但见天高野阔，横云如波，群峰匍匐，江河交错，确为一幅大气象。萧协中在《泰山小史》中题咏天柱峰的诗写道：

独立诸峰上，巍巍天与齐。
云飞无隐现，风撼不东西。
秋半听鸣鹿，晨初逐晓鸡。
人惊难措足，一瞬我攀跻。

这首诗中一写其峰之高，二写其峰之固，称得上是雄峙天东、昂首天外，也应了那句“稳如泰山”的成语。如此之境当然并未超然物外，鹿之鸣、鸡之舞又为这绝顶之地添了一些生命的活力，使登攀者未绝人间烟火气。

在泰山主峰之侧，还有一些诸如“秦观”“吴观”“周观”之类的名峰，据清代学者王世贞认为，这些本为一峰，“言观日出则为日观，西望见秦则为秦观，南望见越则为越观。后人所指某某峰，皆妄也。”此说有一定道理。诸观之地今已难考，只日观峰为后人公认。宋人范致冲所作《日观峰》一诗写得耐人寻味：

岱岳东南第一观，青天高耸碧巑岏。
若教飞上峰头立，应见阳乌浴未干。

日观峰是高踞岱顶东南的第一高峰，其高度仅次于天柱峰（玉皇顶），故“第一观”之语为其定位，但抽象而不具体；“碧巑岏”一语便具象以出：碧色

丈人峰

的高峰，色形皆具，形象突兀，恰如其貌。以下则展开想象，借用神话。古代传说太阳中有三足乌，而太阳之经天当如乌飞。假若这只阳乌飞上日观峰，应还带着出浴旸谷之水气，此喻使日观峰的魅力变得格外诱人。

与日观峰遥遥相对，在岱顶之西部，有一巨石特立，俨然人形，状如伛偻老翁，被称为丈人峰。此名的来历，本来非专指妻父，丈人本为老人之尊称。唐玄宗时张说之婿得其妻父之力升官的逸闻，不过是一则附会之说。对于此峰的自然风光，明人杜文同曾有诗曰：

远势巑岏几案，诸峰罗列儿孙。
丈人挺挺独立，欲排阊阖天门。

仍然是“烘云托月”法：从丈人峰看“远势”“诸峰”，不过是一些桌子板凳，乳臭儿孙，显然是低矮矬小，愚劣稚嫩；而“挺挺独立”的丈人峰尊严十足，其高锐之姿简直可以顶破天门天窗了，24字刻画出了屹立于岱顶的丈人峰在诸峰中苍老伟岸的身姿。于此，其同代人几乎同出其词：

高标独立向天门，气象岩岩仰止存。
五岳曾闻岱宗长，诸峰应是丈人孙。
气象岩岩此最尊，群峰两两列儿孙。
古今几度沧桑变，惟有乾坤此老存。

这些诗中所写丈人峰，都无所谓“妻父”色彩，只有与“儿孙”相对而称尊的老人威严。其中“气象岩岩”一语分明分享了整座泰山的气派。更有人把丈人峰摆在了“东帝”之上：

泰岳峰头有丈人，苍颜古貌万年身。

群山百万当前立，东帝还须仗老臣。

其实，就自然景观而言，丈人峰不过是突立在岱顶西侧、状如老人的一块长石而已。真正可以与泰山主峰相媲美的倒是在西南方向的傲徕峰：

独秀西南数傲徕，天门洞宇镇蒿莱。
竹林曲抱青峰出，月嶂高悬碧涧开。
石壁峪中云散去，仙人掌上鹤飞回。
登临不尽平生兴，对景惭无作赋才。

（〔宋〕刘应时《题傲徕山》）

这位诗人写出了傲徕峰的景观特色：青峰嵯峨，碧涧幽深，烟云漫谷，花木繁盛，堪称西南“独秀”。清人聂剑光也认为，“傲来峰巍峨特起，有与岱争齐之势，又名芙蓉峰。其巅一洞曰归云，内有石池涌流。自竹林寺西南入，高岸深谷，人单行，攀藤附葛而上，石窦可通”“东北悬石通明，俗名狮子峰”“旁有悬刀锋，东为扇子崖，倾崎宛如折箑，明人题曰‘仙人掌’。崖北多青桐，曰青桐涧，水东流入竹林西河。明人筑室崖巅，复结茅其下，曰西山别业。其时樱桃夹径，松槲盘纡……”（《泰山道里记》）。仅此可见，傲徕峰上下，风光绮丽，境界幽邃，是为“秀色可餐”之地。

秀峰时有白云绕，幽谷多传碧水声。

泰山诸峰之间是许多幽谷深涧，即所谓峪者，谷也。最著名的便是经石峪了。经石峪，曾名石经峪。此略位于泰山中溪龙泉水东侧，上有龙泉峰，西隔溪为斗母宫。其位置正是泰山之阳，东西居中，上下居腹，似若泰山巨人的“肚脐”处。大自然总是按照“一阴一阳之谓道”的潜在定律安排世间万物。此峪作为阴谷正处于山阳的中点之侧，且是仰视天门的最清晰点上，真可谓山川之妙构。此峪中在一片漫水石坪上，题刻着隶字“金刚经”，字大如斗，字迹古劲。北为水帘，崖多题识。稍西石壁中分，曰仙峡石，又名试剑石，旁建石亭，额曰“高山流水”（今移），亭西上旧有听雨轩。转而东为龙泉峰，又曰楞枨崮，石经峪的水出之源，上接三叉沟，绕峰后又西南注中溪。经石峪向为泰山胜景，明人崔应麒有《题晒经石水帘》诗：

晒经石上水帘泉，谁挽银河落半天。
残月控钩朝挂玉，长风吹浪夜凝烟。
梵音溅沫高还下，曲涧流云断复连。
选胜具觞恣幽赏，题诗愧乏笔如椽。

诗中极赞此处之佳景。其坪为石坡斜势，上有溪水乘势而下，瀑流千派，雪浪如涌，似若银河从天而落。地表水流漫过经石，水势或大或小，经石或湿或干；天上流云穿过峡谷，其势或急或缓，或断或连。早晨的新月如玉，傍晚的风浪如烟，都给这云与水的协奏以如诗如画般的巧妙点缀，难怪这位诗人只有畅饮的豪情，却自愧没有相应的手笔来表述这里的美，事实上，他已经给后人创造了“神游”此处的文本。已被移位的“高山流水亭”也曾为游人流连。明人李戴《观万恭题壁》诗云：

壁立石坪向日明，小亭危坐微风清。
弹琴人去知何日，尚有高山流水亭。

经石峪又叫暴经峪、晒经峪。当年刻经人选择此地摹刻经文也应被这里的自然景观所陶醉。吴同春的《游暴经峪》诗曰：

觅胜寻幽曲径通，肩舆面面受天风。
深岩贝叶经霜白，绝壁昙花映日红。
百道泉声飞树杪，千寻翠色落云中。
援琴欲鼓高山调，不见钟期兴转穷。

这位坐山轿子过来的游者没有只注意经石的水流与字迹，他是为了“觅胜寻幽”而来，既看到经石结霜已发白，又看到绝壁昙花还正红；既看到山上流泉的飞溅，又看到峰顶白云着青。当他在高山流水亭小憩时，却因想到那位善听知音之琴的古人已逝而豪兴大减。其实不必，人事有代谢，自然却永恒。陶醉于山水胜境之中应是人生的最大乐境。

泰山上的峰与谷使我们大饱眼福，大开眼界，也使我们深省世事，明了人生。

七、阴与晴

阴与晴，首先是一个气象问题。据泰山气象专家的研究：

泰山地处北暖温带大陆性季风气候区。受特定的自然地理环境的相互作用，垂直梯度，水平分布，气候特点亦有较大差异。山脚到山顶水平距离不足10公里，但高度差达1400余米，致气候由暖温带，经温带过渡到寒温带。泰山顶没有明显的四季划分，只有冬半年和夏半年之分，雨量偏多，它既有季风气候特点，又有高山地方气候特点，属半高山型湿润气候。而山脚下泰安市区为大陆性季风气候，四季分明，雨热同季，气候宜人。其气候特点可概括为：春季干燥多风，夏季炎热多雨，秋季晴朗凉爽，冬季干冷少雪。

泰山多云雾。历年年平均总云量5.3成，低云量2.4成。按总云量分，晴天日数（日平均总云量＜2.0）年平均为87.1天，阴天日数（日平均总云量＞8.0）年平均为101.2天。年平均总、低云量、阴天日数，7～8月最多，12～1月最少，晴天日数则相反。4～10月山顶云量多于市区，11～2月云量则相反。

（《泰山大全·泰山气候》）

科学研究是精确再现泰山阴晴的忠实记录，而泰山阴晴又是构筑泰山自然景观的重要因素：晴者，阳光明媚，云淡风轻，"晴川历历汉阳树"是一种美；阴者，薄雾浓云，不晴或雨，"愁云惨淡万里凝"也是一种美。由于泰山山地形势的特殊因素，使其阴晴变化更加多端。明人张岱在《岱志》中曾写到这种多样性的特点：

……泰山高者曰四十里，四十里之内有盘旋焉，有上下焉，不全乎其为四十里也。乃四十里之内，而天时为之七变。自州城发脚，而溙溙大雨。至红门而霁，至朝阳洞而日出，至御帐崖而阴曀，至一天门而大风，至三天门而云雾，至登封台而雪、而冰，时凡七变。而天几不能自主，雨暘寒燠，其听之天乎？抑听之山之高下乎？至半山而日，又日之下又有雨，日之上又有雪，雨暘变幻，寒燠错杂，天且不自知，而况于人乎？

张岱的经历是有代表性的。这种雨、晴、阴、风、雾、雪、冰，“时凡七变”的气候也正是垂直高度一千多米的泰山常有的情况。观赏自然风光，固然多以山、川、湖、海、草、木、虫、鱼等景观为客观对象，但大自然是一个综合整体，而其中气候的变化会长远或暂时地改变整体或局部的生长环境和自然风貌，这也是人所共知的。泰山著名的“云海”和“佛光”的自然奇观就是由于特定气候因素而形成的。从长远来看，泰山绵延数百里，也正是由于地处暖温带大陆性季风气候，使如此广大的地区植被丰茂、葱郁青秀、四季分明、各呈异彩，给历代游人留下了千姿百态的美好印象。

阴与晴，成了游赏泰山自然景观的不同情趣和美韵。

有一位远道而来的游客途中遇雾，雾中看山，有一种朦胧，也有一份惊奇：

苦雾滴成雨，平林翳作峰。
不知岩际寺，恰送马头钟。
汶水已争渡，泰山犹未逢。
忽惊初日跃，远近碧芙蓉。

（〔清〕朱彝尊《泰安道中晓雾》）

诗中说，雾很浓，能攥出水来，成雨。远看，本来一片平林也似乎变成一座座山峰。不过从耳畔听到的钟声可以判断附近有一座古寺。游人已经过了汶水，只是还未到达泰山。走着，走着，一轮红日已经跃出。在清新的阳光照耀下，眼前的泰山已从浓雾中化出，似乎是一枝枝绿芙蓉婷立在蒙蒙的水中，这就是淡雾中的泰山群峰，太美了。

又一位游人遥望泰山，发现了山上山下的不同雨趣：

山下秋日正皓皓，山上秋雨还冥冥。
夜来岩畔挂星斗，晓起涧底兴雷霆。

阴阳变幻倏忽异，天地阊阖苍茫灵。
何当结庐向山住，朝朝吟对芙蓉青。
（〔明〕胡缵宗《望岳》）

山下正是一片秋日艳阳，山上却蒙蒙秋雨，这正是所谓“泰山戴帽”的独特自然现象。到夜里看上去峰岩挂着星斗，显然是晴空一片，可到早晨，只听见山涧里传来山洪咆哮的吼声如同雷鸣，可见山上的雨还下得不小呢。这位游人弄不清何以变化差异这么大，认为只能是天上的神灵在显威。不过，他还是很向往山上的生活环境的，渴望在山上盖间草房住下来，能天天吟对着岱顶青青的莲花峰。这正是秋雨中泰山美的吸引力。

不过，也有情况相反的时候，就有一位游人留下了这么一首小诗：

孤峰高出白云中，绝顶山坳候不同。
雨已崇朝遍天下，天门初日自眬瞳。

这里所写的是山下下雨、山上日出。这种情况的形成，是因为峰高于云，即雨云横隔山腰，遇冷成雨；而云之上的山峰却沐浴在一片阳光之中。

阴与晴在切割着泰山的大块青秀，使静态的山川似乎有了些许“动态感”。说到动态感，还有一位游人利用视野中的阴晴之变把泰山调动起来了：

晓凭危岳回高寒，俯瞰溟濛宇宙宽。
方爱乱云填万壑，忽惊急雨失群峦。
平生自谓凌虚易，到此翻歌行路难。
幸有古碑秦汉在，剔磨苔藓纵奇观。
（〔明〕王子谦《登岱遇雨》）

这位游人登岱遇雨，山中乱云阵阵，正是所谓“云海玉盘”的奇观。一会儿乱云弥漫了整个沟壑，使山峡变成了一条长河，滚滚滔滔；一会儿云气上旋，变成云雨，把起伏的山峦给淹没了。本来静静的山川在浩浩云海的滚动翻腾之中，也仿佛成了一只漂泊海上的孤舟，时沉时浮，令人惊心动魄。而游人身在其中，往往乐不可支。他们分别道出了各自的乐趣。

有人这样分辩说："晴天的泰山，显示的是整体的美，巍峨、雄伟、规整、庄严，蓝天下一片金碧辉煌、苍翠蓊郁。雾中的泰山显示的是被分割的美，许多景点时隐时现，有露有藏，似沉似浮，似移似驻，更幽深，更邈远也更轻盈。"（蓝翎《泰山雾里行》）

有一位登山者冒雨而上，宿山中。次日雨霁，他豪兴即来，写下"既雨晴亦佳"五个字，且刻在登山途中的石壁上，至今字迹历历，后人玩味不已。

阴与晴带来雨和阳光，还会带来冰雪和寒冷，而游人们也可以从中找到悦目赏心的东西。

凌晨开北轩，生裂轻绡幅。
皑皑琼瑶花，自巅达于麓。
雪白山失青，何异人如玉。
况对泰山高，万象豁人目。
东有丈人峰，白发俨蓬松。
下有大夫松，素丝引清风。
又有白鹤泉，白鹤长翩翩。
空山无人行，客在阆风巅。
长啸披鹤氅，谁辨隐与仙。
他日采芝去，此间即琼田。

（〔清〕贾启祥《泰山雪》）

泰山上的这场雪好大呀，简直把整座山变成了一个银装素裹的透明世界，"皑皑琼瑶花，自巅达于麓"，可以说山上山下全是雪了。丈人峰变成了蓬蓬松，大夫松变成了白丝蓬，青山一片白，白鹤似如真。人呢？披一身鹤氅，也隐没在山中。山似仙山，人如仙人，叫人想到整座山也变成了仙宫。人既然成了仙，那当然要想到去东海玉田之中采"不死之草"仙灵芝了，其实泰山上就盛产灵芝，因此"此间即琼田"。

层层雪雾锁楼台，忙里冲寒折早梅。
雪满山中迷旧路，问僧僧曰送君来。
（〔清〕乔莼臣《寻梅遇雪》）

山中雪雾弥漫，似锁楼台，值此天气阴霾重重之时，总有雅兴好事之人，寻梅山中。不想雪却越下越大，把本来十分熟悉的山路也掩盖了。迷失归途，只好问道于僧，僧人十分热情，答应把诗人送出山中，归至家门。这则小小的趣话，却把雪封雾锁、冰天寒地中的泰山渲染得情味如火、温暖人心。

当年的乾隆皇帝多次来登泰山，也曾看见过泰山上的雪景。他的作品《微雪》（三首）写道：

天衣筛玉白皑皑，合是合云亭里来。
著树缤纷开且落，先传消息隔江梅。

肤寸英英傍晚浓，天花几点下嵬峰。
山灵都解标神异，况是巍巍数岱宗。

勾萌未发验稊扬，春旱田功雪未妨。
独虑扈行羽林众，岂无寒者薄衣裳。

这三首小诗当然是乾隆酒足饭饱之后的雅兴之作，题目为“微雪”，与上面那样的封山大雪的景致显然是不同的。第一首写得很美，如“天衣筛玉”，如“著树”之花，于是想到傲雪而开的寒梅。正如那位宋人所歌咏过的：“有梅无雪不精神，有雪无梅俗了人。日暮诗成天又雪，与梅并作十分春。”（卢梅坡《雪梅》）第二首写到泰山微雪之特点，正因为泰山之云是“触石而起，肤寸而合”，所以其雪也起于肤寸，傍晚愈浓，可是真下起来，却又是“天花几点”，飘洒人间，颇有几分灵性。第三首写到了皇帝的忧患之心，想到下雪有益于除旱增粮，可又牵挂那些流落天涯的薄衣受寒者，表现了乾隆饱暖之余的一点儿怜悯之情。

泰山之阴与晴是自然生态之再现，是游人观赏山水以怡情畅神的重要景观。

正如乾隆皇帝在游赏之余所发感慨一样，一山之晴雨也常常牵动天下百姓们的心。有一位游者所写小诗表达了这种由衷之情：

日日山下晴，朝朝山上雨。
几时遍天下，顽石立无语。
（〔清〕李柳溪《登岱杂咏》之一）

天下百姓期望的是年年风调雨顺，国泰民安。而大自然的肆虐却常常难遂人愿。在大旱之年，人们总希望能得到甘霖般的雨露，而能阴能晴的泰山，能否施惠于天下人呢？有一首祈雨的诗写道：

炎蒸如燬值愆阳，大地嘉禾暵欲伤。
万姓忧惶心殄瘁，一诚感格雨淋浪。

其实，泰山并无呼风唤雨之功能，它像所有山川湖海一样，时有阴晴之多变，时有功罪之不虞，而“阴崖时积千秋雪，晴昼雷生万壑风”的自然景观，则可为人们审美之对象罢了。

八、路与景

音乐的形式感在于节奏。

即使没有曲调，乐音落点的和谐性和规律性让人听来也是愉悦的。

大自然的运行也是有序与无序地综合。

时间似乎是无序的，但对于人类的生存和发展来说，时间又以许多有序的节奏给以保障和便利，如一年四季、一年365天、一天一昼一夜等。

人生似乎是无序的，但生死、少壮老、喜极生悲、自作自受等，也是一种有序的节奏。

人走路是需要有节奏的，人的心情进程也需有一定的节奏。

细心游泰山的人能体会到，走路与观景也是一种节奏。光埋头走路容易累，直盯着观景，也容易疲劳。一边走路，一边观景，能使疲劳减到最低限度，同时能使兴致保持在最高限度。

路与景也是一种辩证形态。

路与景的巧妙结合能产生审美快感。

现在登泰山，有两条主要通路：东路和西路，也是两种节奏。除了登山方式的不同，也由于两条通路上景与路的构成不同，形成了两种情调氛围有很大不同的景观节奏，带给人们的审美感觉也是不同的。无论是初来泰山或曾多次来过泰山的人，都会面临着两种选择：走东路，还是走西路？以步行登山为主，还是坐车登山？是细品慢看、尽情游览，还是“速战速决”、走马观花？当然，二者不可互相替代，各有佳妙。归根结底，还是路与景的构成节奏和景观特色不同。

东路是石阶盘路加古庙典故，是以步行为主的慢节奏构成。登游此路，步步踏石径、升阶盘，时时看古庙、讲古典，人文情味极浓，使人沉湎于故人往事之中。历代游人所写诗文每每留此之迹。如：

岱宗奇峭倚天东，册府封题礼数崇。
齐鲁地偏形独胜，古今时异仰皆同。
荒台人指秦皇碣，幽壑松蟠宋帝宫。
几欲寻源浑未识，凭高万里御长风。

（〔明〕牟朝宗《登泰山》）

此诗唯第一句写泰山之自然形势，以下诸句都蕴含着浓郁的历史情味与个人感悟，齐鲁之古风、秦宋之盛迹，充溢于字里行间。读此泰山记游诗，与其说是纪游，不如说是读史。

巍巍泰岳镇齐东，此日登临天地空。
西尽函关云岭直，东来海渤晓霞红。
秦碑虚无凌霄上，鲁殿参差在眼中。
时有幽人骑白鹿，乘风便欲驾青骢。

（〔明〕杨宗气《登泰岳》）

这首诗写得超脱了一点儿，空灵了一点儿。“天地空”三字展开了较大视野，于是“看”到了秦时的“函关”，望到了渤海上的晓霞，但“秦碑”“鲁殿”之陈迹仍使人不能忘怀如烟往事。不过，诗人并未沉湎于此，也想学“函人”之举，驭马乘风而去。

绳牵布裹筚舆轻，险绝能消半日程。
汉柏秦松空往迹，孔登孟语此经行。
沿崖忍见逃亡屋，蹑蹬渐闻怨怼声。
惟有七十二泉在，愿言常润汲王明。

（〔明〕王贵《登泰山》）

这位是坐着山轿子上山的，却颇有些仁爱之心。他认为，秦皇汉武的赫赫君威都已成为往事了，自己是本着孟子所言孔子“小天下”的宗旨来登泰山的。但是所见所闻“逃亡屋”“怨怼声”的残酷现实使他于心不忍，大概也大大扫了他“小天下”的兴致。最后以“七十二泉在”自慰于心，也稍稍使人读后不致过于压抑吧。

由以上三位古人所留记游诗来看，由东路登泰山的心情常常并不如一般游山玩水那样轻松，那么快慰。路是崎岖迂回的，景是古雅浓重的，走路观景的节奏也因此往往是缓慢沉重的。

当然，自然审美的主体是人，人的主体性也可以有多样化选择。正像同样生活在盛唐时代的大诗人李白和杜甫的诗风迥然不同那样，游泰山者可以是一路秦松汉碑地叹怀往事，也可以是一路山光水色地流连风景。当年浪游泰山的李白，虽说是沿着唐玄宗东封泰山的御道而上的，但他绝不沉湎于怀古之幽思、尊皇之肃穆的沉重氛围中，而是畅观山水，驰骋奇想，作一段浪漫之旅：

四月上泰山，石坪御道开。
六龙过万壑，涧谷随萦回。
马迹绕碧峰，于今满青苔。
飞流洒绝巘，水急松声哀。
北眺崿嶂奇，倾崖向东摧。

洞门闭石扇，地底兴云雷。
登高望蓬瀛，想象金银台。
天门一长啸，万里清风来。
玉女四五人，飘飖下九垓。
含笑引素手，遗我流霞杯。
稽首再拜之，自愧非仙才。
旷然小宇宙，弃世何悠哉。

（〔唐〕李白《泰山吟》）

李白这次上泰山，从初踏石坪御道，经万壑高崖，到天门，至岱顶，眼中是碧峰绝巘，耳中是松声云雷，眺望着蓬莱仙岛，想象着玉女飘摇……山路是何等奇险，景观是何等奇幻！也许那时登山盘路上还没有如今这样多的古庙灵神和名人胜迹，使李白无以触景生情。但是，秦始皇加封五大夫松的盛事，汉武帝兴筑登封坛的伟业，该是早已名留泰山了，李白来此当有所闻。况且，距此数十年前，当朝皇帝唐玄宗圣驾方去，应当有所恭维。然而李白是个“长安市上酒家眠，天子呼来不上船”的谪仙之人，当然来游泰山自是别有一番眼光，别有一种情怀了。

西路古时并无盘路，也未必能通达岱顶。但其自然风光是别有特色的。元代人王旭曾留《西溪》一诗写道：

我爱西溪好，披云屡往来。
一川烟景合，三面画屏开。
薄俗无高隐，清时有逸才。
近岩多隙地，松竹更须栽。

并非诗人对西溪有所偏爱，而是独特的山水风光吸引了人们。“一川烟景合，三面画屏开”正是这里自然景观的独特之处，三面青山，一川流水，自成格局。这里的山路也许并没有多少帝王遗踪，名人胜迹，直到现在也没有多少古典建筑，多是草溪石亭，深涧长桥，茂林修竹，柏荫松影。山路是弯弯曲曲的，山景是重重叠叠的。这里曾有一个吸引佛人隐士的归隐胜地竹林寺，王旭便十分向往之，他在《游竹林寺》一诗中写道：

石径俯云壑，竹林开幽境。
寺古僧徒稀，山深岚气冷。
待游未终兴，红日忽倒影。
曳杖披暝烟，长歌下前岭。

在烟云迷漫的山壑之中，有一条石铺的小径盘绕而去，石径的尽头是一处“绿竹千竿、银杏双挺”的幽静古寺。这里人烟稀少、居处偏僻，连山中雾气也特别冷。人们的游兴还未终，太阳已经快要落了。只好拖着手杖向暮色中走去，不时从前岭传来一阵阵悠长的歌声……这是何等幽邃清冷的境地。路是弯弯曲曲的石径，景是阴阴郁郁的竹林，路与景的和谐，组成一种清悠冷静的美。

如今的西路是现代公路加自然山水。据1980年5月1日的一篇新闻报道称：

泰山巍峨壮丽，从古至今，是我国著名的游览胜地，为全国重点文物保护单位之一。由于山路陡峻曲折，为游人登山带来不少困难。这次修建的泰山游览路，是从泰山脚下的省干休所起，到中天门北面的快活三里止，全长11.2公里。这条路分为上、中、下三段修筑。上段和下段路面平坦，路宽8米，平均坡度为4.8%。中段是在泰山林场生产路的基础上，采用截弯取直、加修会车台、砌垒部分挡土墙等措施建成。现在游人登山可以从泰山脚下乘公共汽车直达中天门以上的快活三里，沿途可饱览大众桥、冯玉祥将军墓、建岱桥、黑龙潭水库、长寿桥、扇子崖、中天门等名胜、古迹及周围的景色。

（1980年5月1日《大众日报》）

现代化的交通工具，对于十多公里来说是转瞬即达的。不过，好奇而细心的游人也可以同时收到事半功倍的游览效果，使人们兴奋异常。请听当代游览者的愉悦之声：

驰车盘旋入中天，一路岚光入眼帘。

千尺翠岩添秋色，万木摇枝带微寒。

公路蜿蜒处处新，天工逊色靠人民。
汽车直通中天上，喜煞老弱病残人。
（王晓亭《登岱有感》）

坐着汽车上山，隔着玻璃窗看山，真称得上是“浮光掠影”。这种情况下，在路与景的协调关系中，路对景的制约作用淡化了，而景在人们心中的感受和印象也被淡化了。作家蒋子龙谈到过坐车上山的不同感受：

我第三次登泰山是1992年，汽车把我们送到中天门，然后坐吊车直达南天门。这不叫登山，更不叫爬山，而是飞上山。大半个泰山在脚下一掠而过，登山的过程省去了，许多文化景观看不到了，只剩下最后的目的。这目的实现得很容易，因而感觉和前两次大不相同。

那种通过艰难达到的辉煌减弱了，渐入佳境后的神圣感也减弱了。
（蒋子龙《文化泰山》）

这种感觉是真实的，也是有代表性的。这种感觉证明了“浮光掠影”式的游览对山川自然美的接受的淡化和消解。

山路弯弯

美的发现和鉴赏都是世界和心灵的默契，是一个复杂而有层次的心理过程。当然，这种心理过程可以是浅尝辄止，也可以是深层爆发。我们把路与景的关系作为开启这种心理过程的入口，是已经考虑到尽可能多地调动审美主体的多种活跃机能，以使这种心理过程的启动更快、更深、更有效应。对审美对象的认识和感受正像对一切客观事物的认识过程是一样的，只靠单项感觉的进行总是肤浅而局限的，只有在综合的社会实践中接受认识对象的多种信息，才能使这种认识更广泛更深刻，也更接近本质。

在愉悦的、视野广阔的步行中走路与观景的慢节奏的巧妙结合，是观赏山水胜景的较佳方式。因此，从现在的泰山游览路线的选择上，如果有较充裕的时间，沿着古老的、几经沧桑的、布满青苔的东路盘道步步攀登，信步观赏，细细探寻，最能领略泰山美韵的真正内涵。

第二节　形态辩

一、有与无

有与无，是两个最常见、最通俗的字眼儿，而就其内涵来说，又是最丰富、最模糊、最关键性的字眼儿。先哲老子就非常深沉地讲过，“天下万物生于有，有生于无”，此话简洁有趣而玄妙难解，据说他老人家是把“无”看作是第一性的东西，“有”是第二性的。因此，信奉“老庄”的虔诚教徒们把“虚无”当作最高境界。这就把“有与无”这种最普通的生活现象哲理化、神秘化了。

无独有偶。中国传统艺术讲究“不着一字，尽得风流”，视其为最高境界，其奥秘正在于这两个截然对立的现象根本是相通的，也正如老子讲述的“有无相生”，岂止是“相通”。这正是中国古人聪明智慧的闪光点之一。

泰山自然景观的审美也存在着若干“有无相生”的有趣现象。

首先从泰山的形态来看，其至高至大已经被人们所广泛接受，形成一种传统观念，所谓“五岳独尊”“泰山压顶不弯腰”成语的形成，就是这种传统观念的积淀。正是由于这些相沿成习的观念和说法，把本来在实体上并非“至高至大”的泰山，渲染得威威赫赫、不可一世，成为中国山岳的“山老大”。这种实与虚之间的转化，其中就是“有无相生”的自然规律的作用。

杜甫最著名的《望岳》诗算是描绘泰山的佳作了，被称为“把泰山的整个景色纳于腕底”的“诗家大手笔”。可是，真正涉及泰山整体形态的字眼仅

“齐鲁青未了”“一览众山小”两句，前一句极言其博大，后一句极言其高峻，而“博大”与“高峻”的具体形象是什么样子，诗句中并未直接描绘出来。其“博大”是表现在与整个齐鲁大地绵亘相连、一统青秀上，于此也就可以促使和激发人们去想象泰山有着怎样占地广阔的形体。虽然没有给人以精确的面积数字，但比“精确”的形体显得更“有”气势。其“高峻”是表现在可以使“众山”变“小”的超度视空，于此也就可以使人想象泰山与“众山”的视空距离之大，即超越“众山”高度之巨。当然，实际上，也可能是岱顶与众山相差并不很多，但如此一渲染，在人们的想象中，泰山之“高峻”形象便有着难以比拟的效果。

简言之，诗中“无”泰山高和大的具体形象，却在这“无”中产生出了（“有”）令人信服的代表性形象，这首诗写出后一千多年来，没有人说它把泰山写歪了、写假了，而是很真实且有气魄的。这正是“有无相生”的道理。

应当说，泰山奇观之一的岱顶观日出是最具景观魅力的，许多人登泰山的最大愿望就是希望能看到红日怎样从东海升起，所以，几次披星戴月地上，露宿遭罪地等，或只看到乌云满天，或是等到日上三竿，都觉得十分遗憾，因为没有看到清人姚鼐所写的那种“日上，正赤如丹，下有红光，动摇承之”的迷人景象。但常识告诉我们，站在泰山顶上，是无论如何也看不到相距千里之遥的东海的，也就是说，日出东海的景象根本不可能在岱顶所望的视野之内。“无”东海，而看到“有”东海，这“有无相生”的神秘感使人如痴如醉。千百年来，许多人以看到“有东海”而兴奋不已并形诸笔墨，许多人以没有看到东海日出而捶胸顿足，卷土重来。其实，还不就是有种“有无相生”的迷惑在那里吸引人吗?

泰山观日出还存在一种“有无相生”的心理现象。那就是当无数登山者乘兴而去、败兴而回时，别有胸襟的散文家杨朔独出新意，在《泰山极顶》一文的末尾写道：

> 有的同伴认为没能看见日出，始终有点美中不足。同志，你还有什么不满意的？其实我们分明看见另一场更加辉煌的日出。这轮晓日从我们民族历史的地平线上一跃而出，闪射着万道红光，照临到这个世界上。
>
> 伟大而光明的祖国啊，愿你永远“如日之升”！

散文家以虚代实、以“如日之升”的祖国代替那轮大自然中的红日，使文章别出新意。作为一名热爱自己祖国的痴情作家，运用“有无相生”的辩证思路，使自己的感情表达得更淋漓，更深沉，是很耐人寻味的。

泰山之巅还有一处景观，坊额曰“望吴圣迹”，立于所谓“吴观峰”，又称孔子岩，在天街东首路北。《泰山道里记》转述《韩诗外传》谓此有“孔子登泰山，望见吴阊门白马，以示颜子”之说。据传，孔子的弟子颜渊曾跟随孔子登泰山。在山顶，圣人四处张望，望到东南江苏苏州方向，看见苏州阊门外系着一匹白马。于是把颜渊召到跟前，手指东南问颜渊：“你看见苏州阊门了吗？”颜渊回道：“看见了。”孔子又问：“你看到阊门外有什么东西？”颜渊回答：“好像有一幅白绸布扯在那里。”孔子听到颜的回答后用手抚摸了他的眼，不让他继续看。于是一块儿下山了。这又是一个有点荒诞的故事。苏州（当时为吴国都城）距泰山有千余里之遥，即使是现代遥望技术，也是难以看清阊门外有些什么东西的。但圣人的目力竟然看见有一匹白马，圣人的弟子的目力稍差一点儿，把白马看成是白布。且还有一个小细节，孔子怕颜渊看伤了眼，还赶紧给他揉一揉，颇有师徒如父子的温情。说它根本无此种事情，可后人宁信其“有”，不信其“无”，还修了孔子庙、望吴坊以志纪念，游人每每至此，都互相叙说着发生在两千多年前的那个故事，都好像能陶醉在很久很久以前的那个美丽传说中，且也学着圣人的样子遥望一番，不由得佩服所谓“望吴圣迹”的奇绝。于是，“无”中又生了“有”，谁曰不然？令人玩味的是，这种“无”中生“有”的景观，比起实实在在的东西往往更有吸引力，更令人畅想遐思。

说到此，自然应该提起耸立岱顶的“无字碑”了。此碑立于玉皇顶玉皇庙外，方柱体，形似碑而无字，故名“无字碑”。传为秦始皇东封时所立，清人顾炎武考辨为汉武帝所立，但证据并不充分。至今秦皇、汉武之说，各有其辩，均持之有故，其中影响较大者为今人郭沫若之说：

夙兴观日出，星月在中天。
飞雾岭头急，稠云海上旋。
晨曦光晦若，东辟石巍然。
摩抚碑无字，回思汉武年。

（郭沫若《登泰山观日未遂》）

无字碑

诗人观日未遂，作为补偿，回望巍然“东辟石”，沉溺于对古往历史的回顾中。曾对中国历史和考古做过深入研究的诗人兼学者的郭沫若，凭着对古籍的钩沉和对荒碑的灵感，想到是那位“承文景之业，通西域诸国”的“雄主”汉武帝所立。此说遂则一语定乾坤，但是，有人据无字碑的形制与秦琅琊刻石的形制相似，无字碑的长短广狭尺寸符合秦“数以六为纪”的制度及无字碑的位置即马第伯所记始皇阙等三方面证明此碑为“始皇石阙”，非汉武帝所立，言之凿凿，令人信服（见《泰山大全》806～808页）。

此碑“色黄白坚莹，无苔藓，非岳之所有”（《泰山道里记》），并传“至今居人频见碑中发光，金霞射目，内大篆数字，恍惚不辨；即之则无，离之复有，山灵示人以异哉”（《泰山小史》），如此纷纭之说，不一而足。

对于“秦始皇所立，绝无字痕”的解释，也是多种多样的。有的说是因为“秦始皇功德难名”；有的说是因为秦始皇“焚书讪字”；有的说此石不是碑，是“石表”；有的说是“神主”；有的说是“碑函”；有的说“金书玉简在下，故石镇之”，等等，使人难以明了真相，窥得真意。

于是，有人写诗曰：

何年琢石植岩隈，未勒虫鱼岂乏才。
玉质有灵呈秘篆，神工无迹惹莓苔。
焚书杂霸功难纪，并海龙舆去不回。
几度摩挲伤往事，登封云气共徘徊。

（〔明〕萧协中《无字碑》）

诗中对立碑者秦始皇的本意做了一些猜测：首先是什么年份立置的，其次是无刻写文字是否因为无此之才能。此碑传内有篆字是否为山石灵性所显，又如此神工之作，石色莹白，了无痕迹，连青苔都难以着身。大概秦始皇一生好事坏事都做，实在难以用文字表述，想求仙海上又不能得逞，回到泰山想起往事，唉，立块石头与“云气”做个伴儿吧。颇有点以此自嘲的味道。当然这也是后人的一种猜测。

如上所述，皆因石碑不记文字给后人钩沉史事带来诸多不便，使诸多文人学者为之皓首，为之扼腕，为之苦叹。

但从审美的角度来看，“美”本身就是一个“似有若无”的东西，众说纷纭、莫衷一是，往往对美的探索，正是美的活力所在，一旦盖棺定论，生命也就止息了。

泰山上石刻碑刻遍地皆是，多给人印象不深。唯独这块“不著一字”的无字碑牵人情思，惹人瞩目，尽得风流，乃至为此碑又有人立碑，它也就成为“碑中碑”。对此，有一首明人小诗点破其妙：

绝巘植空碑，古人如有意。
由来最上乘，原不立文字。
（〔明〕邹德溥《无字碑》）

看来此碑所立者确实达到了预期的效应，是“最上乘”的做法。还有人赞曰：

鞭石曾闻自海东，晶莹今彻碧霞宫。
摩挲汝未经题刻，犹胜摩崖耻颂功。
（〔明〕陈万言《无字碑》）

“鞭石”一典是记述当年秦始皇急于出海看日出而请神人鞭驱石头从速搭桥，从而染红近海滩。但今天立在泰山上的这块石头不同那些被驱赶的石头。它虽未经题刻，但较之那些帝王歌功颂德的摩崖石刻来说，少了几分颂功之“耻”。这又从道德上肯定了这种做法。

当然，无字碑也不可立得太多，碑上全都没有文字了，也就超越了真、善、美的价值尺度。一般地说，所谓“有无相生”，所谓“不著一字，尽得风流”，是说要善于运用“以少少许胜多多许”的艺术技巧，以最精炼的文字，表达出最丰富的内容，而能做到这一点，正是中国古典美学中的上乘境界。

有与无的辩证形态，使泰山之景观更富有魅力。

二、大与小

大与小，是事物存在形态的两个极端。

所谓存在形态，虽仅指其外在的东西，即事物的外在形体，但判定其大与小的价值，却总与其内容相联系。

按文字本义，“大”最初与“天”相联系，所谓“大哉乾元”(《周易》)，“是故天地者，形之大者也；阴阳者，气之大者也”(《庄子》)，而“天”字的构成便是“从一大也”。中国的哲人们一向是崇拜天的，所以，“大”往往成为中国传统文化的最高价值观之一。孔子就讲“大哉！尧之为君也。巍巍乎，唯天为大，唯尧则之”的话，说天是最大的，而尧能以天为准则，所以尧也是伟大的。讲到具体问题，比如说评论卫公子荆修治自己的住房时，听说其房子由小到大，十分富有，便称赞说太完美啦(《论语·子路》)。孟子则讲过“充实之谓美，充实而有光辉之谓大，大而化之谓圣”(《孟子·尽心下》)的话。他的话虽是以“善”为出发点，说善而充实叫作美，善充实而有光辉叫作大，达到“大”而能化育万物叫作“圣”。与“美”和“圣”联系在一起的“大”，自然也是很有价值的。老庄们也是这样。庄子讲：“天地者，古之所大也，而黄帝、尧、舜之所共美也。”(《庄子·天道》)

而小呢，本字是“物之微也，见而分之”，正所谓微小也。古人对此字多用于贬义，有“君子务知大者远者，小人务知小者近者”(《左传》)之语，“小”一旦与“小人”联系在一起，便难派上大用场了，这也正是中国的传统国情所致。其实，在现代人看来，那都是历史烙印造成的。现代美学界倒是真有所谓“小的是美好的”之说法。诸如“小小的船儿两头尖……”“那是一只小小的、红红的苹果”“我是小草”之类的语言，都对“小”充满了亲切爱怜的感情。

自然界的景观有大景、有小景。“北国风光，千里冰封，万里雪飘。望长城内外，惟馀莽莽；大河上下，顿失滔滔。山舞银蛇，原驰蜡象，欲与天公试比高。须晴日，看红妆素裹，分外妖娆。”(毛泽东《沁园春·雪》)这是一种极目千万里，纵览天地间的大景象，几乎无与伦比。写泰山者，“岱宗夫如何，齐鲁青未了”也是宏观大景，读来使人视野开阔，心胸开张。泰山景观之美既然以雄伟壮丽为基调，自然是大景观的框架，大景观的气势。真正显示泰山景观之阔大者，要算那句先哲的名言“登泰山而小天下”，此话当是孔孟二圣行动和实践体验的高度综合。其后，中国的大诗圣杜甫又在亲临现场感受并加以诗化为“会当凌绝顶，一览众山小”的不朽名句。晚于杜甫六七年，大诗仙李白浪迹齐鲁，亲登泰山，也写出了“旷然小宇宙，弃世何悠哉”的大境界。

从孔孟到李杜登临泰山、俯视齐鲁，都得出一个“小”字，也就是说，一旦站在泰山之巅，看齐鲁，看天下，看宇宙，都产生一种陡然一览无余的感觉，视野变得很有限了。这种感觉站在平地上是难以产生的，特别是站在自己已经习惯了的山水视野之内，总觉得天下就那么大，一山障目，难以扩展。很少有洞察山外有山的机遇，而一旦登上泰山，围绕泰山周围的诸多山岭便都不在话下了。所以，除了产生“天下小”的感觉，同时也产生了“龟蒙视觉凡”“乾坤一指中”“万里山河咫尺间”等异常印象。其实，这都是因为泰山太高了，视点由平视大地、仰视群峰，变为俯视大地与群峰，一下子看到了平视或仰视时看不到的许多景象，使人惊异，顿觉天下竟如此之“小”了。

同时，对这种因视点的上浮而产生的视野的扩展倒是有人感觉正常，觉得是“到此方惊宇宙宽”“南天回首眼界阔”“到此方知天地大”等，应当说，“欲穷千里目，更上一层楼”，站在“东南第一峰”的泰山之上，眼界为之一扩，是理所当然的。这都是说明视点升高了，而这高正来自泰山之本体。

有意思的是，“天下小”与“天下阔”都是登上泰山之巅后的感觉，都是登山之人视点升陟之后对视野变化捉摸不定的一种异常反应。在这里，大与小都根源于一个“高”字，大与小的对立正在其基础的统一体之中。既大又小的模糊感觉，展示出美的特定形态。人们对此做出纷纷议论：

昔年尼父登临处，地拥千灵岳色开。
四顾依然天下小，不知何处紫云来。

（〔明〕魏允贞《太平峰》）

在这位诗人眼中，泰山风光与当年孔子登临时依然如旧；但圣人到处，总也非同僻地，也依然是紫气氤氲，充满灵气。有人对此做了富有幽默感的处理：

昨汝登东岳，何峰是绝峰。
有无丈人石，几许大夫松。
海日低波鸟，岩雷起窟龙。
谁言天下小，化外亦王封。
（〔明〕李梦阳《问郑生登岱》）

诗人无疑而问，问而寓答，充满了友人之间的挚情。最后似乎不同意“天下小”之说，其实是偷换了概念，以王权意识取代直觉，自然是向当朝递了一个秋波。当然，这里也是把小与大辩证地统一了。

吴阊匹练影萧骚，九点神州四望豪。
到此真令天下小，仰观还有碧云高。
（〔清〕吴南岱《孔子小天下处》）

“吴阊匹练”正是当年孔子率颜渊登岱望吴的一段轶事，游者每到此圣迹总要有所提及，尽管那不过是些影影绰绰的事。诗人旧迹重游，倍添豪情，因此对“天下小”的圣谕有所发挥，大胆而出奇思，“俯察”之后并加“仰观”，使视界更加阔大，使无数后人吟咏不已的永恒话题显出了一点儿新意。

真是“一自尼公下山后，世人都作等闲游”。

泰山景观之著者要算所谓“四大奇观”了，即“旭日东升”“晚霞夕照”“黄河金带”“云海玉盘”。

旭日东升。这游览泰山自然景观的最精彩、最壮观的场面，是属于真正的大景观。每当晴日凌晨，万众翘首岱顶之东，“这时，东方的天地吻合处，渐渐露出一线曙色，由白而粉色，颜色渐深，由浅红而深红而橙红。慢慢地，那轮鲜红的太阳露出个月牙儿，又露出半个脸儿，整个脸快要全部露出来了。突然间，像是有什么力量从下面把太阳往上一托似的，那轮变得近似火球的东西突然往上一跃，全出来了。这时，只见太阳下面，一片银波闪耀，天空中金光万道……”这是成千上万个观察到“旭日东升”这一奇观的游客的如实记录。岁岁年年，自古而今，观日出大场面一幕又一幕，代无穷已；观日出的大兴奋一潮又一潮，永不低落。对于东升之旭日，大诗人苏东坡曾做比喻：

天门夜上宾出日，万里红波半天赤。
归来平地看跳丸，一点黄金铸秋桔。

太阳形象之巨大，连地球都无法相比，其光与热之蕴量也是人类难以准计的。无论就哪一方面来说，太阳是伟大的。但诗人以小巧之物“跳丸”“秋桔”相喻，真实至极，美丽至极。缩大为小，恰切入题，多为后人所效法：

赤丸涌苍海，星河淡遥空。
（〔清〕殷岳《登岱》）
眼前沧海小如卮，玉女投丸半夜时。
（〔明〕程云《日观》）
一杯海色浮金桔，五月天门落玉霜。
（〔清〕李清濂《登岱》）

晚霞夕照。泰山突兀于我国东部平原之上，在偌大空间中，它不但最早迎来每天的辉煌日出，而且最晚送走那轮斑斓落日，给齐鲁大地罩上轻柔静谧的夜幕。太阳的运行虽说是大自然的亘古不变的周期规律所致，但自从世上有了人类，有了聚散离合、喜怒哀乐的人群，自然物也从方方面面介入人的情感场。看每天的日出有故人相逢之喜悦，看每天的落霞有友朋分手之离苦；看泰山之侧的晚霞夕照，总也撩起游人一番感情上的细波微澜。古人诗曰：

余霞散成绮，澄江静如练。

这是诗人谢朓晚暮时分登上山岳遥看江山沐浴在落日的余晖中的盛景。泰山上的晚霞夕照也可与此相媲美。泰山群峰耸立，在晚霞中半是红装，半是绿裹，若姊妹三五，艳妆出阁；若天仙一行，飘落人间。在山前不远处，蜿蜒曲折的大汶河也落下半天红霞，似乎是一条金带飘然若动。当年冒雪登山的京官文人姚鼐曾这样描述过泰山的晚霞夕照：

苍山负雪，明烛天南。

望晚日照城郭，汶水徂徕如画。

此情此景，正是一幅色彩斑斓的“夕照图”。

黄河金带。养育了中华儿女的古老黄河，曾在神州大地上几番改道，但它的下游总是缠绕着泰山回环滚动，而今的黄河离泰山主峰的最近距离不过一二百里。所谓“黄河金带”即指站在泰山之巅，在天气晴朗的日子里可以望见天地间东流入海的黄河的身影，看那久经沧桑的母亲河是怎样不息地奔涌入海。当年，东游泰山的李白，在他的《泰山吟》组诗中写下了“黄河从西来，窈窕入远山”的美丽佳句。后来者也有精彩的发现。如：

天连北极千山拱，云拥黄河一线来。

（〔明〕查秉彝《登岱》）

一线黄河通汉远，千秋青史泣麟经。

（〔明〕萧协中《周观峰》）

碧落四垂包片壤，黄河一线画中原。

（〔清〕李清濂《登岱》）

吴越望中迷，黄河曲如带。

（〔明〕沈应龙《登泰山》）

看来，站在岱顶确实能看到横贯神州的黄河，但那滚滚黄龙在遥望之中也只能形如带、状如线，显得分外“窈窕”了。那大河变得至细至微，大与小的变幻都是美的。

云海玉盘。泰山云海之美是迷人的。每当夏秋季，空气中的湿度加大，伴着高天云雨，泰山也“肤寸生云”，阵阵云块或笼罩山峰，或缠绕半山，或穿谷而去，或爬坡而上。从山下看，泰山若羞涩女郎，半掩半遮；从山上看，云海若滚滚海涛，奔腾汹涌，十分壮观。正是：

风月无边

封中一气幻氤氲，叠峰层峦了不分。
信宿留恋山极顶，纵难观日快腾云。

低头那复辨人寰，风荡云生白满山。
绝似惊涛来四面，一帆高架海中间。
（〔民国〕缪润绂《登岱归路作》）

如上皆为泰山景观中之大者，是为泰山之主体景观。偌大的泰山，也不乏逗人景致的小景观，一石、一树、一碑、一溪也多耐人玩味。如回马岭上宋真宗回马处，至今尚留（当然是后人附会之作）一方蹄印，看去凹然依旧，观此可以想见当年赫赫帝王登临至此的尴尬。登山途中有一处“虫二”的刻字，不过是一位风流才子留给后人的一则寓意双关的哑谜。还有那岱顶的三块巨石相挤成“桥”，被喻为“仙人桥”，看了似可使人领略仙人风姿。如此等等，以小补大，小中见大，大中有小，不亦妙哉！

三、远与近

有一句名言：美在距离。

对这句话的理解也可以见仁见智。首先是“陌生化”效应。许多司空见惯、熟视无睹的东西往往容易使人的美感触角麻木，难以发现事物的独特之处，而“陌生化”的结果，能使作为可能成为审美对象的事物获得一些新鲜感，于是也给美的欣赏者带来一些愉悦和快慰，美感触角的麻木状态得到某些复苏。这种陌生化过程可以是“美在距离”的一种理解，不过这种“距离”有时是无时空感的，难以用时空用语表述。其次，便是真正具有时空意味的距离，上下左右，古往今来。这种距离也可以使事物增强或改变美的意味，如由清晰变朦胧，由仰观变俯察，由热烈变冲淡等，或则反之。

中国画崇尚写意，而不讲究精确，因此在经营布置方面也是有别于西方艺术的透视规则的。但是，随着中国山水画艺术的发展，也出现过一些讲究“距离感”的艺术见解。如宋代山水画艺术理论家郭熙便提出在处理山水远近距离上的一些技巧：

山，近看如此，远数里看又如此，远十数里看又如此，每远每异，所谓山形步步移也。

…………

正面溪山林木，盘折委曲，铺设其景而来，不厌其详，所以足人目之近寻也。旁边平远，峤岭重迭，钩连缥缈而去，不厌其远，所以极人目之旷望也。远山无皴，远水无波，远人无目，非无也，如无耳。

（〔宋〕郭熙《林泉高致·山水训》）

距离的远近会给山川形态带来一些变化，正如苏东坡的诗所言：

横看成岭侧成峰，远近高低各不同。

这首诗是写庐山的，而泰山在历代游人眼中也留下了“远近高低各不同”的诸多形象。

清代有位诗人写得眼界极为高远：

南涵吴楚北幽燕，齐鲁分明列几筵。
沧海一丸看日出，翠屏千仞与云连。
丹楹碧瓦新祠宇，玉检金泥古岁年。
此去已通霄汉路，遥遥天语若为传。

（〔清〕施补华《登岱》）

这是一个“远近高低各不同”的大时空，写出了这座名山在祖国东部山川网络中的独特气势，似乎泰山可以吞吐半个中国。“南涵吴楚北幽燕”视界极远，可以说是泰山之被称为“五岳独尊”的一个大地理背景。这种渺如天际的背景铺垫，与其说是漫漫空间的，不如说是遥遥历史的，使人看得远，也想得深。“齐鲁分明列几筵”，视野一下子拉近，由“吴楚幽燕”而齐鲁大地，向所要描绘的审美主体泰山推近聚焦，“列几筵”似若驭大若小。也就是说，在齐鲁大地上，连绵起伏的群山诸峰就如这礼仪之邦所摆设的长桌短席一一罗列。而危坐于这“几筵”中间的，便是泰山，是诗人所要歌咏的主体，也是仰观俯察、由远及

极顶远望

近的立足点所在。“沧海一丸看日出，翠屏千仞与云连”，正是泰山的两大奇观——日出与云海的生动展示。把视线收回到泰山之巅，只见岱顶之上古庙新祠一片，碧瓦丹楹点点，而如此袅袅香烟、闪闪圣火所系，正是自古而今、代代相袭的封天禅地的古老故事的重演。大概此时此地的诗人自己也正沉溺其中吧。最后的诗绪，随着飘逸的烟火与灵感的飞动，上入天堂，传为天语。这也正是自古以来多少虔诚的祭天朝山者的最大心愿。

可以说，这首诗远观近察，纵目横览，运用视点的远近高下的推移，为泰山做了全方位的扫描，正是看山时“每远每异”论的具体验证。如果说这首诗侧重于从外部氛围写泰山，从山川地势的背景烘托来反衬泰山，以显示泰山的尊严和险峻，那么，还有若干游人则善于从微观、从泰山自身的景致营构来展示其内在美。当然，这种内在之美也是有“远近高低各不同”的差异。

平生湖海原空阔，览胜今登第一山。
夹道浓薰枫叶赤，垂岩倒染菊花斑。
九州禹贡微茫外，千里尧封指顾间。
星斗瞻依真咫尺，夜深环珮响珊珊。

西风吹送登山屐，馌携攀跻兴转浓。
瓜葛周亲丈人石，浮沉秦爵大夫松。
幽泉细迸中天月，虚谷遥传上界钟。
沐雨盘云翠如削，秋来天地老芙蓉。

（〔明〕苏濬《登岱》）

看来诗人过去是很少出游的，只知道湖和海的特点是十分空阔，而对于登山是什么感觉呢，有待体验一下。泰山声名远播，诗人也是慕名而来，“胜览今登第一山”，有种抑制不住的兴致。面对千岩竞秀、万壑争流的山川之美，作者肯定看到很多，也想到很多。在这首诗中，作者先写“夹道”的红枫叶，是先从近处写起，又写“垂岩”的菊花斑，自然是远处所见了，一近一远，颇有山川特色。再远一点儿就是山外了：“九州禹贡”“千里尧封”都是指整个神州大地，而对于山外之神州，诗中一说“微茫外”是说很远，一说“指顾间”是说又不远。远与不远虽说有异，但都很模糊，符合观察实际，也符合诗的用语。最后写到星斗上天，看来已经登上绝顶，那本来很高远的星空却使人感到近在咫尺，似乎还能听到仙女们的动静，又是既远又近的统一。

既然登上绝顶，那么更多看到的是山顶景色，比如丈人峰，原是一块状如老人的巨石，看到它又自然使人想到有关“丈人”的传说，充满了亲情瓜葛。而半山道上同样因一则传说而闻名的“五大夫松”却又几遭浮沉，不只是原松已逝，后松新植，而且对于树被封爵一事，也多为人褒贬。“丈人石”在山顶，“五大夫松”在山中，也是距离的调剂。夜深了，月上中天，而山崖深处的泉水却仍在细细地流淌，与明月相映；远处的山谷中，又传来悠悠的钟声。泉流在眼前，钟声在天外，又是一远一近，远近相映。最后推开一笔，看雨后的山峦，白云缭绕，峥嵘如削，似若一束青荷。但终因秋色已深，荷色已老，“天地老芙蓉”的境界又扩展而远去。

泰山是阔大的，诗人善于运用远近相衬又相成的镜头写出了泰山景色的立体感、层次感，使人此时真觉得“看景不如听景，听景不如卧游”。但是，真实的泰山绝对是比天花乱坠的描绘更丰富、更诱人的。

那么，冬天的泰山呢？诗人写道：

孟冬登登最上头，蔼如春暖爽如秋。
月轮正向瑶池满，日观翻从碧海浮。
龙峪三辰风不动，虬湾万壑雾全收。
乾坤一览归图籍，可是山灵为予酬。

（〔明〕查志隆《三登泰山纪行》）

看来诗人对这次登山所见所闻是十分满意的，认为山灵能给他的都给了，简直可以载入图册之中。那么诗人看到了些什么呢？

在山下，以虬在湾为景点，画龙点睛的神话传说中的飞虬曾在此盘桓，大概就是泰山丘壑间的云雾之美姿。常有山间淡雾沿谷而行，其龙飞凤舞之状令人惊奇。诗人看到云消雾散，方才继续登山。

在山中，以大小龙峪为景点，这里是登山路程过半、面临倒悬天梯十八盘之际的岱宗最佳处，山泉泠汀，青松海涛，天门在即，令人神往。此时“三辰风不动”，正是观览蓝天碧树、白云青峰的大好时机，诗人饱览如醉，余味在心，流诸笔端。

到山顶，晨年日出晚看月，近赏瑶池遥观海，一早一晚，一近一远，日月双辉，真幻俱全。诗人徜徉于山巅与天界之间，自得之情洋溢心头，自然感到“蔼如春暖爽如秋”，这也许是气候真实，也许是心理真实。而诗人一路攀登，所见多有，就写了山下、山中、山顶三处，在景点的选置上，是否也有远与近、上与下、昼与夜等时空距离考虑呢？

我们自己登泰山，也有“每远每异”的体验。

初来泰山脚下，远望泰山，往往“有眼不识泰山”，因为泰山有着层层的山峦、道道丘陵，远看上去，山头数立，难辨主次高低。泰山景色，青青葱葱、郁郁苍苍，如一幅阔大的山水画。诗人杜甫初来泰山的感觉写得很准确、很概括，那就是：

岱宗夫如何，齐鲁青未了。

这正是远观泰山的总体印象。

由远而近，初步而登，沿着迂回曲折的山路走进山来，泰山已把你揽入怀抱之中。站在泰山之腰看泰山，满眼是层峦叠嶂、起伏有致。仰视则见“河流倒挂天门树，海色秋高日观峰”。顺着山道望去，但见天梯倒挂，天门雄踞云中，主峰更在云外，似乎依阶而登，可以遥通天国。那悬崖绿树，与云海交融，倒像海中藻荇一般，时隐时现，若梦若幻，飘然若仙都一般。俯视以下，是诸峰若海浪般汹涌，奇石若兽群般倚立，长谷深涧之中山岚轻动，若阵阵云烟。古庙点点，隐现于丛林绿树中间。大路若长蛇般蜿蜒而尽，长河若银线般通向天边。越近天门，越使人产生一种飘逸感，梦幻感。

若我们陶醉于某一处独特景区，进入别具景色的山中一隅，见时有飞鸟枝头啼叫，或有流泉出涧入溪，水声潺潺。春秋之季，彩蝶飞舞，野花烂漫。随你仰卧山坡，观赏蓝天，也是一番怡情涤虑的好景观。

移步换形，步登山巅，泰山就在脚下，正是“地到无边天作界，山登绝顶我为峰”的境界了。此时的泰山，已仰卧于游人的目光之下，展腹于游人的身手之间。放眼望去，四野茫茫，群山尽做伛偻状、匍匐状。正是距离的变化，使人们惯常的山川世界彻底变了样。

生活在泰山脚下的人们知道怎样和泰山共处。他们知道，泰山不言，但情深万般。

泰山是大自然的天然杰作，自古以来尽管没有引人惊异的巨变，但因为人与山的距离可以多方位调整，山川风貌也就有了千变万化，于是给人们留下了多姿多彩的大山倩影：

东瞻日观蓬瀛近，南指天门宇宙宽。

两轮日月双峰近，一统山河万里长。

千寻绝地遐如举，咫尺瞻天近欲窥。

举目虚惊红日近，长安就在暮云边。

如此把很远很远的东西写得很近，把很近很近的景观写得很远，正是深谙“美在距离”的内在韵律，使世界变得更美好。

四、一与多

“一”，是个最小的数字，又是个最大的数字，因为“九九归一”。在老子看来，“一”是产生万物总根源的“道”的代表，因此他说：“道生一,一生二，二生三，三生万物。”（《老子》四二章）由此看来，“一”既是万物的起点，又是万物的终点。作为一个过程，从起点到终点有着丰富的变化和多样化的表现，这正是世界的生命活力所在，而美则是这一切的升华。

美便是“一”与“多”的和谐。

宇宙空间，辽阔无边；但有日月星辰，便使地球上的人类不感寂寞，且能繁衍。其中，太阳的光和热是人类生命生存的主导因素，而月亮与诸星辰的协力辅佐使地球生物圈得以有和谐的生存环境，无天之灾难的发生，人类才能正常生活；如果哪个星球“越轨”而动，其后果便不堪设想，也许恐龙的灭绝便是一个“前车之覆”的例证。于是，其乐也融融的生民“日出而作，日入而息”之余，每每高歌太阳的无上恩惠，群咏日月星辰和谐之美。

江河湖海，大陆平川，是为地球上的人类家园。地球表面水陆之分，三七不均，水为主体。因此，人类初民们的生存草创期，多有率众治水、方舟渡人的神话传说，但面对滔滔洪水、手无寸铁的先民们还是顽强而自在地繁衍了下来。而今的五大洲四大洋几乎都将变成人类走向高度文明的摇篮之地和富庶之乡。于是，感谢辽阔的海洋，赞颂可爱的家乡，讴歌人类文明新曙光，几乎成为全人类的共同心声。

一人为首，万众共仰，这是自古以来人类群体社会的最佳结构模式，至今为所有国家和民族继续采用。这为首之“一人”，或勇猛打猎的酋长，或揭竿而起的草莽，或改天换地的文武元勋，或选民推出的男女政治家，他们作为万众之“一”，总要不断协调与万众的关系，取得“一”与“万众”的和谐，社会才能安定，才能发展，才能使人人感到生存的愉悦。否则，这和谐被破坏，社会结构也就会出现新的组合，以致再去寻求新的和谐和完美。

老少同堂、一家有主，这是一个家庭的理想结构。按照中国传统观念，“父母俱存，谓之椿萱并茂；子孙发达，谓之兰桂腾芳”，一家人“礼别尊卑，上和下睦”，男耕女织，各得其乐。如此家庭乐境，当有一明主持家。否则，夫妻反目，兄弟阋墙，失诸和谐，家运难长。哪有“和美”可言？

其实，“一”与“多”的和谐美几乎无所不在。清初文人谈到作文时，有一好比，说：“作文如打鼓，边鼓虽要极多，中心却少不得几下。予谓鼓心里，但少不得几下耳，却多打不得；以打鼓边左右时，其下下意，都送到鼓心里去也。”（〔清〕周亮工《尺牍新钞》）这里以打鼓喻作文，使人悟出一个道理：中心要少而重，敲边要多而轻，这也是一种“一”与“多”的和谐关系。懂得处理好这种关系，鼓才能敲得好听，文章才能写得好看。

由此便又使人想到郭熙《山水训》中讲到的山水林亭构置法：

> 大山堂堂，为众山之主，所以分布以次岗阜林壑，为远近大小之宗主也。其象若大君赫然当阳，而百辟奔走相会，无偃蹇背却之势也。
>
> 长松亭亭，为众木之表，所以分布以次藤萝草木，为振挈依附之师帅也。其势若君子轩然得时，而众小人为之役使，无凭陵愁挫之态也。

这里是说，描画山水林亭，要有主有次。主者若大山，当为众山之主，则以小山小丘绿林深壑做衬托，烘托出大山的高巍形象；主者若为长松，当为众木之代表，便以长藤细萝小草矮树做衬托，烘托出长松的伟岸姿态。这里讲的是主次关系，实际也有数量上的对比，即“一”与“多”的关系。它们之间看起来是对比反衬的，但又有着内在统一的谐和关系、互补关系。

泰山之自然景观美也存在着许多“一”与“多”的互立互补关系。

泰山山体为一主峰多侧峰。整个泰山山脉横卧齐鲁大地，地处鲁中丘陵地带，形成了群峰起伏、主峰突兀的巨大山体。其主峰玉皇顶有1545米，其诸多侧峰多在1000米上下，如傲徕峰、天烛峰、凌汉峰、独秀峰、摩天岭等，围绕主峰，群峰拱之，有主有次，有高有低，有远有近，颇有层次。古人论及天下名山时也说：“嵩山多好溪，华山多好峰，衡山多好别岫，恒山多好列岫，泰山特好主峰。”所谓“特好主峰”，是说主峰岱顶的景色是其他侧峰所不可比拟的。主峰岱顶参差错落又地面广阔，景点繁多又古迹不少，云雾缭绕又巨石林立，颇耐游赏。泰山“四大奇观”的主要视点也多在主峰之上，因此，这里成为最吸引游人的地方。其他诸峰又不同于主峰，别

泰山极顶石

具特色。如傲徕峰伫立于西路之侧，此峰林壑幽深，山势险峻，怪石尤多，且有多处游人罕至之处，神话故事也很多。如天烛峰峰势尖锐，远看像一支蜡烛映照天际，引人遐想而又难以登攀。

泰山山色也是“一”与“多”的协调配合，那就是以青绿为主的杂色交错。“岱宗夫如何，齐鲁青未了”，这是自古以来这座古老山岳呈现给世人的主要色调。这种色调的构成即是泰山青绿植被的繁茂和林木生长葱郁造成的。多年来，泰山上古老林木焕发生机，新植林木不断增加，使绿化面积不断扩大。因此，远观近察，泰山总给人郁郁葱葱、生机盎然的感觉，特别是在雨水充沛的夏秋之季。但是，仔细观察，随着季节的变化，泰山的色调也是在不断变化的，不同山麓也呈现出不同颜色。这就是杂色的斑驳。比如春天的山色多灰绿，夏天的山色多鲜绿，秋天的山色更多样化，绿色中夹杂着红、黄、赭色，冬天则是褐、墨绿、灰白诸色。除了多种多样的植被色，还有那一处处凌空挺立的峻峰峭壁，或青色，或墨色，或土褐色，或灰白色，展露着风雨沧桑中的苍颜，像饱经风霜的老人。

登山之路也有主次之别。

泰山山道以中路（东路）为主，西路和几条侧路为辅。通往泰山主峰的登山路线，历来有三条：一是东路，废弃多年，今又新开辟；二是中路，即现在的东路，由山下遥参亭起步经岱庙、岱宗坊，由一天门开始攀登，经中天门到南天门；三是西路，即由大众桥起步或坐车，沿盘山公路盘旋而上，到中天门，直到南天门，这一路线现已成为机动车专用线。还有一路，是从泰山主峰西北侧的桃花峪起步，沿山谷河涧进入山中，乘缆车直达岱顶。

在这几条登山路线之中，传统主线是中路（东路），因为这条路线是泰山景点布局的中轴线，是自然与人文景观最集中的线路，有着完整而连续的石阶盘路，是游览观赏泰山风光的最佳路线。但因此路是以石阶盘路为主，只能步行攀登。

随着现代化设施的发展，西路由原来的下山路变为机动车上下专用道，为不愿步行的游人提供了最大方便。此路风光虽无多古庙旧观，但山势崎岖，林木葱郁幽深，山涧深溪相伴，也很逗人游兴，是对主线的重要补充和发展。新辟桃花峪一路则有更好的发展前景，一路风光旖旎、山重水复、幽深莫测，原始自然情味颇浓。

在数条登山路线中，显然中轴线一路景观内涵丰厚、形态多姿，是最富有吸引力的，给游人以悦目赏心、畅神驰怀的最大享受。但只此一路也有局限，其他线路的开通便满足了各种游人的多种选择，这也是一种“一”与“多”的和谐。

“一”与“多”的对立与和谐，是世间万事万物固有的一种结构关系，也是人类创造美的世界所常常遵循的一条美的规律。人们不满足于纯粹的单一，也不喜欢纷乱无绪，而是追求多彩纷呈而又万变有宗，泰山景观便有这种特点。当年的乾隆皇帝曾数十次登泰山，也为泰山写过不少吟咏之作。有一次他远道而来，写了一首《望岱宗》的小诗：

百里齐南路，巍然望岱宗。
乾坤惟一大，造物不双钟。
特地扶摇上，倚天紫翠重。
岗巃多已见，气象未全逢。
变化真难测，形容杳莫从。
早看肤寸合，希泽有孚颙。

正像乾隆所写的其他许多诗作一样，其内容泛泛，语句平平，但对我们正在论及的“一”与“多”的辩证关系有着十分吻合的借鉴意义。他说他远望泰山，巍然而立，于是想到泰山是天地间至高至大的唯一之物，受到造物主的至宠。乾隆正是怀着这样的心情扶摇登上郁郁葱葱的泰山之巅。放眼望去，那些变得低矮绵延的群山已十分眼熟，但对山中变化多端的风云则感到难以捉摸。一早看到山谷间已经形成的小块云团，多么希望它能变成恩泽天下的丰沛雨云。乾隆能时时想到造福于天下，还是有点责任心的，诗中所谓“乾坤惟一大”正是讲泰山在天地间的形态和地位的整体性、重要性，是为“万象都包容”“万物都归纳”的大整体，这个大整体的庄严肃穆惹得皇帝都如此诚惶诚恐，三番五次地远来朝拜，要不然皇帝能把它评价为“乾坤惟一大”吗？“变化真难测”正是在泰山这个大整体之内的丰富性和多样性，所以才使皇帝“形容杳莫从”。当然，这里具体所指是说泰山云气的变幻多端，但除此之外，其景色之幽深、峰峦之重复、谷涧之曲折，也是有同样特点的。

在中国思想家看来，数字“一”确实是内涵很丰富的，可以说是一个整体、一种观念、一个法则。老子就讲过：

> 昔之得一者：
> 天得一以清，地得一以宁，神得一以灵，谷得一以盈，万物得一以生……
> （《老子》三九章）

如前所述，老子是把“一”看作是产生万物总根源的“道”的同体符号，是支配一切的，所以天得到它而清明，地得到它而安宁，神得到它而有灵性，河谷得到它而充盈，万物得到它而滋生不已。当然，老子是唯心论的哲学家，他的思想体系并不完全符合世界的客观事实，但他的思想方法的辩证形态与我们研究自然美的表现特点是有可借鉴之处的。这个“一”与“多”的相互对立又相互补充、达到和谐统一的美的规律，便是中国先哲们所创造的有丰富思想的文化遗产的结晶。

五、时与空

宇宙这个词儿，是涵盖一切的。

辞书上说，上下四方为宇，古往今来为宙，换句话说，宇宙就是时间和空间的总和。除此而外，世界就没有什么了。

泰山，当然是宇宙的组成部分。尽管我们夸耀泰山时把它说得多么雄伟博大、苍老悠久，但与宇宙相比，无论就其时间内涵还是空间内涵而言，那就微不足道了。但是，“微不足道”的泰山与人类相比，其时间感和空间感还是充实而深刻的。据测，泰山岩石有25亿年左右的年龄，泰山山体有420多平方公里的面积，当年的汉武帝曾发出“嘻，若是则高矣，极矣，大矣，特矣，壮矣，赫矣，骇矣，惑矣”的惊叹，还不够充实而深刻吗？泰山正是一位时间与空间的长者。从某种意义上说，泰山景观之美正是由这种多变的空间感和沧桑的时间感构成的。因此，人们观赏泰山、描绘泰山、表述泰山，总是透过时间和空间这两条通道去协调进行的。这样，方能使泰山之美得以永驻，也才能使泰山之貌不断更新。

时间与空间就像两位细心的雕塑师，不时地雕琢着泰山的过去、现在和未来。

请看：

云河漠漠栖岩畔，风影泠泠十八盘。
玉女泉飞山亦润，芙蓉峰绝暑犹寒。
百年尘世三春梦，万里乾坤一笑看。
暮倚石槛星斗近，不知身在白云端。

（〔明〕范瑟《登岳》）

这位诗人登山看到了什么呢？登山途中，看到如江似河的云流潜入岩崖之畔，清越凉爽的风掠过十八盘道。登上山巅，看到玉女泉喷飞的水气湿润了山石，高入云端的山峰在炎夏竟让人感到寒冷。写到此，诗人拉开了时间和空间的长镜头，一曰“百年尘世”，一曰“万里乾坤”，大大开拓了诗的思路和视野，给以上泰山景观著上了浓郁的感情和哲理色彩，由此而自然感觉“星斗近”，以致有了不知身在“白云端”的飘逸思绪。其实泰山之巅离“星斗”何止十万八千里。一路景色激发了诗人开阔的时空感，微缩了真实的时空距离，天和山便融为一体了。

泰岳由来一洞天，振衣清晓上危颠。
千年齐鲁登临外，万里江河咫尺间。
汉畤秦封余蔓草，苍松翠柏自云烟。
凌空须有飞扬意，漫酌流霞唤谪仙。

（〔明〕吴伯朋《登岳》）

这位诗人也想成仙，他把泰山比作“洞天”即见此意。登上山顶后他即畅目驰怀，“千年齐鲁”是时间的纵览，“万里山河”是空间的横观。他的时空视野是极为阔大的，在这如此视野中尽管他并没有展示出具体的东西，也不可能具体展示什么，只是这“千年”与“万里”的时空冠词便赋予泰山自然景观以浓郁的历史感和肃穆的崇高感，使人觉得诗人所振衣而上的“危巅”非同一般。

即使在五岳之中，能轻易冠以“千年”与“万里”的古迹胜地也不是很多，这就暗示出泰山景观的非凡内涵。于是想入非非的诗人最后想到“谪仙诗人”李白可以引以为朋，一边学着李白的仙举，一边呼唤李白的再世。

所谓“千年齐鲁”，毕竟有许多往事令人难忘，使古往今来的登山者每每缅怀不已。

好风吹我上层霄，四望茫洋景致饶。
玉牒有文存故事，古碑无字认前朝。
海东日出中霄见，山半云生下界遥。
从此信知天下小，拟追宣圣思飘飘。

（〔明〕邵庄《登泰山》）

五大夫松

这位旅游者怀着很高的兴致登上泰山之巅，“四望”之后认为景致确实不错。看到山上若干遗迹，自然想到往日故事。这里有汉武帝秘用玉牒、以承天意的事，也有秦始皇（或汉武）为表功德树立石碑的事。当年盛事，已逾千载，但遗迹尚在，令人怀想。时间如流水，流水多浮载，因此时间就是历史，就是光耀岁月的人和事。这位旅游者在看完了东海日出和半山云海之后，看到了辽阔无边的山下之地，大开眼界之时自然想到一语惊天下的孔子的至理名言，感到十分佩服、十分崇拜，以致打算步圣人之后尘，追圣人之悠思飘然而去，进入遥遥千载的时间隧道。不难看出，这首诗充分运用了时空交错的写法，既写眼前景，又写往日事，既有自然美，又有人文史，时与空的交错统一，这才是泰山的真实。

天辟乾坤峙此山，有生何幸得跻攀。
登高渐觉星辰近，到此方惊宇宙宽。

突出孤峰擎日月，亘绵万里发林峦。
追思五载东巡日，三代君臣共克艰。
（〔明〕王经《登泰山》）

在这位诗人眼里，泰山的地位是重要的，它是当年天神开辟乾坤的依仗，是天神的“靠山”。因此，诗人自己也弄不明白为何今生有此幸运能一登此山。一旦登上绝顶，与许多旅游者的感觉一样，上看则觉“星辰近”，下看则觉“宇宙宽”，这是何等阔大的一个空间！再细看此空间的所有，也是十分惊人的：是高高的山峰托着天上的日月，是茫茫的大地养育了无数森林和山峦，看看如今的宇宙“空间”，想想那“天辟乾坤”的漫漫历程，自然想到最初曾在泰山上大做功德的王朝，始皇君臣父子步履维艰地走过了那段岁月，又在“时间”隧道里相逢。

如果说时间的镜头像隧道那样悠长，那么空间的画面便像广场那样辽阔。当我们徜徉于泰山之中的时候，我们的视觉和思维便常常奔波于“隧道”与“广场”之间，这便是人们深深懂得的时与空的切割与交叠效应。

时与空有时并非平分秋色，镜头和画面的倾斜使人忘却了时间的存在：

岱宗天下秀，霖雨遍人间。
高卧今何在，东山似此山。
（〔元〕张志纯《泰山喜雨》）
流水来天洞，人间一脉通。
桃源知不远，浮出落花红。
（〔元〕张志纯《题桃花峪》）

前一首是一个大空间，囊括“天下”，遍及“人间”，飘飘洒洒，温馨如画，似乎不存在什么时间；后一首是一个小场面，一股“流水”，几片桃花，飘飘荡荡，令人遐想，似乎也使人忘却了时间。当然，哲学家说，没有时间的空间，下雨需要时间，流水也需要时间。但在如此氛围的景观中，时间被淡化了，或者只是一种背景而已。但美仍是存在的。

时间的流逝勾勒出一幅动态的画面，使景观呈现出一种流动感：

星河耿耿霁高秋，日观峰头送远眸。
曙色未分青嶂出，海云初动赤光浮。
俄看明镜离三岛，即拟红轮遍九州。
畴昔登临余怅望，奇观不负此来游。

（〔明〕张元忭《观日》）

这首诗从“星河耿耿”的子夜写到红日高升的清晨，是一个完整的观看日出景象的过程。时间的流动便是画面景观的中轴，因此，画面空间也是滚动的，变化的。时与空共织交响，形成美的动态的节律。诗人对能看到这一“奇观”是非常满意的，而诗人能如实而清晰地勾勒出这一动态的美也使后人获得了满足。

碧霞宫伴小幽居，云外山低若太虚。
玉女池中泉最洁，丈人峰上雪偏疏。
坐看浮霭浑成幻，睡觉清真更寂如。
夜半四空无色界，月明正好入阶除。

（〔明〕马森《宿岱顶道房》）

这是一个由昼入夜而观月的过程。游者上山之后临近傍晚，准备夜宿岱顶。趁着未落的暮色，还看到了“云外山低”的景象，感到了玉女池泉水的洁净，还望到了丈人峰上稀疏的积雪。但夜色临近、浮霭成幻，到睡下才感到是如此的静寂。夜深了，一片漆黑；不久，迟到的一轮明月把静静的月光送进了门阶之内。看，时间的轨迹是多么清晰可寻，就像登攀者踏登升阶的点点步履，让人感到时光老人是忠职尽责的。

这两位游赏山景的诗人都把时光的推移交代得很清楚，表现得很突出，用时间形成景观的移动框架，让空间服从了时间，时间带动了空间。

当然，无论从时间或从空间来讲，人类的占有率与整个泰山发展史是没法比的。也就是说，在泰山的眼里，人类的活动只不过是新近的一幕，此前很久的日子只是寂寞的荒山静浴着日月的光辉，等待着人类的到来。而迟到的人类乃至后到的游人难免对此也有许多天真的猜想：

分明苍秀拨云开，谁凿当年混沌胎。
山压星辰从下看，海浮天地自东回。
一时岱狩雍容礼，千古崧高制作材。
载说皇朝称祀诏，始知神哲奠三才。
（〔明〕赵鹤《登岳》）

这位不安分的游人提出了一个大胆的疑惑：“谁凿当年混沌胎？”按照古人的想法，最初的宇宙也许就像一个鸡蛋，蛋清蛋黄混沌一体，逐渐地被什么开天辟地的刀斧手才开凿成今天这个样子。这是谁干的呢？大概至今也是个难解之谜。不过，这一下子把时间隧道捅到底了，难得大胆。诗人最后归结为“神哲奠三才”，即天、地、人是由神造的，只能如此吧。

三年两度游东岳，此度来游景愈奇。
序属清秋消瘴雾，人于绝顶指华夷。
扶桑日上鸡初唱，绛阙风高鸟不居。
俯仰混茫浑一笑，只今悟却未分时。
（〔明〕张元忭《重登泰山》）

这位“三年两度”来泰山的游赏者，饱览了大好山川风光之后，忽然从“混茫”中清醒：当初“未分时”的泰山是个什么样子？所谓“未分时”正是宇宙还像一个未打破的鸡蛋的时候，想得太远了吧？还是再近一点儿：

下蟠沧海上青天，太古谁先探此巅。
万岭蒙羞云雾里，九州分界户庭前。
道高孔子登时见，功陋秦皇禅后镌。
独羡当年李太白，坐临红日观云烟。
（〔明〕王弼《登泰山》）

到底有多少游人想过，谁是登上泰山绝顶的第一人？这是个难以准确回答的问题，但如此好奇而大胆的想象是人类较之世上万物最值得骄傲的，也正是人类的聪明智慧所在。这位游人正是代表无数后来者缅想“先探此巅”的先人，大概他此时觉得能“下蟠沧海上青天”地来到泰山也确实不容易，也确实很值得。因此，他又想到了先后光耀过泰山的几位名人，如孔子、秦始皇、李太白。比较而言，此中诸辈还就是李太白令人羡慕，因为他思想解放，情感舒畅，来泰山真正是一位静观云烟的旅游者，不像孔子、秦始皇之辈，心理负担都太重，来泰山也玩不好。

六、动与静

动与静，是大千世界万物存在的两种基本状态，正所谓“天尊地卑”“动静有常”。“夫乾，其静也专，其动也直，是以大生焉；夫坤，其静也翕，其动也阚，是以广生焉。”（《周易·系辞上》）正是由于天地宇宙的动静相生，才孕育了整个世界和万事万物，带来了无限生机。因此，我们的大千世界充满着生机勃勃的动态美，同时，也展现着各式各样的静态美。

泰山是一个幽静的世界，也是一个喧动的世界，泰山景观之美，还在于这动与静的谐和。不是吗？山是静的，云是动的；石是静的，水是动的；树是静的，风是动的；路是静的，人是动的；寺庙是静的，香烟是动的；深潭是静的，泉流是动的；绿枝是静的，飞鸟是动的；大地是静的，日月是动的；空间是静的，时间是动的……静，给人以美感；动，也给人以美感。古往今来，夜以继日，泰山在动与静的对立与和谐中形成、成长、发展。

当然，并非所有的动与静都能使人感到愉悦和美，灾难性的山崩地裂、山洪暴发，会使人感到惊恐和失望，无尽的孤寂和冷落也会使人遭遇难以承受的精神折磨。正像人类发现与创造美的整个历程所标示的那样，美的根底总为功利所牵系。真正为人们所欣赏的景观美，包括静态的和动态的，对于人类生存与发展总是无害而有益的。因此，某种景观的出现与存在，一旦对整个人类或某些人构成危机或损害，对于感受到这种危机和损害的人来说，其动态或静态也就失去了愉悦感，失去了美。

古往今来，动态美与静态美的时空视野是十分广阔的，对于动与静对立而和谐的认识也是十分精到的。许多在现实生活中也许并无多少美感的现象，一旦被美的眼睛重新发现和组合，其动与静便构成十分和谐的美的图景。如：

暧暧远人村，依依墟里烟。
狗吠深巷中，鸡鸣桑树颠。
（〔晋〕陶渊明《归田园居》）

这是一幅描绘遥远山村农家生活的景观图，多为后人所称道。其实，所写现象多无异处，远僻山乡，时多所见，但因取景巧妙，构图自然，有动有静，有声有色，动静和谐，颇近天籁，烘托出远僻村墟的幽深静谧的氛围，惹起多少人对故里童稚的甜蜜回忆。

唐代诗人杜甫的名作《绝句》咏道：

两个黄鹂鸣翠柳，一行白鹭上青天。
窗含西岭千秋雪，门泊东吴万里船。

诗中四句写了四幅各自独立的景观图画，翠柳、青天、远雪、近船，十分和谐地交融为一体，成为一种美的极致。其中，前两句写两种鸟的动态，一“鸣”一“上”，有声有形，而“翠柳”和“青天”则是这两种动态的背景和衬托，达到动静自然谐和。后两句写两种物的静态，一“含”一“泊”，远近有致，寂然无声。而“千秋雪”的形成与“万里船”的到来又使人想到这静态之中所蕴含的千万种动态，雪之飞舞，船之驶行，该是多么惊心动魄，静中有动，自在不言之中。诗中取景配物的匠心，使人击节赞赏不已，难怪后人十分喜爱。

动与静，好像美的双翼，和谐有致地载着人们的感觉和想象飞翔。

请看明人杨祜《登岳》诗二首所写：

岳宗秋卧夜床青，万籁无声片月明。
何事仙人骑白鹿，碧霞洞口漫吹笙。

诗人秋夜卧宿岱顶，乾坤朗朗，片月当空，一片寂静，正是遐思冥想之时。恍惚之中，仿佛见到仙人骑白鹿游行，这正是当年李白登泰山时的梦幻重现。不但见到了仙人白鹿，而且听到了仙人吹笙，有形有声，好不热闹。四句诗中，先写“万籁无声”的静态美，后写仙人出行的喧闹美，动静互补，渲染出秋夜岱顶、碧霞宫中的仙幻氛围，切合泰山景观特色。

日观泰峰霞作标，扶桑夜见海门潮。
楼船方士何年到，玉检金书久寂寥。

这四句诗写了两种景观：岱顶观日出和帝王封禅仪。一则形容如“海门潮”，虽无声音但动势壮大，席卷东天，是为岱顶一大奇观；一则叙写为“久寂寥”，因为所谓“玉检金书”之类的假把戏并未真正挽救那些兴师动众来泰山封禅的帝王们的命运，大概明清以后，帝王们再也不愿重演那些闹剧了。“久寂寥”正是这种冷漠结局的写照。一动一静，点出了泰山景观的两种内涵。

说到泰山日出，前人描述甚多，言其势如“海门潮”者，多是想到日出东海的缘故，其实不过是空中云海罢了，当然其动势也往往比真的海潮来得还为壮丽。有人这样描述那种翻天覆地的情状：

冲风惨淡万里来，海窟劲刮鲲鲸涎。
须臾白云生岳麓，脚底泱莽无山川。
秦坛周观觉浮动，满地覆冒兜罗绵。
忽疑山移入海中，白浪四汹虚涛掀。
山阴瑰诡光怪出，赤气翠晕相钩连。
下从谷底上碧落，宝塔万级高蟠旋。
（〔元〕郝经《乙卯秋月登泰山太平顶》）

在万里劲风的带动下，把整个大海都搅动了。泰山之云于是不甘寂寞，纷纷出阵，不多会儿便淹没了整个山川，泰山之巅如海中孤岛，连稳如磐石的秦坛周观也似乎浮动起来，大地之上如覆盖着堆堆白棉。山沉浸于海中，云则如浪花翻卷。而山的背面，似乎光彩变异、红绿相连，那是红霞与翠峰已映现于人们面前。从谷底直通青天，似一尊万级宝塔盘旋而上，这场面简直壮观极了、瑰丽极了。

如果说，这日出前的云海变化之动态美是极为抒情的，那么，真的日出之时倒有些凄惨悲壮了。于是诗人继续写道：

遂登日观叱日驭，六龙倒著珊瑚鞭。
玉鳞剥落金甲拆，九芒迸绮生血鲜。
三山摇荡海水沸，蓬壶缥缈来飞仙。
（〔元〕郝经《乙卯秋月登泰山太平顶》）

传说中的日神是驾着六马之车巡行天下的，人间的天子也常坐着六马之车出征，唐太宗就是驾六骏出征天下的。既然是出征，便有厮杀。那日出时的色彩斑斓，使人联想到将士们披甲上阵、血流疆场的悲壮。不过，最后迎来的倒是仙山在即，飞仙到来，自有一番超尘脱凡的逸乐之趣。

不过，泰山上的尘缘之乐还是所在多有的，其中一动一静、动静相生的境界也令人神往。

松擎御帐溶溶月，雁避天门猎猎风。
（〔明〕张岫《登泰山》）

御帐坪的松与月，静静相溶，是在相恋，还是在怀古？后人也每每沉湎于此境。而天门上的雁与风，却是雄健与险峻的结合，飞动与静避的统一，而不绝于耳的猎猎之声，却与溶溶之色适成反衬，而又相生之美境。

摩崖字古人难读，御帐台空水自哀。
（〔明〕刘丙《望泰山》）

摩崖无言，自是一静；有字难读，也无一声。人们在静静品味这古字的漫漫风尘，而山间流水却飞泻不息。飞泻的水声也许打破了悠思中的沉静，人们也听出了水声中的哀音。其实，水是无知的，这哀音正是听水声的人的心声。静中有动，动中有静，动静互补，道出了泰山自然景观的人文内涵。

夜来岩畔挂星斗，晓起涧底兴雷霆。
（〔明〕胡缵宗《望岳》）

夜色沉沉，高岩耸立直入云天，而一天星斗似挂在山岩之间，颇有画意诗情，是静境；晨光曦微，雾气弥漫长岭深涧，只听隆隆之声响遍山谷，或是云雨雷鸣，或是山洪暴泻，是动境。动静相映，日夜异呈，使人觉得山中景色迷离难测，诱人神往，难怪诗人提出“何当结庐向山住，朝朝吟对芙蓉青”。

朱明过雨静岚氛，岳色霏微共夕曛。
倚杖坐看林下润，披衣犹拂洞中云。
狮峰瀑布当空泻，龙峪泉声夹岸闻。
漫说新晴供晚眺，九农应是尽欣欣。

（〔明〕查秉直《夏月雨霁登岱》）

夏天的泰山更饱满、更丰盛、更迷人。在一场大雨过后，山色清新、暮色静浸，诗人倚杖浏览山中景观，“看林下润”“拂洞中云”，静中有动，以我为主体；“瀑布当空泻”，“泉声夹岸闻”，动中有静，以山为主体，动静结合，山我一体，一幅夏日新晴晚眺图宛然在目。

山梯斜日俯高春，石涧春泉响碧淙。
巡狩翠华松自拱，明禋遗迹玉常封。
扫云客坐前峰月，冒雨僧归下界钟。
游子襟期今稍适，飞仙环佩尚相逢。

（〔明〕苏濂《登泰山》）

这又是一幅春日晚眺图。太阳已斜下山去，山涧中的泉流依然泠泠淙淙作响。当年帝王巡狩时的青松已老，前朝祭典山神时的灵物也已被湮没。夜色初罩，月上前峰，游人观赏着露出清辉的明月。一会儿，一阵雨云，僧人冒雨归寺敲响了晚祷的钟声。这动动静静、静静动动的晚间山景使游人之心境清爽惬意，梦想着能与飞来的仙人会一会面，那自然更是令人神往不已了。

表述动与静辩证关系的名句，最数王籍的“蝉噪林愈静，鸟鸣山更幽”（《入若耶溪》），对此，宋人释惠洪转述荆公之言曰：“前辈诗云：‘风静花犹落’，静中见动意；‘鸟鸣山更幽’，动中见静意。”今人钱锺书说：寂静之幽深者，每以得声音衬托而愈觉其深，诗人用“蝉噪”“鸟鸣”的声音来创造一种“愈觉其深”的静境，使后人大开其窍，纷纷称道，每每摹写。如唐人王勃便有“直知人事静，不觉鸟声喧”；杜甫则有“春山无伴独相求，伐木丁丁山更幽”；韦应物也有“日落群山阴，天秋百泉响”等诸句，都是以声音衬托静意或静境的。王维在一首《赠东岳焦炼师》的诗中，也这样写道：

山静泉愈响，松高枝转疏。

这也是一种“静从响生”的写法。事实上到深山密林中来的游人，许多都是为了躲避尘嚣，寻求安宁来的，而山中的鸟鸣泉响正是为创造隐者和游人所需的安宁环境做了必要的衬托，才更使人思之悠悠、情之绵绵。

泰山景观中的“林海听涛”与“危崖听泉”都是动中求静的胜景。满山的绿树，特别是那如海的松林，在缕缕山风吹拂下，忽而像千军万马在出征，忽而像纤纤素手在弹琴，豁人心胸，怡人性情。万籁俱寂之时，找一小亭楼阁，细听那大山深处流淌出来的溪水淙淙之声，似欣赏那天上仙乐、人间妙音，大有高山流水的幽古之情。泰山之泉是补养生灵的玉液，泰山之泉声是滋养性情的金声。

动与静的世界也是人类生存所必需的生态世界。

七、对称与错落

对称均衡是形式美的重要法则，也是中国民族艺术源远流长的重要表现形式，诸如建筑艺术、绘画艺术、诗词格律、音乐节律、礼仪服饰、室内陈设等，都非常讲究对称均衡的艺术结构，以整体布局中各部分之间的相称或对应为美。

例如中国古代建筑艺术，以北京紫禁城为例，有关的介绍资料说：

明清北京紫禁城是中国古代帝王的城堡，从总体布局上体现了皇权至上的精神内涵。自南面进入紫禁城，要经过金水桥和天安门，进入一个相对闭合的庭院空间，北面矗立着午门，庄严威猛的气势非常明确。过内金水桥进太和门后是一片宽阔的广场，广场尽头却是宏伟的太和殿，这一路建筑布局意在造成空间上的深度和广度，强化森严壁垒恢宏高大的气势。整座皇城严格对称的布局和贯穿全城的中轴线，都在继续增强向心力与凝聚力，从而突出帝王的权威与神圣。紫禁城在处理建筑艺术的思想内容上具有较高的研究价值。紫禁城继承了中国历代建筑艺术的传统，集中了民族建筑的结构特点，并运用纯熟的技术和优良的建筑材料造就了这一伟大的工程……

（《中外古典艺术鉴赏辞典》）

作为物质产品的建筑艺术是这样，作为精神产品的文学艺术如诗词格律在发展过程中，也曾酷求严格贯彻对称——对仗的形式法则。中国古典诗文运用对偶手法，可以上溯到《尚书》《诗经》。如《尚书·舜典》中有“直而温，宽而栗”的对偶句。《诗经》中就更多了，如“春日迟迟，卉木萋萋”（《小雅·出车》），“出自幽谷，迁于乔木”（《小雅·伐木》），“青青子衿，悠悠我心”（《郑风·子衿》）等。屈原的《离骚》中，偶词俪句，所在多是。至汉代大赋，更是“丽句与深采并流，偶意与逸韵俱发”。到了魏晋，对偶更工，“以声色相矜，以藻绘相饰”。至六朝齐梁间，对偶与声律益巧益严，形成格律诗的主要规格，为唐代格律诗的盛行开了先声。至初唐，诸家长律诗，对偶或不甚整齐，后来形成作为唐诗主要形式的近体诗，则对偶句式也就成为必然要求。传世佳句如：

白日依山尽，黄河入海流。

（〔唐〕王之涣《登鹳雀楼》）

月下飞天镜，云生结海楼。

（〔唐〕李白《渡荆门送别》）

明月松间照，清泉石上流。

（〔唐〕王维《山居秋暝》）

无边落木萧萧下，不尽长江滚滚来。

（〔唐〕杜甫《登高》）

对偶或对仗，实则为语言运用上的对称法则的具体体现，如此对句，读起来琅琅上口，节律优美，其内容也是互相对比映衬，相得益彰。

泰山景观的构置，也是处处充满了对称结构，特别是作为人文行为成果的古典建筑，更是极力按照古代帝王宫室的布局安排。其主要表现为：

中轴线的主导作用。从哲学观点来看，所谓对称，是指事物或运动以一定的中介进行某种变化时出现的不变性或统一性。所谓“万变不离其宗”的“宗”，即对称中的中轴线，它是重要的对称要素之一。泰山建筑景观根据泰山的山势走向和山路选择，主要分布于泰山之阳的山麓上下，其纵向选择又以自古以来的三条山路中的中路（今东路）为中轴线定位点，自山下到山顶，形成连而有断、断而能续的建筑线状与片状相结合的整体布局，构成一个大的对称结构，符合民族文化传统的审美要求。

步步高的建筑群体。以中轴线为基准，从山下到山顶，形成了许多建筑群体，这些建筑群各自独立又随山势步步升高，使对称增强了立体感。

首先从通天街说起。名为“通天”，即从起步即一贯到山顶，点明了它的整体性，此为中轴线的南端。之后“双龙池”，仿佛可以驭龙而上，上通天庭。这也就使登泰山之行从一开始便带上神话色彩。当然，这“天”与“龙”也是影射历代天子帝王的，是神话又是现实。

岱庙全貌

岱庙是山下的最大建筑群，也是整个泰山所谓人间天上构想世界的平面投影。岱庙建筑群基本是按照京都皇城的模式构置的，四围高高的城墙圈成一个东西稍窄、南北较长的方城，方城之内以贯通南北的甬道为中轴线，两旁一一对应地安门建厢。岱庙前有遥参亭，是进入岱庙前的一个过站，也是山门，过正殿，后门出，经岱庙坊，由正阳门进入岱庙大院，然后通过甬道，依次穿过配天门、仁安门，经阁老池，踏上月台，进入主殿天贶殿。天贶殿前还有东西御碑亭，两侧有东西厢廊，构成整个大院的核心部分。天贶殿后有后寝宫带东西侧宫，宫后是花园，最后是厚载门通往登山之路。在正面正阳门两侧，还有两门分列：西为仰高门，东为见大门。方城东侧城墙设有东华门，西侧城墙设有西华门，这也是仿皇宫而得名。由此可见，整个岱庙方城，其建筑设施是严格按照对称法则而安排的，大概也是为了突出神权的权威和神圣，是几千年封建社会封闭式社会制度和生活的一个投影，是高度稳定与平衡的象征。

岱宗坊是登山路的起点，由此而上，经过一天门、红门、万仙楼、斗母宫、壶天阁等，到达中门天；然后经云步桥、五松亭、十八盘，到南天门。这一条崎岖曲折的山路两侧，或多或少、或左或右地分布着一些寺庙亭阁。这些建筑，虽在其独立存在的小格局内也有着对称法则的种种体现，但其整体布局是错错落落、星星散散的。散乱错落之中仍是循沿着从山下到山顶的中轴线而存在，好像是一串色彩斑斓的古珠垂挂在泰山巨人的怀中，也给人以典雅多姿的美感。

岱庙建筑的严格对称与山路散建的星散错落形成对比，显示了美的法则的多样性。

南天门到岱顶的整个山上，其建筑格局又呈东西横列。由于山势所限，它既不能营构成严格对称，又无开阔漫长的回旋余地，只能随山就势，移步换形。一段天街，街市式排列，不拘一格；碧霞祠群建，又较多对称，森严幽深；岱顶自成院落，敞亮洞达。这一段多变的格局，好像泰山巨人脖子上的项圈，绚丽多彩。

作为自然景观，岱顶是观日赏月的好地方。因此，东有日观峰，西有月观峰，虽是一种附会的命名，但也是人们观念中对称意识的投射，是人和自然的默契。岱顶之上还有所谓东、西、南、北四大天门，也属此类。

岱顶景观，可以说是对称与错落的综合。

由此可见，由岱庙起步到岱顶之间，有对称美、有错落美，也有对称与错落的综合美。

散落式的寺庙分布。如果说从岱宗坊至岱顶的登山路是泰山整体景观的一条重要中轴线，那么，除了缠绕于中轴线两侧的建筑群之外，还有一些对称点之外散落式寺庙景观，形成了整体格局上的错落美。

如普照寺便是著名独立景观之一。此寺庙坐落于泰山之阳东西登山路之间，隐于绿树庇阴的山坳之中，正所谓“青山隐古寺”。此寺的整体布局也是以对称为主、错落为辅的。其主导建筑是由山门而入，两侧钟鼓二楼两两对称，进而双进院落。第一进院落有东西两厢，中间是大雄宝殿，供奉主神，殿两侧便门各通后院。筛月亭居其六朝松下，可供玩赏。后院西侧有“一品大夫”松，院落宽敞，林木阴森，清静宜人。

除此，还有三阳观、五贤祠等也曾闻名一时，只是今已冷落。西路之侧，傲徕峰、扇子崖一路，古多胜迹，多年冷落之后，又为游人所神往。其位置错落，但也可成为热点。

对称法则，最初是人们日常生活中的概念，如人体构成、人的面部器官布局，都是左右两边相同，器官及部位一一对称的。古希腊美学家就曾指出：“身体美确实在于各部分之间的比例对称。”（《西方美学家论美和美感》）不少动物的正常生命状态下，器官分布也大都是对称的。由此，人类早期的石器造型表明，当时的人们从实际需要出发，也从大量自然物中掌握了对称的形式法则，以至于后来逐渐积淀为人类共同的对称美意识，支配着人类去不断创造许多对称美的事物。

人类是大自然的一部分。对称美本来就是取其自然法则的。李政道先生曾说过：“所有的对称都跟宇宙运动有关，对称也不是静止的。”这是一个深谙自然法则的科学家对于几乎无所不在的对称现象产生根源的深刻说明。

俄国美学家普列汉诺夫曾深入研究原始民族产生对称感的根源，也指出人的身体结构和动物的身体结构是对称的，这体现了生命的正常发育。他还举出原始的狩猎民族，由于他们的特殊生活方式，形成“从动物界汲取题材在他们的装饰艺术中占着统治的地位，而这使原始艺术家——从年纪很小的时候起，——就很注意对称规律”（普列汉诺夫《没有地址的信·艺术与社会生活》）。他举出“野蛮人（而且不仅是野蛮人）在自己的装饰艺术中重视横的对称甚于直的对称。这说明人所固有的对称感觉正是由人和动物的对称样式养成的。武器和用具仅仅由于它们的性质和用途，也往往要求对称的形式”（普列汉诺夫《没有地址的信·艺术与社会生活》）。这说明对称这一美的形式是根源于自然的。

当然，对称的美不仅仅限于简单的一对一，美的活力在于变化。所谓均衡就是对对称形式变化的重要调节和补充。均衡就是错落的对称，均衡的特点是对称的两侧不必等同，只是大体相当，或可位置错落，是对称的变体。均衡在静中倾向于动，它使事物的美感更丰富。

自然的泰山群峰也是错落的，但诗人发现“错落山形皆北拱”，就是发现了错落美。

随着现代审美意识的浸染，古典的严格对称的平板封闭结构正在日益被打破，时潮日趋追求一种“倾斜式平衡”，即在“亮点”的设置上可以明显失衡，或一大一小，或一上一下，或一明一暗，局部看是失衡的，而整体上的平衡是潜在的。这也是与现代人的开放性思维方法与日趋多姿多彩的生活方式相适应的。在登山游人的服装款式中，就可以发现中国人的服装已从“对襟”式和“中山服”的古老对称格局中解放出来，变得更加自由和开放了。

不过，对称仍然是大自然不可改变的事物存在法则之一，泰山自然也不例外。

八、点缀与呼应

天地开合，一尊一卑；日月运行，一寒一暑。山川万物的存在，往往也是有唤必有应的。所谓点缀与呼应，便是从诗文章法的眼光来看自然景观的天工之妙。其实，诗文章法原是来自天道物理的，正如苏东坡所悟，文章“大略如行云流水，初无定质，但常行于所当行，常止于不可不止，文理自然，姿态横生”(《答谢民师书》)。

泰山为“造化”所钟之“神秀”，仅其“风云雨雷”之变，就被前人称之为“天地之大文”，论者是这样阐发其中的道理的：

> 天地之大文，风云雨雷是也。风云雨雷，变化不测，不可端倪，天地之至神也，即至文也。试以一端论：泰山之云，起于肤寸，不崇朝而遍天下。吾尝居泰山之下者半载，熟悉云之情状：或起于肤寸，涨沦六合；或诸峰竞出，升顶即灭；或连阴数月；或食时即散；或黑如漆；或白如雪；或大如鹏翼；或乱如散鬟；或块然垂天，后无继者；或联绵纤缎，相续不绝；又忽而黑云兴，土人以法占之，曰“将雨”，竟不雨；又晴云出，法占者曰“将晴”，乃竟雨。云之态以万计，无一同也。以至云之色相，云之性情，无一同也。云或有时归，或有时竟一去不归，或有时全归，或有时半归，无一同也。此天地自然之文，至工也。若以法蝇天地之文，则泰山之将出云也，必先聚云旌而谋之曰：吾将出云，而为天地之文矣，先之以某云，继之以某云，以某云为起，以某云为伏，以某云为照应，为波澜，

以某云为逆入，以某云为空翻，以某云为开，以某云为合，以某云为掉尾。如是次出之，如是次归之，一一使无爽，而天地之文成焉。无乃天地之劳于有泰山，泰山且劳于有是云，而出云且无日矣！苏轼有言："我文如万斛源泉，随地而出。"亦可与此相发明也。

（〔清〕叶燮《原诗·内篇》）

这位康熙年间的进士，以亲眼看见的泰山之云状，悟出了"天地之大文"之理，即自然天籁，变化莫测。若一旦"以法绳之"，循规蹈矩，则出云无日，为文不成，比喻精彩极了。

谈到天地之文，如云诡波谲，不可端倪，确为文章家高见。但是，历来诗文终为有章可循，所谓起、承、转、合，所谓情为文经、意若贯珠，所谓草蛇灰线、前伏后应、曲径通幽等，皆为"无法"中之妙法，多为人所称道。

泰山景观，本自天然，但多次登山，似也可悟得"章法"工妙。仅以从一天门到中天门、从中天门到南天门、再从南天门到玉皇顶这三段山路景观来看，似有几分匠意在内。

从一天门到中天门一段，路程最长，坡度最缓，特别是过红门至斗母宫一路，路面多平缓之地，给人攀登的感觉很淡，似乎不是在爬一座高山。但平坦之中也有多处阶梯，使人慢慢进入登山的氛围，找到登山的情绪和感觉，慢慢进入角色。过斗母宫稍有起伏，东西桥之后，进入柏洞。有人曾将此称为"快活林"，确实令人惬意。但惬意之后当为艰难，面临的第一道险路便是壶天阁之后的回马岭。此处盘路曲折、山阶陡峭，且有"回马"旧说，心理压力加大，不觉使人气喘吁吁了。其实，这"第一乐章"的高潮还在最后，那就是过步天桥之后的十二连盘。来到连盘前，向上望去，只见陡阶连连而上，颇似天梯下垂，可以说是对登十八盘的一次预演了。以十二般气力登上十二连盘之后便是中天门山口，视野开阔，山风劲吹，有一种"初战告捷"的胜利感。登泰山的乐与愁已使人初步领教。

过中天门之后，开始"第二乐章"。首先有个"快活三里"诱人兴致，且又有云步桥一带飞瀑流泉、古松刻石的旖旎风光让人流连。但是，这一段实际路程已不像前面那样漫长曲折，好山好水的享受也不可耽之太久。过朝阳洞，便是全程最为艰难、堪称"天梯倒挂"的十八盘路段。爬起来正如前人所述：

“后人见前人履底，前人见后人顶，如画重累人矣”，似乎是人摞人地上来的。历尽千辛万苦，终于登上南天门，此时即可以说“泰山已在脚下”了。当年的诗人李白是用“天门一长啸，万里清风来”的快句表述此时的心情的。

回顾来路，第一段路长而缓，先易后难；第二段路短而险，也是先易后难。第二段路似乎是对第一段路的重复和照应，又似乎是对第一段路的浓缩和升华。都是经历了由易到难、难到极点而突然翻越而过，真像一篇波澜起伏、层层推进、越旋越深的好文章。

如果说攀登南天门是登山的高潮，那么，也正像一篇结构严谨的文章，高潮之后并未戛然而止，而是还有一小段缓缓的尾声，颇有点余音袅袅之妙。

那就是漫步天街，乃至登上绝顶之时。天街的徜徉是轻松而浪漫的。站在那处崖边或高点上俯视山下，都能一览平时难以看到的广阔地面及浮萍般散布于大地上的诸多景物，这种感觉有点像经过一季的辛劳耕作，满怀欣喜地检阅自己培育出的丰收果实，个个都那么招人喜爱。不过，前面还有目标——极顶。又是爬台阶，一口气上去也行，边上边看光景抒胸臆也行，“曾经沧海难为水，除却巫山不是云”，跨越过十八盘的人对最后这几十磴石阶就不那么当回事儿了，何况路边还有那么多的景致提神助兴。悠游之间便踏上那光辉峻锐的极顶，可以自豪地宣称：对于泰山，前人所能做到的我也做到了，说什么想什么都无拘无束了。正是：

地到无边天作界，山登绝顶我为峰。

这可以说是登山过程的“第三乐章”，是在前两段反复、升华之后的又一个轻松而浪漫的回旋和照应。比起写文章的百般匠心，这泰山之旅可完全是天意如此。也许当初造物主营造泰山的时候，并未想到后来的人类会对它如此钟情，也许最初登越泰山的人们选择这条路线盘旋而上的时候并未想到与写文章有什么关系，但是既然千百年来人们总是这样走上泰山，这天与人的默契或许就是一个伟大秘密的症结所在——天道事理本是相通的。

作山水云林的点缀，还有一个有趣的传说，即当年乾隆皇帝刻“万丈碑”之事。就在朝阳洞以东，相隔深涧为御风岩，此处石壁千尺，下临绝涧，岩上石隙，翠松点点，龙翔凤舞，仪态万方，好似一幅绝好的山水画卷。身为皇帝的风流才子每每好为名胜之处写诗题字，他前后11次到泰山，为泰山题诗140

余首。此次为乾隆十三年（1748），即第一次登上泰山之时，御驾在朝阳洞一带小憩，能诗善画的乾隆举目四望，只见两侧青山翠峰，郁郁苍苍，古松如海，如龙似凤。北望天门，仙阁琼楼矗立云端，层层盘路，石阶陡立，一如倒挂天梯。路侧深涧，溪流潺潺，奔鸣于石隙树丛。白云、青山、绿树、碧水，俨然是一幅绝妙的山水画，不禁画意勃兴、诗情大发，他要为这幅真山真水的彩墨画添上一枚红印章，以生点睛之妙。于是，他题诗道：

万丈碑

回峦抱深凹，曦光每独受。
所以朝阳名，名山率常有。
是处辟云关，坦区得数亩。
结构寄幽偏，潇洒开窗牖。
历险欣就夷，稍憩复进走。
即景悟为学，无穷戒株守。

诗题为《朝阳洞》。诗中着笔于朝阳洞的特殊地理位置及进洞时的感觉，由此而“悟为学”，劝人“戒株守”，也算是由景得理，诗味不多。但因为是当朝皇上，天下一人，遂将此诗刻于御风岩绝壁之上，且字径三尺，十分壮观，总算为这幅巨型山水加盖了一枚诗章，是为点缀，远远看去，后人还真为这位皇帝的奇思妙想拍案叫绝。好在只能远看，其字意与字体倒隐于一片模糊之中了。

说到呼应，可以说整个泰山的主要景观设置都具有某种呼应关系，如山下以岱庙为中心的建筑群与岱顶以碧霞祠为中心的建筑群可以说是一种呼应。山下是神府，山上是仙境；山下是泰山主神，山上是碧霞女仙；山下神府外连人间，山上仙境直通天界。

整条山路中，南天门是为关键，其地势险要，居高临下，与从岱宗坊起步的整条山路时时呼应，为登山的游人时时目标高悬、坚定信念。

初到泰山，只要站到泰山的正面宽敞处，远望泰山，层峦叠嶂，视野中最远、最庞大的山体即为泰山主峰，远远看去，像一个躺倒的巨人，头东脚西。只见西部凹陷最深处有一山口，隐约中一楼阁蹲踞其中，一条领带似的山道垂落其下，那就是把关居要的南天门，最先代表耸立的群峰向游人发出遥远的呼唤。

登山途中，山路曲折，攀登艰难，不过，只要从一豁敞处看到天门高悬，便感到顶峰在即，弹指可达。

与南天门对话的最佳位置是来到黄岘岭上的中天门坊一带。这里视野开阔，距离适中，能一览整个主峰山体，又与南天门视距最近，晴天丽日，山岚澄清，天门、盘道历历在目，仿佛是一具微型山川造型置于目前，令人振奋。此处所看到的南天门有一种崇高感与亲切感的交融效果。

南天门，是泰山景观最引人瞩目的亮点。

泰山，既为五岳之尊，万代瞻仰，上有仙界，下有神府，其自然景致一经为后人附会，也往往以呼应之构想以点其胜，如南天门下，中有十八盘陡阶，两侧高崖绝壁，形成对峙之势，令人景仰。此处东为飞龙岩，西为翔凤岭，寓意为如龙冲天、如凤翔云，衬托出天门之险，泰山之高。

泰山脚下，东路东侧有虎山，或说是由于当年孔子游泰山时此为夫子闻妇人所言“苛政猛于虎”处，或说是乾隆皇帝射虎处，可见昔时此处多虎出没其间。而今虎山是只留其名了。与此相呼应，西路则有龙潭，以水深莫测。蛟龙潜藏的传说而留名后世，其潭居高崖绝壁之中，常年水流飞溅其内，水滴石穿，潭深莫测。周围景观也很诱人，其侧有百丈崖，溪水高处跌落，似银河落九天，极为壮观。清末诗人缪润绂有《黑龙潭观瀑》诗云：

真源流不竭，飞下最高峰。
长挂练一匹，奔来山万重。
腾空疾风雨，喷云豁心胸。
俯注潭千尺，深藏或有龙。

此潭与虎山分列东西，果然是龙盘虎踞之地。

第三节　神韵辩

一、露与藏

开门见山，是一句含义浅白的成语，但它又具有“风格论”的意味，在艺术美与自然美的表现上，它常指那种自然直率、显露豁敞的一路，而与之相对的自然是委婉曲折、含蓄蕴藉了。

就说写“山”吧，毛泽东有《十六字令三首》，每一首都以简洁突兀的一个“山”字开篇，随之以出现在山间的事情衬托山的高昂、博大和峻锐，刻画了诗人眼中卓尔不凡的高山形象，可谓“开门见山”的典范之作。而唐代诗人李白的一首《敬亭山》却另辟蹊径：

众鸟高飞尽，孤云独去闲。
相看两不厌，只有敬亭山。

这首小诗也是写山，可是一、二句却是先写鸟和云，把鸟和云打发了，这才写诗人与山的共处。为什么会这样？当然这就不只是山的问题。写山又不仅仅是写山，其意蕴耐人寻味。

开门见山与开门不见山，是艺术和美的表现方法及风格的不同，并未有优劣之分，正像直率坦诚的人与胸有城府的人一样都可能是好人，也一样都可能做出坏事。

说到泰山景观的表现风格，从整体上看，应是以露为主，山势突兀，雄峙天东，群峰绵绵，横亘齐鲁，植被丰茂，青秀未了，泉溪四处，川流不已。游人都把它看作是非同一般的山：

七百里鲁望，北瞻何岩岩。
诸山知峻极，五岳独尊严。

寰宇登来小，龟蒙视觉凡。

此为群物祖，草木莫锄芟。

（〔宋〕石介《泰山》）

这位“徂徕先生”的看法有一定代表性。泰山在700里鲁地突兀而立，在诸山、五岳堪称独尊，使寰宇变小，使龟山、蒙山变得平凡，如此巍峨博大的泰山当为“群物祖”，连山上的一草一木都不要伤害。看来，泰山的显露豁达是为人们所公认的，泰山的雄伟磅礴是闻名于世的。自古至今，泰山总是坦露出自己的美好景观供游人观览、评说。

泰山之景观以“露”为主，但是它也有“藏”的一面。露以扬威，藏以补势。露藏互补，更增添了其景观之内涵。

泰山景观之“藏”境有着不同的层次。

有句俗语叫作“有眼不识泰山”，这句话除去有对别人的某些嘲笑的意味之外，倒是还有许多初到泰安、慕名而来泰山而找不到泰山或误认了泰山的游人的共同感觉。这些人久闻泰山之名，渴慕登上泰山——机会终于有了，或从南来，或从北到，或坐火车，或坐汽车，来到坐落于泰山脚下的泰城，往往首先瞪大眼睛，先睹为快，可是面对城北莽莽群峰，找不到真正的泰山主峰，或者只是把拱卫着泰山主峰的侧峰误认为主峰，这种事情常有。这一方面说明，人们心中的泰山与眼中的泰山是有误差的，而另一方面也说明，泰山尽管威名赫赫，但其主峰正善藏于群峰之中。当游人来到山下，主峰并不立即显露出来。只有真正登上主峰，才会恍然悟得“一览众山小”的惊喜。

常被误为泰山主峰的是其西侧傲徕峰，又名芙蓉峰，因其峰峻锐巍峨，有与泰山主峰争雄之势。其实其高度仅海拔千米左右，略过主峰之半，但因其峰势峥嵘，颇有傲然不屈之姿，因名傲徕峰。民谚曰：“傲徕高，傲徕高，近看与岱齐，远看在山腰。”岱顶之上看，更显其低下了。

泰山的自然景观以雄伟壮丽为主要格调，这正是典型的北国山水的风格。但是，泰山之大，山川之雄，并不是唯一的景色特点，雄丽之中还藏着奇、秀、幽、险诸种景色，也给泰山景观增添了多样性。

雄中藏奇。如与红门来历有关的大藏岭红色岩石层，这一带的岩石生成年代古老，且含有较多的红色钾微斜长石，造成红岩累累。其中有的像卧牛，有的似平台，有的因重力崩塌形成深穴如屋，古人曾在此穴居与藏物，故名大藏岭。在岭的南坡，红岩巨石节理平整，垂立如门，谓之红门石，因称门宫为红门宫。在飞云阁朝大藏岭望去，只见绿树成荫，红岩裸露，红绿相映。每当晨曦初上，辉映半山，曾有“红门晓日”之奇观。

过红门宫不远的东北深涧内，还可以看到举世罕见的“醉心石”。在沟涧两边像横卧着许多大小不一的圆桶，其节理如环，又如一个个蛋卷，此种状石使多少游人与学者惊叹不已，堪称奇石。

雄中藏秀。如斗母宫东侧位于中溪之中的三潭叠瀑，更为秀丽的还有经石峪上的经石水帘、枕石漱流、高山流水等，其东侧峻峰之上，每逢秋季，枫叶满山，层林尽染，极为壮观。这些碧水丽叶构成一个秀雅幽静的自然生态环境，吸引着探奇寻幽的人们去游赏，时时陶冶着游人们的美好情怀。

深谷壶天也是秀色可餐之地。登山之路近半，游人进入壶天。此处北横黄岘岭，东障九峰石，西峙十峰岭，南耸翠柏洞。在群峰对峙、艄壁环矗之势中，人如在壶中，因名壶天。此处地势独特，沟深涧长，水流侵蚀严重，谷中有谷，且植被茂密，枝柯交横，藤萝错综，多有人迹罕至之处，幽静宜人。

雄中藏幽。如后石坞的石海与林海。后石坞位于玉皇顶东北，自北天门南侧顺谷而下，经独足盘向东北不远，便是以幽、奥而著称的后石坞。其整个地形像一个勺把朝东的汤勺，狭长幽深，峭壁林立，古松盘结，蓊蓊郁郁。每到多雨季节，溪流滚滚，飞瀑溅落，别有洞天。在谷底和谷坡上，巨石累累，分布紧密，有的成片，像石头的海洋；有的成条如带，像石头的河流，因此，有“石海”“石河”之称，为其他地方所少见。在谷崖或谷坡上，还挺立或盘结着株株古松，年代久远，生长苍劲，郁郁成林，每当山风吹过，一片倒海翻江之涛声，煞是迷人。以前，因路途多险，游人不便探幽，近年已开发，缆车直送游客入谷，已成新的旅游景点。

雄中藏险。在泰山上也有多处景点十分险峻，多为游人所惊叹。一是岱顶的仙人桥，在瞻鲁台西侧。所谓仙人桥，实则为横架在两峭壁之间长约5米、由3块巨石挤压而成的连接带，每块巨石大小两三立方米，难以为人所移动，却巧接凌空而过，其下为深涧，南侧面临千丈深渊，地势也很险要，令人望而生畏。明人曾有诗赞曰：

三石两崖断若连，空濛似结翠微烟。
猿探雁过应回步，始信危桥只渡仙。

这样的天然石桥连猿、雁之兽禽这样善于攀缘、飞越的能手都望而却步，就不用说人了。因此，只有无影无形的仙人才可能渡过，其险恶之势可以想见。

西路黑龙潭一带还有一桥为长寿桥，桥下有一险处为阴阳界。顾名思义，这儿当是出生入死之处，好在上面即长寿桥，此桥给人以良好祝愿。但是，长寿桥下，其河谷为一大石坪，石质为浅灰色花岗岩，经过长期的风化与溪水冲刷，变得宽大而平滑。所谓“阴阳界”，实际是一条花岗质的岩脉，呈灰白色，它正好处于长寿桥下石坪与百丈崖顶端的交接处，即百丈悬崖的边缘，再加上石面光滑如镜，溪水川流淙淙，游人在此，稍有不慎便难以自控，随水流跌下悬崖，落入深渊，性命难保。因此，世人将处于悬崖边缘的这一灰白色岩脉称之为“阴阳界”，令人惊心动魄。不过，这里的自然风光确实十分迷人，青山翠谷，长桥卧波，上有密密丛林，下有泠泠清溪，远处山色迷蒙，时有鸟鸣树间，幽静中有几分喧闹，怡人性情。

泰山突兀而立，拔地通天，把博大胸怀呈现给世人，是为坦荡之士。但山中胜景，除峻峰、秀谷、飞瀑、流泉之外，还有多处隐秀奇绝之处，也有藏境之韵味。

一为普照寺。清代奚林和尚曾写诗盛赞这里的独特景色：

门前几曲流水，寺后千寻碧峰，
鸟语溪声断续，山光云影玲珑。

大概这里之所以为僧人所看中，也正因为此景堪称清秀玲珑。

普照寺地处泰山之阳，东西山路之间，其位置之佳妙，古人曾这样描述过：

寺隐山坳，杳岭间之，钟声訇然，而寺不见。路转峰回，则已至矣。

其妙处便在一个“隐”字。大概历来的出家人都想远离尘世喧嚣，向往隐逸境界。古诗“曲径通幽处，禅房花木深”，正是这种景观的真实写照。

当人们沿着绿树盘绕的山路上去，并不见寺在哪里，呈现在眼前的，是危石累累、绿树丛丛。继续前行，山路深处，见一条山涧小溪迂回而来，潺潺水声忽远忽近地响在耳边，眼前恰逢一道石门扼住去路，上书“云门”二字，令人顿得启悟。霎时清风徐来，鸟语唧唧，人们会兴致倍添，脚步也渐次放轻快。顺道前行，转过溪桥，透过丛林，隐约才见房树掩映。不过，此时此刻，看得真切的才是石阶一角。再举步深行，终于发现那红墙碧瓦的古老山门和绚丽佛寺，高耸的门楼下一道金匾，上书“普照禅林”几个大字，此便昭示佳境所在了。

普照寺筛月亭

如果说泰山东路是登山正路，其景多为显豁直观之处，那么泰山西路便多曲折委婉，其景多具隐约特色。而独处山之正怀中的普照寺独以“隐”居山坳而占尽风光，是为“藏境”之妙。

博大泰山还“藏”有一奇绝胜境，那就是古代佛寺“四绝之首”的灵岩寺。此寺位于泰山西北的灵岩峪中。这里四面环山，万仞如屏，古殿参差，烟霞朦胧，古塔高耸，松柏苍葱，奇峰异石，流泉淙淙，素有“灵岩胜境”之称，并有“游泰山不游灵岩不成游也”的前人之说。此处由于自然景观的独绝，遂成为千年佛家居处，也为历代帝王和社会显要所看重，香火极盛，圣迹多有，每年游人源源不绝，可算是泰山“藏”在自己身旁的一块瑰宝。

古人云：“善藏者未始不露，善露者未始不藏；景愈藏，境界愈大，景愈露，境界愈小。”（〔明〕唐志契《绘事微言》）看来，古人是特别看重“藏境”的，这大概与我民族文化传统重含蓄、讲蕴藉的风格追求有关。不过，“善露”者也未必“境界愈小”，千万年来显赫于天下的泰山便是一例。

二、刚与柔

《周易·系辞上》曰："天尊地卑，乾坤定矣。卑高以陈，贵贱位矣。动静有常，刚柔断矣。"在古人眼里，天是崇高的，地是卑下的，由此而确定世间万物、社会贵贱的等列；而天是运行的，地是静止的，由此而确定天是刚健的，地是柔韧的。刚与柔的概念便由此而来，它是与天地、阴阳一一对应的，也是天地万物的两种对立而又统一的基本属性。

清代桐城派文学家姚鼐，继承前人，把阳刚阴柔之说运用于文章风格研究，提出了颇为精彩的见解，对后来的美学家王国维也有一定影响。

姚鼐把众多的文章风格概括为阳刚与阴柔两大类，且以一系列自然景观现象作比，既讲了自然之美，也讲了文章之性。他说：

> 鼐闻天地之道，阴阳刚柔而已。文者，天地之精英，而阴阳刚柔之发也。
>
> （《惜抱轩文集》卷六）

一上来，他把文章产生的根源归结为"天地之道""阴阳刚柔之发"，即承认文章是反映客观实际及其变化的，颇有点唯物论的味道。不过，他所说的"天地之道"，只是"阴阳刚柔而已"，似乎又太抽象了。精彩之论还在下面：

> 自诸子而降，其为文无弗有偏者。其得于阳与刚之美者，则其文如霆，如电，如长风之出谷，如崇山峻崖，如决大川，如奔骐骥；其光也，如杲日，如火，如金镠铁；其于人也，如冯高视远，如君而朝万众，如鼓万勇士而战之。
>
> 其得于阴与柔之美者，则其文如升初日，如清风，如云，如霞，如烟，如幽林曲涧，如沦，如漾，如珠玉之辉，如鸿鹄之鸣而入廖廓；其于人也，漻乎其如叹，邈乎其如有思，暖乎其如喜，愀乎其如悲。
>
> 观其文，讽其音，则为文者之性情形状举以殊焉。
>
> （《惜抱轩文集》卷六）

这里，他把众多的文章风格归结为阳刚与阴柔两大类，并从诸子之文说明他们的文风总是偏向某一种风格，或阳刚，或阴柔，而且这种区别又总是与他们的人格特点相联系。

难得的是，姚鼐在描述阳刚与阴柔两种文风的时候，列举了一些自然景观作比，这就实际上对自然景观的阳刚与阴柔之别也做了界定，对我们认识泰山景观的刚柔之别也是很有启示的。

姚鼐认为，诸如崇山峻崖、长风出谷、大川决流之类属阳刚之景，而如旭日初升、清风流云、幽林曲涧之类，当属阴柔之景。

前代游者为泰山留下了种种景观图：

绀宇虚无岱色边，岧峣飞磴界苍烟。
峰回嶂壑纷相拱，石坼松萝袅自悬。
过雨双龙争玉峡，劈云孤鹫拄青天。
平生故有峥嵘意，识尔应从太始前。

（〔明〕王世贞《登岱》）

应当说，这首诗所写景观多属阳刚之气。诗人是在一场暴风雨到来之前登上泰山的，只见远处黑红色的天宇带着雨意已逼近泰山，巍峨的泰山也已沉入茫茫烟云之中。大雨在即，连群峰众壑都围拢在泰山周围，已被大水冲动的石头把悬崖上的松萝都拉裂在空中飘荡。雨过之后，山洪积聚，如双龙争峡，激荡而去，天上雄鹰劈云飞来，似要撑住青天。此情此景，大开大合，冲流激荡，惊心动魄，颇显阳刚之气。诗人认为，泰山一向都是不平凡的，暴风雨的考验才使它显出了真面目，而这正是自远古太初以来的泰山本色。应当说，这是一座真正的大山。

而另一位诗人在同样的题目下这样来写泰山景色：

半空星斗落前楹，月色霜华千里平。
四壁烟岚寒枕簟，几家灯火隐山城。
封中白见秋云起，海底红看夜日生。
自分身如王子晋，平峰顶上坐吹笙。

（〔明〕谢肇淛《登岱》）

这显然是一个秋天的夜晚。诗人经过一番攀越，来到岱顶，心情极为平静。仰观俯察，只见半天星斗就在房前，而淡淡的月夜像秋霜一般笼罩大地。室内的寒气使枕席也凉得很，而室外可以看到山下人家的灯火在闪烁。后半夜了，登封坛上又升起了白云，而东方的天际已见曙光。此时，诗人心中极为惬意，有一种飘飘欲仙的感觉，不由得想到传说中化凡成仙的王子晋是靠吹笙升天的，因此，诗人也在岱顶之上吹起了笙歌，显然也想步王子晋的后尘。这首诗中所写景致朦胧柔和，氤氲飘逸，以星光月色起，以旭日霞光止，一片阴柔氛围，令人陶醉。

其实，同样写星辰日月，泰山景观也充满阳刚之气：

泰岱崚嶒尊五岳，乾坤气象此悠悠。
星辰近对云霄出，日月遥看勃海浮。
磴道盘纡千嶂断，飞泉瀑布万溪流。
平生豪侠登临意，长啸拂衣天上头。

（〔明〕郑材《登泰山》）

龙潭飞瀑

此位诗人多“豪侠”气概，眼中泰山自是“乾坤气象”：近看星辰从云霄中出现，遥观日月从大海中浮起；长长的磴道曲折盘旋于群山之间，急湍的飞泉瀑布分注万道溪流。大视野、大景象、大动势，再现了与泰山形象相称的大气概，让人感到泰山是一位刚性十足的大丈夫。诗人最后“长啸拂衣”，一吐豪侠之气。

泰山日出是泰山景观中最精彩的场面，但对泰山日出的观察，也会有不同的视角和气度，或则写出其阳刚之气，或则写出其阴柔之美：

曙色峰前五夜开，扶桑推出火轮来。
红光直射沧溟外，倏忽文明遍九垓。
（〔明〕苏眉山《日观峰》）

茫茫五夜之时，万籁俱寂。此时，东方现出曙色一片，霎时，在遥远的东方，仿佛一只巨手推出一只火轮，只见红光四射，映透沧溟，使整个九州都布满光明，新的一天又来了。这是何等壮阔的场面，太阳初升正是阳刚之气的蒸腾，如此景观不正是“精神四飞扬”的真实写照吗？

而如此惊天动地的场面有人却写得小巧玲珑、阴柔秀美：

闻道蓬莱不可期，眼前沧海小如卮。
清秋一片桃花色，玉女投丸半夜时。
（〔明〕程云《日观》）

一派小家碧玉的口吻。把被曹操描绘为“日月之行，若出其中；星汉灿烂，若出其里”的大海看得如一只小小的酒杯，而那光耀九垓的太阳却缩为一粒玉女手中的弹丸被投放出来，真是令人惋惜不已。特别是那“一片桃花色”，更给这玲珑世界涂上一层脂粉气，使“大丈夫”变成了小女子，说是阴柔之美，倒是十分切题了。

泰山的人文景观也有些不同韵味，特别是经过不同诗人的取舍润色，也使人品味出其中的刚柔之别：

岱宗奇峭倚天东，册府封题礼数崇。
齐鲁地偏形独胜，古今时异仰皆同。
荒台人指秦皇碣，幽壑松蟠宋帝宫。
几欲寻源浑未识，凭高万里御长风。
（〔明〕牟朝宗《登泰山》）

这首诗写泰山自然形态是“奇峭倚天东”，是“形独胜”，是横亘齐鲁的巍巍大山。与之相匹配的人文遗物是矗立荒台的“秦皇碣”，是松柏蟠绕的宋帝宫，也是一些颇能代表泱泱古风的显赫之物。起句“岱宗奇峭倚天东”之后，一扫千年文史，结束在“凭高万里御东风”的博大境界之中，充溢着一种雄浑之气。

霜节凌烟坐翠微，倏然恍与世相违。
数声清磬飘何处，几片闲云照客衣。
玉女池连春草动，仙人鹤傍彩霞飞。
叠峦惟许山僧住，一任莺花对落晖。

（〔明〕曹金《登岱》）

又是一个“露结为霜”的秋天，诗人坐在烟霞缭绕的半山腰处，有一种与世隔绝的感觉。耳边传来清亮的磬声，眼前飘过几朵闲云。只见玉女池旁的春草微动，仙人骑着鹤在云霞中翱飞，真是一片仙气。这样的地方，只有僧人方最适宜。大概诗人也是一位出家人吧？眼中迷离之时，只见一片莺花映照在落霞之中，似梦似幻，如神如仙。此种诗境绝无阳刚之气，只有阴柔之美。它的出现大概与泰山上多年以来浓郁的宗教气氛是有关的。

综上所述，所写景物虽都是泰山景观，甚至有些诗篇都是写同一现象，但再现于笔墨时，却让人品出了不同意味，主要在于其主观色彩太浓所致。这正如姚鼐所说，其文与其人是一致的，“观其文，讽其音，则为文者之性情形状举以殊焉”。这也正是中国诗文的传统特色。

当然，诗文作者的主观色彩是显示景观的刚柔之别的重要因素，但是，其根本因素还多在景观素质本身，特别是作为原本自然形态的自然景观，其阳刚与阴柔之美应是其客观性本色的反映。如人们面对大自然中的惊涛骇浪、急雷闪电、高崖深谷、飞流巨瀑，乃至高树巨石、猛禽凶兽等，都会产生或惊叹，或昂扬，或奋发的情感，这就是具有阳刚之气的自然美给人的感觉；而人们面对杨柳轻风、平湖秋月、山泉幽鸣、鸳鸯戏水、烟霞舒卷、虫声唧唧等自然现象，就会产生一种平静、悠然、快慰、舒适的感觉，这就是阴柔之美所产生的心理形态。有时，这两种美相对相映于一首诗中。如写泰山著名景观的诗句：

松擎御帐溶溶月，雁避天门猎猎风。

纷纷万壑垂飞练，隐隐千峰锁翠烟。

千寻峭壁排云出，百道流泉挂树飞。

这些诗句，或写天门长风、千寻峭壁，或写溶溶月色、流泉飞溅，阳刚与阴柔之美自然柔和地融为一体，构成了泰山景观中的诗情画意，令人神往回味。

阳刚美与阴柔美的和谐统一，是我国诗文艺术中的精华，这两种美相互区别又相互依存，二者只可偏胜，不可偏废。正如“一阴一阳之谓道”的古语所示，双美也是构成我国美学思想及其理论体系的基本要素，泰山景观正是具体展示这一“双美”的重要场所。

三、雄与秀

在谈到祖国一些名山的自然景观特点时，有人概括出了“泰山雄，华山险，黄山奇，嵩山峻，庐山秀，青山幽”的话，看来，泰山景观的雄伟壮丽是为许多人所认同的。其实，泰山景观的这种特点正代表了中国北方绵绵山川的一些共同性的东西，这当然与“小桥流水人家”的江南风光迥异。当代美学家杨辛教授认为，作为自然风景区，“都有自己的独特的自然特征，正是这种独特的自然特征，构成各自独特的美”（杨辛等《美学原理纲要》）。

在谈到为什么把泰山自然风景区的自然特征归结为“雄伟”时，该书列举了如下几条理由：

①与周围平原、丘陵形成强烈的大小高低的对比。泰山突起于齐鲁平原之上，显示一种“拔地通天”的气势，使人产生“会当凌绝顶，一览众山小”的感受。

②山势累积，主峰高耸。泰山的山势由抑到扬，有如大海巨澜，一浪高过一浪，具有强烈的鼓舞性节奏。

③形体厚重。所谓“稳如泰山”“重如泰山”，也反映了泰山的一种自然特征。由于泰山基础宽阔，盘卧426平方公里，加以形体集中，山势累积，因此使人感到安稳厚重。

④苍松、巨石、烟云对泰山的雄伟起着烘托作用。

（杨辛等《美学原理纲要》）

要而言之，泰山从它所处的特定位置来看，具备了高、大、重的形体特点和非凡气势，尽管从绝对数据来看，它在中国名山之中并非为最，但还是赢得了“五岳独尊”的称号，正是：

泰山巍巍群山雄，五岳尊长谁与同。

（《岱览》）

其实，泰山的雄伟高大历代游人多有赞辞，他们以自己的亲身感受表述了泰山的不凡形象。

现在看到的最早记录登泰山情况的是东汉应劭所写《泰山封禅仪记》，其中写攀登十八盘时的奇特情景：

南天门

仰视天门窔辽，如从穴中视天。直上七里，赖其羊肠逶迤，名曰环道，往往有絙索，可得而登也。两从者扶挟，前人相牵，后人见前人履底，前人见后人顶，如画重累人矣。所谓磨胸捏石，扪天之难也。

这段文字写得很真实，至今仍是写攀登十八盘时的经典纪录。其中写“天”如穴中视之，写“道”如羊肠逶迤，写“人”如重累人（人摞人），都很真实而生动，成为后人写作的楷模。最后以“磨胸捏石”四字写尽了游人登山时的艰难之态，“扪天之难”也就自在其中了。也许那时的泰山较现在更为原始荒芜，山道即天然沟壑，但其高大峻险之状，已宛然如在目前。

宋人邵伯温在《泰山见闻录》中也写到，攀越十八盘而后登上岱顶所见所感：“经真宗庙帐宿之地，石上方拄窠甚多。又经龙口泉，大石有罅，如龙哆其口，水自中出。又经天门十八盘，峰兀秀耸，北眺青齐，诸山可指数，信天下伟观也。”

明人张岱，写有《岱志》，这位江南名士在此文最后写道：

> 张子曰：山高数十仞，尽十里而没。山高数百仞，尽百里而没。岱至州城望之，不觉其甚高。及至黄河舟次，七百里而遥矣，然犹及见岱之螺髻焉。则其高可胜计哉！且山东地势之高出于江南者，不知几千万仞，而岱又高出于山东几千万仞，则自江南发足之地，凡从鞋靸下高一咫一尺，皆岱之高也，呜呼，岱哉。
>
> 他说得很实在：几十仞的山，出去十里就见不到了。数百仞的山，出去百里就见不到了。在泰城看泰山，也不觉有多么高，但到了700里外的黄河（当时黄河由江苏故道入海）船上仍能看到泰山的山顶，可见泰山有多么高了。这种实感说得又生动，又有说服力，泰山之雄已深入人心。

明人陈琏所著《登泰山赋》以虔诚的心态、华美的词语赞颂了泰山“广也无朋，高也无匹”“吞吐郁勃，神奇灵异”的雄伟神志：

> 巍乎高哉，岱宗之为山也。嵚岑磅礴，峻极高崇，为齐鲁之巨镇，奠后土之庞鸿。盖清淑之气，至此凝而不散，乾坤合辟之机，由此蕴而无穷。此其纪名载籍，为群山之宗者乎。宜乎广也无朋，高也无匹，东蒙逊其森秀，徂徕让其纡郁，夹以梁父，辅以长白。巍巍之高四万余尺，齐州九点，视犹蚁蛭。阴阳轇轕，日月出没，烟霞岚霭，吞吐郁勃，神奇灵异，变化莫测，揆耳目之听观，曾不究其万一。所以表七十二君封禅之坛，为三千余里鬼神之宅也。

这段文字写出了泰山的磅礴、高崇，为齐鲁大地之主宰，为天地乾坤之枢纽，为群山（包括周围的蒙山、徂徕、梁父、长白等）之长，而且泰山在阴阳交替、日月出没之中，吞吐烟霞，神奇灵异，气象万千，丰富多彩，曾为历代君王所看重，也为天下鬼神所集居，真是天、地、神、人汇聚之要地。作为赋文，显然多所夸饰，但如此文字绝不会被加诸其他名山，可见泰山是雄为群山之首的。

被称为“自来志泰山之最”的《泰山道里记》也称：“泰山结体，惟《鲁颂》‘岩岩’一语，足以形容气象。后人谓泰山如坐者，言一山之体也。又曰泰山为龙者，言众山之奔赴也。”如此言语，倒是比较实在、真切，也显出其气象不凡。

总之，无论从泰山自身的基本数据及相对优势，还是从自古以来人们对它的认识和评述来看，泰山的确是“雄峙天东”的“东南第一山”。其“雄”之内涵，包含高、大、重、稳、健等，其实，只一句“会当凌绝顶，一览众山小”便道尽无遗了。

雄与秀的对比也是互补的。雄，多指其整体，多指其山姿，多指其石性；而秀，多指其局部，多指其水色，多指其植被。泰山黑龙潭一带的崖壁上有一刻字为“雄丽”，这二字正是雄与秀的统一，也正说明了这一带景色的特点，既是群峰如削、挺拔入云、深涧巨壑、巨石累累，又是青松绿竹、藤萝盘绕、溪流如练、碧潭映天。元人徐琰写有一篇《萃美亭记》，便是对这一路山光水色的绝好描绘：

> 天下名山巍然而大，岩然而尊者，泰山而已。泰山胜境窈然而深，蔚然而秀者，西溪而已。
>
> 溪居岱宗之右麓，延袤数十里，树林阴翳，磴道崎岖，清泉奇石，瑰玮万状。行愈远，而山愈奇，境愈胜。极溪之所穷，巅崖百丈，悬流下掷，望之如垂练，天绅泉也。天绅之西，有巨壑焉，一水自天胜岩落，为盘石所散，漫泻于壑。之上，檐若建瓴然，水帘洞也。而又芙蓉、悬刀、飞鸦、狮子诸峰，削翠其上；黑蟆、白龙神潭水府，潜珍其下。云烟吐吞，晦明变灭，跳珠溅沫，轰雷掣电，顾接有所不暇，真山水之窟宅，天壤之奥区也。

所谓“天壤之奥区”，即天地间景色奥妙之区域也，“山水之窟宅”，即山水胜景的“老窝”也。论水，上有天绅泉，中有水帘洞，下有黑白龙潭；论山，芙蓉、悬刀、飞鸦、狮子诸峰，削翠其上。山水相戏，云烟吐吞，跳珠溅沫，确实集山水胜景之萃，称天地奥妙之精。作者以“窈然而深，蔚然而秀”八个字加以概括，突出了西溪景色的“深秀”特点，与“嵚岑磅礴，峻极高崇”的泰山主峰相映，不正是雄中有秀、秀以衬雄吗？

山中秀色自是泰山景观的诱人魅力之一。游人在赞赏惊叹泰山之“拔地五千丈，冲霄十八盘。径从穷处见，天向隙中看”的雄伟景色的同时，也留下了“云去青山瘦，霜来红叶稠。岱宗一夜雨，七十二峰秋”的秀丽景色的写照。对照之下，雄中藏秀的泰山不是更美吗？

一年夏天，一位诗人来到泰山红门避暑，看到这里树绿山青、景色可人，于是题诗道：

岩壑钟神秀，由来说地灵。
树都随意绿，山自可人青。
烟雨迷盘磴，云涛撼石亭。
归时当日暮，岚气薄空暝。

（〔清〕沈桂清《红门避暑》）

这首小诗以自然流畅的语句，写出了炎炎夏日之时泰山岩壑之中清静宜人的秀丽景色，现在读来都觉得有一股清爽之气扑面而来。据说这位幽燕一带的才情文人，以文游慕山左，特爱岱阳山水，最终以此为家，婉拒不仕，自得其山水之乐。

岱阳景区还有一苍秀之地，即徂徕山区。徂徕山就在泰山主峰之阳东南去40多里，素以迷人的景色吸引着众多的游客，特别是由于唐代开元年间，有诗人李白、孔巢父、韩准、裴政、陶沔、张叔明等著名文人，曾在徂徕山西北竹溪隐居，终日饮酒赋诗，被称为“竹溪六逸”，为这座苍秀之山留下了一段佳话，后人在游徂徕山时也多寻访旧迹。清人则有诗道：

徂徕山色好，苍秀满林邱。
劲节寒柯耸，澄心楚浪流。
眼中空海岱，天外寄蜉蝣。
六逸草堂在，高风千古留。

（〔清〕尹乐孔《竹溪怀古》）

从这首诗来看，徂徕山色好在满山“苍秀”，枝挺叶茂的乔柯不畏寒冷，清澈透明的溪流叫人心清。尽管诗人有些牢骚，但看到千年前的六逸旧迹还在，就想到他们那种藐视仕途、隐居山林的古风还是很高尚的，诗人大概由此找到了与古人的共鸣点。

还有一位康熙进士、泰安人赵国麟，曾入阁显位，但因言事被去职还乡，就教故里。优游之余，造访徂徕。他写道：

> 徂徕列泰山前，犹老人几，泰山坐而凭之，尚伛其背，若将俯焉。以故藐徂徕者殊众，然松径、竹溪名籍甚典册中，心窃疑其必有异。每欲邀同人游，荏苒几十五年不克遂。

他把徂徕看作是泰山前的几案，泰山则像凭几而坐的老人，而且老人弯着身子像要俯在上面。这个比喻倒很有人情味，也很形象。他身为泰安人，却并未到过徂徕山。听说许多人认为此山不怎么样，但其一些自然景观却被列入典籍之中，因此猜想也应有些特别之处，于是要圆十几年的梦，决定邀同人去游一游。这一游则兴致倍增。终于有一惊人发现：“泰山岩岩，藏万仞之石，而不以石显；徂徕峨峨，分泰山一支，而遂以石著。此泰山与徂徕之分，即大圣大贤与贤人之分也。”意思是说，泰山、徂徕虽均为石山，但泰山善藏而不露，徂徕则善露而不藏，这种“大圣大贤与贤人之分”的悟得大概与赵某自身经历有关。不过，“徂徕山色好，苍秀满林邱”，倒是真的。

四、明与暗

泰山景观中明与暗的辩证形态，又可细分为晓与昏、阳与阴、豁与幽等几个层面。山色的明与暗主要取决于日光与月影的照射分布，也受制于山岩与树木的底色深浅。山色的明与暗造成了景观格调的豁与幽，使山川以不同的品位给人以情绪上的影响，这正是泰山景观中的明与暗的心理效应。

杜甫《望岳》诗中的颔联“造化钟神秀，阴阳割昏晓”两句，一向解释为天地之神集聚着泰山神秀之姿，山南山北一明一暗剖分得很清楚。上句之意大体可以，下句把“阴阳”理解为“山南山北”欠妥，应为“日月”，阴为月，阳为日。这句意思是说，由于日月的运行，给泰山带来了昏晓之变。上句是从空间意义上说泰山集天下精华之处，下句是从时间意义上说泰山经历着日夜昏晓之变。这正是说，泰山的昏晓之别是一天天的日升月落造成的，这与整个天下的山川阅历都是一样的，其不同之处是在于不同方位、不同地形地物给日光月影的照射带来不同效果，因而也就形成了千差万别、瞬息万变的景观特色。

晓与昏是泰山上两种不同又相通的美的景观。多为游人所津津乐道。

拂晓给泰山带来一天的金霞和激情：

向晓才登日观峰，手披云雾开鸿濛。
火轮欲上海波赤，金霞翻动苍龙宫。
黄河一线几千里，吴越山川真地底。
为数齐州九点青，更将伏槛窥东溟。
李白不遇安期生，安得羽翼飞蓬瀛。

（〔元〕李简《登岳》）

正如诗人所写，新的一天开始，登泰山第一件事便是迎接太阳的初升。其实，哪里的一天不是从太阳露出地平线开始的呢？但是忙忙碌碌的人们往往忘记了太阳的隆重出世，而只有到了与天国仙界相近的泰山极顶才将匆匆尘世的杂念摒弃，以丽日出浴般的圣洁心情迎接跃出海波的赤日，那是多么辉煌与壮丽的场景。而太阳的初升不仅在于展示了它自身的美丽，还在于拉开了新世界的一幕：千里黄河，万里吴越，点点齐州，茫茫东溟。视野的开拓激发了诗人想象的活跃，不由得想到那追神求仙的谪仙诗人和虚无缥缈的海上仙人，感觉好极了。

拂晓给游人带来满眼的美景和热情：

晓风吹净海云平，入户青山更有情。
丛树遥梳仙女髻，长川斜挂丈人缨。
鹤惊远笛冲烟起，芝傍幽岩带露生。
忽讶黄金满空际，羲和拥上火龙行。

（〔明〕萧协中《泰山朝望》）

诗人最后才看到如火龙般出世的太阳的壮丽情景。他发现了日出前的许多美好景观：清晨的风吹走了似海般的云，从窗户里看到的青山更觉得有情趣。那一丛丛绿树在晨光中好像是仙女们的发髻，那一道道长河在迷茫中好像是斜挂泰山的长缨。这两个比喻新颖、美好，一阴柔之趣，一阳刚之气。栖息的鹤听到远处的笛声冲烟而起，名贵的灵芝在幽岩旁满带露珠地悄悄生长。一动一静、一远一近、一宏一微，简直是一幅精心安排的自然风景画。只是这幅画还缺少点睛之笔，高潮之波，于是，诗人在一片寂静之中推出一个惊喜：黄金般的云霞，烘托出一个火龙般的精灵——太阳出来了。这是早晨的灵魂，这是一天的起始。

黄昏给游人带来一天的归宿和慰藉：

绝岳孤城外，山行听晓钟。
空崖留汉碣，古道列秦松。
石磴银河转，瑶台瑞霭重。
未须愁落日，犹上最高峰。

（〔明〕聂静《登岳》）

这位诗人从一早就出城上山了，经过了一天的攀登，看了汉碣，看了秦松，过了十八盘，上了泰山顶。此时落日在即，一天即将结束。也许有同行者看到落日担心无以归宿，但是，诗人游兴不减，豪情在胸，觉得还有更高峰在等待人们攀登，应该继续努力。今天读来，可以想到他未到极顶还想登上极顶的浓厚兴趣，也可以想到他似乎在传达一种人生启悟——人虽年事高，还有更远程。

寒晓随骢马，斜阳度两峰。
碧茫空眼界，奇绝到胸中。
日月东西照，烟霞远近笼。
灵辉妆异景，人世此难逢。

（〔明〕吴相《泰山晚照》）

这位游客也是一早就骑马上山了，直到日斜西天，已翻越了两座山峰，即中溪山和泰山主峰吧，总之已到山顶。远望之下，一片碧茫，万般奇绝。此时，西方的太阳正落未落，东方的月亮正升未升，日月相会，互相映照。而随暮色而兴起的山间烟霞已笼罩大地，使晚霞显得更加灿烂，顿觉有美景难逢的快慰感。

晚霞夕照

与明与暗相对应的阳与阴，也使泰山景观形成对比而又统一的两种格调。明代一位进士居官期间来游泰山，恰逢泰安地方官外出，无从索《岱史》以导此游，便询问左右侍从。左右侍从告诉这位远来的官人：

> 岱称宗以峻雄耳。犹之人也，博大者无奇巧。公欲决两眥而细齐州乎？愈上愈远，无所不骇目。必欲寻幽，庶几，阴则黄花洞，阳则石经峪耳。
>
> （〔明〕冯时可《泰山记》）

这段话在称颂泰山景观峻雄、博大无巧，越是站得高，越是望得远，且在看到无不令人感到惊奇的美之后指出，假如一定要寻访幽胜之处，山前则是石经峪，山后则是黄花洞。不过，这一阴一阳之地域也恰好概括了其景观的特色与个性。

黄花洞在何处？文中写道：

> 已从孔子崖而下山阴，约数里而至乱石沟，又里余至独足盘，巉岞崚嶒，路更险而石亦奇胜，如人，如芝，如鹤，如凤者，亦时见。辗转至最深处为黄华洞，玉女修真洞，高可拂冠，广容一几，石隙滴水为来鹤泉，清冽可饮。洞旁建蔚然阁，四周栏楯皆石为之，砌甚精工，其基亦数仞。阁中祀玉女，从阁一望，三面皆万仞峭壁，重重相抱。阁所倚为华盖，石色如积铁，耸立于右，而绝顶日观诸峰森峙于左。夕阳掩映，紫翠相间，当山缺处，又有树色掩映，泰山幽胜无过此。
>
> （〔明〕冯时可《泰山记》）

此段文字写黄花洞之“幽胜”在于三：一为位处“辗转最深处”，其境幽；二为清泉、古阁、削壁相映，其景幽；三为紫翠相间，树色掩映，其色幽。有此三幽，当为泰山幽胜之最，不为言过。还有诗为证：

山有挟而胜，不专在高寒。
粲粲黄华洞，声光夕阳间。
万松裹泉石，往复多其端。
泉不壁而瀑，松不风而湍。
层峦或漾之，偃仰生微澜。
岩壁不自主，烟日静而安。
萝石相磴栈，屈曲自绊蟠。
虽无人上下，其势若牵攀。
以其处山半，末力厥维艰。
游者日登岱，遂不复降观。

（〔明〕钟惺《降自孔子崖循黄花洞止焉》）

黄花洞确有独特之处。诗人著“粲粲”二字，一幅鲜明美好的情景便呈现读者面前。泉松交裹、往复多端，泉因松密而暗中流淌，松因泉盛而无风摇荡。层峦和岩壁也或被泉水所涤浸，或被烟云所围护。到处是屈曲攀牵的藤萝与磴石相缠绕的繁茂景观。这里因为地处幽远，游人登上泰山之巅已疲劳不堪，所以，一般到这里来游赏的人就很少了。

但是，黄花洞为泰山幽胜之处，是为古今游人所共识的。所以，熟知内情的人告诉远方来客“阴则黄花洞”之说，是一番真心话。

如果说黄花洞主要是以自然景观之幽而著称，那么，被“铃下”所说的“阳则石经峪”之景，则主要是以经文刻石的人文景观吸引游人的。前人所写游记云：

……再经罗圈崖折而北，有亭翼然在望矣。循樵径屈曲上，古柏森阴，苍翠可人。遥瞩搨工走石上，憧憧著足处，一岗如巨人坦腹，大书其上曰：岱宗余胜。时著芒屩已穿，更易革者。履经石过足缩缩，时虞蹉跌也。蓦见“曝经石”大字三，刻深二寸许。北则龙泉下溅，清韵冷泠，志所谓水帘洞者。是询拓者云，水啮之余，所存者九百六十字耳。李斯碑真迹既失，此为最古。时移代易，卓然于千数百年后，犹得与乔岳并存，语云惟专斯专谅哉。

（〔民国〕缪润绂《游经石峪记》）

此文写于近百年前。文中提到“李斯碑真迹既失，此为最古”，是指失而复得的秦二世诏立碑，传为李斯小篆书刻而成。此碑当时未发现，则此经石大字为泰山“最古”刻石，这正是它的价值所在。此经石所刻之处，虽与登山之路有一段屈曲“樵径”，但整个所在如“巨人坦腹”般暴露在泰山之阳，是为明敞之处，也是泰山前麓遥望南天门的最佳位置之一。

路转峰回别有天，平铺石镜落霞前。
芙蓉插翠层崖峙，薜荔飞寒瀑布悬。
拂坐云生科斗字，吹箫风度凤皇仙。
恍然吾欲遗尘世，日醉桃花不记年。

（〔明〕冯大受《曝经石》）

这位诗人饱览着这里别有天地的水色山光，慢慢沉入了神态迷离的佛境，竟欲脱离尘世，永享桃花源中的清平岁月。能使人“醉”入此境，也说明这经石峪景观的自然与人文内涵之丰厚。

所谓明与暗，实为自然景观受光深浅和阴阳朝向所带来的亮度差异，这种差异或形成强烈对比，或只是协调统一。对于自然景观来说，虽未有内涵的根本改变，但其对人们的心理影响总是存在的。如走在明亮灿烂的阳光下，人们的心情一般是舒畅、欢快的；而一旦阴霾四起、天色灰暗，便给人的心情以郁闷、压抑感。这是一般的情况，也有特殊环境下的逆反效果。如夏日登泰山，一路阳光明媚，但赤日炎炎，使人焦躁不堪，但过东西桥、歇马崖，进入松柏蔽日、阴森如洞的“柏洞”，便爽然一快身心，大汗渐消，舒适惬意。这段“柏洞”总是在炎炎夏日以阴郁的暗色给人留下深刻的记忆。

毛泽东的词《菩萨蛮·大柏地》上阕写道：

赤橙黄绿青蓝紫，谁持彩练当空舞。
雨后复斜阳，关山阵阵苍。

“关山阵阵苍”中的“苍”字，即是写因被天上流云所蔽而给雨后青山所留下的阴影。但此时的“阴影”与耀眼的晴岚相映，把雨后关山装点得更加好看了。这不正是“明与暗”和谐统一的审美效果吗？

五、实与幻

在自然景观的鉴赏中，“实与幻”似本源于“有与无”，但又非如“有与无”那样具有哲理意味和本原意味；“实与幻”只不过是指人们在观赏和聆听各种美的东西时，也在想象，使实物或实境在想象中延伸，在想象中升华。

这想象的重要部分是关于泰山景观的神话传说。在这些传说中，总是根据一处景观的实有景致或某些特征与细节，即为“实”的部分，然后加以附会解说，想象发挥，即为“幻”的部分，两部分结合起来，便使这一景观有了较丰富的内涵，美的情致更加丰厚。这些传说产生的年代难以说清，其首创者也不见典籍，但在民间流传颇为广泛。正因是以民间传播形式存在，所以其内容也往往众说纷纭，或主人公是张三，或主人公是李四，或悲剧结局，或喜剧圆场。但在人们观赏泰山千姿百态的山川风光时，正是这些虚幻的传说给静态的景观增添了时态感和历史感，引起游人的勃勃兴致，使人流连不已。这就是美的生命活力。

在泰山脚下岱庙正门遥参亭前，有一处方形水池，人称“双龙池”。看到方形水池中的清澈泉水，看到一吐一吸的两个石雕龙头，使人想起传说中的泰山老母看到某年某月，当地人遇上大旱之灾，吃水困难，仅王母池一泉有水，千万人挑担等待，感动了她老人家，她便扮作白发老太，提罐下山，把水罐摔在了遥参亭前，于是，此地即涌出泉水，为当地人吃水解了难（见罗兴连搜集《双龙池》）。听完此说，再看池泉，仿佛清泉更美。

岱庙天贶殿前的露台下，每天总见游人在玩着转“迷糊石”、摸古柏树的游戏。由于天长日久地摸，石头和树都留下了津津汗渍和光光手痕。大概参与游戏的人或许知道那棵被摸的柏树叫“孤忠柏”，也许不知道，它名字的来历还有一段感人的故事。传说是武则天当政的年代，由于她权欲太贪，干政太多，引起太子与朝臣不满，太子遂招致杀身之祸，追随太子的大臣石忠以拔剑剖腹表示抗议。石忠死后魂魄来到泰山，泰山神感其忠义，遂令化作一柏侍于殿前，赐名“孤忠柏”。至今所见树身之疤痕即其剖腹之处（刘洪亮整理《孤忠柏》）。听完这个故事，也许会使游人心中为之一动，手抚孤柏，景仰之情由衷而生。

登泰山的真正起始点是岱宗坊。岱宗坊为什么修在这里？也有一段神话传说。那是碧霞元君坐镇泰山之后，老嫌自己管的地方太小，时常与各路神仙争地盘。官司闹到管封神大权的姜太公处。姜太公也深感棘手，只好想出一法，让元君扔自己的绣花鞋，扔到哪里便以哪里为界。于是元君一手扔出，距离山顶约20里落下，便在此立山门，名曰“岱宗坊”（黎理整理《岱宗坊》）。虽说是神话，但编得颇有人情味，特别是作为神界“高干子女”的元君女士，其风度做派颇有符合其身份地位的个性，游人看罢是喜欢还是厌恶那就自便了。

泰山的传说故事中多以吕洞宾为主人翁，看来吕洞宾还真在泰山混过事儿，还留下了他的故居“吕祖洞”，也多处流传着他与白牡丹的风流韵事。过了红门不远，即现在的山门售票处万仙楼。万仙楼之名从何而来？说法不一，但其中一说即与吕洞宾有关。说吕与白牡丹的私生子受尽人间白眼，很是辛酸，发誓要收拾各路神仙，即用自家中的装水葫芦把他们收拢了。不巧在红门之上不远处遇一白发老翁，一问正是他的生身父亲吕洞宾，不禁大吃一惊，把葫芦摔在地上，各路神仙纷纷跑出。于是，按吕祖之意，在此修造一阁，即为“万仙楼”（鲁岳整理《万仙楼》）。故事编得荒诞而又圆满，且似乎有根有据，让后人听来宁信其有，不信其无。怀着这样的心情登上万仙楼，产生满足感，达到了旅游愉悦的目的。

与此相照应，泰山上还有吕洞宾与白氏女不规的出事现场，那就是所谓“三字崖”这个地方。此处在秦始皇登山歇马的歇马崖之上，其岩壁有三个黑色的大字，不管白天夜晚都能看得见。但谁也认不出是什么字，只有白氏女能认出。据说这正是他俩私下约会的证据。事发之后，吕氏被减去500年道业，但因他是王母娘娘的外甥，这层关系甚硬，所以经过一段重新修行，又从这里重登仙藉，因此这里有座登仙桥。吕洞宾过桥几步便驾起云头上天了，所以这里又有云头埠。云头埠上峰峦嶙起，透过缥缈的烟云望去，有两个人影，一站立一蹲伏，这正是当年他俩分手时的化身（许艳雯、陈旭整理《登仙桥和三字崖》）。这段故事哀婉动人，颇有英雄淑女私订终身而终被拆散的悲剧意味。与上段故事相连接，吕洞宾的人情味也更浓，可见仙界与人间也是相通的。其实吕洞宾为历史人物，唐代京兆人，名岩，号纯阳子，曾任县令。黄巢起义后移家终南，山中入道，后不知所往。是否由彼就来泰山，成为神话人物，那是后人的想象。

过壶天阁便是回马岭。这里山势陡峻，别说走马，就是游人上山，也只有气喘吁吁，而别无所为。传说回马岭之名是由宋真宗封禅登山时因御马到此不前而得来的。就在此段盘旋而上的石阶上，还留有一马蹄印。看着那深深的蹄印窝，可以想象当时御马的艰难之态。因为皇上的旨意是难以违拗的，不到万不得已，深谙人性的宫中之马也不会做出叛逆之举。那深深的蹄窝表明了忍辱负重的老马做出如此大胆抉择的痛苦心态。这正是所谓“自然的人化”的审美效果。其实，那石阶上的蹄窝说不定是筑路石匠们的消闲之作，与宋马有何干？

来到中天门，抬头便见二虎庙。何以有此“二虎庙”？简单的解释便是人们来到这里是继续上还是不上，心里有些“二虎”，此庙便是这种登山心态的“物化”。故事化的解释是说，泰山奶奶到泰山修炼，来到这里有两只虎拦住去路。老奶奶只好许愿修炼成后在此修庙。此庙便是得道成神的泰山奶奶的还愿之物（徐纪民采录《二虎庙》）。其实，传说中的两只虎是与此处的岩石形状有关的。据地质考查证明，此处的岩层是泰山上最古老的岩层，经过二十多亿年的风化侵蚀，岩石棱角磨平，多呈球形或椭圆形状。中天门石坊北侧便有块层层剥落似虎皮斑纹的“阜虎石”，看上去便像石虎卧地，大概于此，便被泰山奶奶老眼昏花地看成了两只活虎。

过了中天门，景色更迷人，但也面临着最艰险的路段——十八盘。常言道，除了十八盘，上山更无难。在滴滴汗、步步沉的时候，如果有谁讲讲有关此地风景的故事，那将减轻许多疲劳和痛苦。来到十八盘，就讲十八盘。传说自打碧霞元君坐镇泰山神位以来，样样都好，香火日盛，但南天门下的一段山路很难走。元君日思夜愁，就让她身边的一名护卫将王灵官去想想办法。王灵官接旨手持火雷金鞭来到南天门下，只见金鞭一甩，山崩地裂，一条山路顿时出现在眼前。只是一堆堆乱石有待清理。碧霞元君奏请玉皇大帝帮忙，大帝派天龙执行任务，不一会儿，乱石被搬到了后石坞。这就是今天还能看到的后石坞石海、石河。为了纪念天龙的功劳，遂把十八盘以东的山岭叫作“飞龙岩”，并在南天门上修起一座“三龙殿”（张立搜集《十八盘》）。这个故事也十分荒诞，估计没有人信。但是，这个荒诞故事有两个落实点，一是后石坞确有一片乱石海，二是十八盘东确有一处飞龙岩。这样，没人信的故事便产生了潜在的说服力，讲给别人听，大概就没有人来反驳，而且说不定还会产生到后石坞看看石海的兴致。这就是实与幻相辅相成的审美效果。

探海石

到了山顶，名胜和典故就更多了。就说作为泰山标志物的“探海石”吧，傲立岱顶，直指北辰，十分奇特，仿佛有一种泰山的灵性在昭示着人世。据传说那是警卫泰山的黑虎神驱妖鞭邪的半截神棍断在那里化成的。有一年春游日盛，东海龙宫的一海妖偷偷到泰山顶施放妖气，扰乱旅游秩序。正在山下巡视的镇守警卫黑虎神见状急忙赶来，手提碧霞元君赐予的擎天神棍，见妖便打。由于用力过猛，棍断两截，海妖逃之夭夭。但因那半截神棍化为巨石，遂使泰山永远安宁（刘洪亮整理《探海石》）这则神话编得合情合理，特别是那“半截神棍”十分形象，山海之战的故事也多有所闻。这样便使一块被亿万年风化而倾倒在地的古老岩石有了与人情世俗的相通之处，人们看到它，便也幻化出许多生活画面，激发起一种与之相应的情感波澜。

泰山上还有两处松树景观，一在山前为望人松，一在山后为姊妹松。望人松传说是一对夫妻为了把泰山打扮得更美而忍痛分离，结果妻子在一年又一年的期盼中化为高崖上一棵亭亭玉立而又远伸手臂的望人松；姊妹松则是由反恶抗婚的一双姊妹跑向悬崖，以死表白绝不向恶人屈服的悲壮形象演化而成的（均见《泰山传说》）。这两棵松树枝枝连理，叶叶交通，好像手挽手的同胞女子，颇有姊妹亲情。要说松树，可以说泰山上遍地都有，而且多在半山以上的高岭悬崖处，但能长出有特点、有个性的树型的名树则不多见，望人松与姊妹松则是因型赋情的美的典型，使自然景观的亲情美内涵更加丰富动人。

除了泰山上下，作为点缀和衬托泰山之美的还有其周围的一些山川。比如大汶河，像缠绕在泰山周围的一条飘带，蜿蜒妩媚。但是大汶河不同于神州大地大多数河流自西向东的流向，而是由东向西流，这也曾使许多细心的游人大惑不解，这个中缘由除了地理地势上的原因之外，同时也带有神话色彩的解释。那就是说这条河原是供西王母洗浴专用的，因其河水清澈甜美，水质特好，两岸形成膏腴之乡、肥沃之地，天下有名的汶阳田便是受汶河滋育而成的。但掌管天下水脉的东海龙王听说西王母独享其美，便大施淫威，派员令汶河改道，甚至派了他的三女儿督察。但其三女儿来到民间，却为民声所动，宁愿落户下界，也未顺从父命。为此，百姓为她修了“三娘庙”，而湍湍汶水仍向西流淌（鲁岳整理《汶河倒流》）。如画的徂徕山曾是比泰山还高的山，为什么变得又矮又平了呢？原来徂徕山竟是张果老从西天用瘸驴驮来的，想以此压过泰山。驮山时也把山中妖怪一齐驮来，这些妖怪来后无恶不作。泰山奶奶听说后派自己身边的干将王灵官去除恶，王灵官手挥九节连环鞭，拦腰斩断徂徕山，也扫净了妖魔。从此，徂徕山变得又矮又平了（王润身整理《平顶徂徕山》）。

汶河倒流、徂徕矮平，都是大自然的安排，人类并不清楚其动意何在。但多愁善感的人们总想按维系自己的社会善恶观做出富有人情味的解释，使人们在欣赏自然美的同时，也领略其中灌注的人情美，这正是按“美的规律”去创造生活的人类的智慧所在。

实与幻，把现实和理想都装扮得更美。

六、情与理

美是一幅画，一首诗，里面既有情，也有理，情与理的巧妙融合正是美的极致。如杜甫的名诗《望岳》中的“岱宗夫如何，齐鲁青未了”是泰山这幅巨画的底色，打好底色然后勾勒山川人物。“造化钟神秀，阴阳割昏晓”是宏观着笔，静则一片神峦秀峰、美影仙姿，动则时有阴阳变幻、晓曦晚霞。“荡胸生层云，决眦入归鸟”，以物写人，以人写物。物是泰山流云、漫天飞鸟，正是泰山景观中的重要特征物；人是看云者，赏鸟者，正是被这山光云影、晚霞飞鸟所迷恋、所陶醉的钟情诗人。试想，如果诗人心中没有激情，能把泰山写得这样美吗？最后“会当凌绝顶，一览众山小”，是诗人激情壮志的总爆发，也是诗人感受的理性化：只有登上泰山顶峰，才能一览整个天下。这个理是通俗而深刻的。年轻的杜甫初次来到赫赫有名的泰山，由感而生情，由情而悟理，情与理自然贯通，使人觉得诗写得美，诗把泰山也写得美。

由此可见，在美的框架中，情与理是相依并存的，虽说各有特点，但不能截然分开。古人讲过“情发而理昭”，“理融而情畅”（刘勰语），这些很简练的话却高度概括了情与理相辅相成的辩证关系，情与理只有自然融合才能使美的东西表达得鲜明畅达。所谓“理趣”正是情与理融合协调所形成的美感，在诗画创作中是这样，作为诗画艺术的重要源泉的山水景观也应体现这条美学原则。实际上，历来游泰山者大多懂得景观中情与理的辩证关系，看山生情由情悟理。游山是陶冶性情的好时机，游山也是深悟哲理的好处所。

登泰山所悟至理，当属齐鲁圣人孔子所言“登泰山而小天下”。对此后人多所认同，且也有发挥：

尼父昔登临，玄览超无上。
我来得瞻依，顿觉心神旷。

（〔明〕龚勉《孔子崖》）

这是对圣人之遗言的验证和认同。

志欲小天下，特来登泰山。
仰观绝顶上，犹有白云还。

（〔明〕杨继盛《登泰山》）

此种感觉便更好，仿佛悟得其理之时，也有悠然之情伴白云往还。

向平志虽赊，兹游亦陵铄。
回首望芜岚，烟霞染佩服。
称宗镇青方，乡土信所独。
到庐意拳拳，赋诗酒重酌。

忽梦九天游，阊阖闻仙乐。
齐州几点烟，俯视不盈握。
岂惟天下小，泰山止一粟。
启户瞻岩岩，恍然似有觉。

（〔清〕赵国麟《泰山纪游》）

这是一位家住泰山下、官场落职、放还田里的学者所写泰山纪游长诗的末段，有一种“曾经沧海”的旷达意识，便悟得“岂惟天下小，泰山止一粟”的超然之识，对圣人之言可说是活学活用，略加发挥了。正出于此种心态，他以《白云洞》为题，写泰山之云，也写他自己：

出洞本无心，入洞亦无意。
洞中贮白云，崇朝满天地。
不过肤寸耳，宁知莫思议。
雨遍天下归，白云仍此寄。

白云洞在岱顶天街之侧，曾被认为是泰山云贮藏之地，牵系天下云雨。诗人所写云之“无心”“无意”，尽言其自由旷达之状，但“雨遍天下”正是其心其意，其他则别无所求了。这不正是这位正直而失意者的自况吗？

登泰山尽观“天下小”固然是古往今来游山者的最大心愿，正因为如此，实现这一愿望并不容易：

遥望泰山岑，崒嵂未易陟。
高高入云中，云路安可极。
触暑奋必登，振衣起蓐食。
宁不念崎岖，怀此久且亟。
石径隐翠微，窈窕通复塞。
虬松几何年，苍苍太古色。
须臾步天门，徘徊日观侧。
岂翳尽青徐，悠然隘九域。

泺泺洞云平，俯瞰若凭轼。
频语鲁诸生，万仞在自力。
（〔明〕邹善《登泰山》）

这位诗人已充分估计到攀登泰山的艰难，并做过充分的准备，所以能较快地登上天门，看到“悠然隘九域”的俯视天下的效果。当他身置绝顶滚滚云流之中时，似乎像坐在车上俯视前方。当此之时，他频频告诫人们“万仞在自力”，也就是说，攀登万仞高山，要靠自己的努力。这是讲爬山，也是讲人生。其理正寓于登攀成功者的喜悦与豪情之中。

说到登山与人生的关系，那是登山者体验最多的，其中包含着一些人生至理。

人情轻便易，世路重艰难。
不走巉岩路，谁知快活三。
（〔明〕李学诗《快活三》）

“快活三里”是登山途中越过中天门之后的一段下倾向路段。刚刚走过艰难的十二连盘，一下子走下坡路，感觉快活极了。这首小诗却没有只说“快活”，而是想到赢得“快活”之前的那段“巉岩路”，正如“人生”，正如“世路”，重要的在于迎接艰难、征服艰难。这话说得太深刻了。

岭岭径崔嵬，峰峰路崒嵂。
险极势欲旋，坦道从危得。
从危得坦道，其意复如何。
仍向层霄步，云中仍笑歌。
（〔清〕元玉《快活三》）

这位僧人也悟出了同样的道理：坦道从危得。也就是说，快活是从艰难中来的。不过，既如此，那就要继续攀登，保持欢乐。这就把对待艰险提高到更高的境界——以苦为乐。

有了这样的境界，登高望远的眼界就更放达了：

奇观小天下，狂客兴吟豪。
环带群流细，擎天一柱高。
…………
山河百二境，法界万千曹。
登临一长啸，名利等鸿毛。
（〔明〕姚应士《登岱》）

看来这也是一位僧人。当他登上岱顶遍赏山光水色时，很快进入佛境，口出“名利等鸿毛”一语惊世骇俗。因为所谓“名利”对于凡俗之人来说，也是一道难以逾越的欲壑，芸芸众生往往难却其带来的烦恼，品味一下佛家至言，也是一剂明世的良药。于是有人又唱道：

帘洞更衣入紫霄，风吹御帐起松涛。
羊肠鸦背盘盘曲，龙口天门节节高。
过化楼前怀往哲，登封台上慨先朝。
何当抛却尘寰虑，乘兴重来不惮劳。
（〔明〕项守礼《登岳》）

这大概是位朝觐泰山的政府官员，对圣人之教念念在心，对先朝往事多有领教。经过了一番艰难攀越，终于登上岱顶。他忽然悟得，如果有一天能消除掉种种过虑之念，那时自己将不辞辛劳地再来攀登一次泰山。看来登泰山也不能思想负担过重，否则便格外累。

对于历代王朝的兴亡大业，后来的游山者多能“旁观者清”，但吟咏其间，也是情深而理隽，耐人寻味。

七十二家皆寂寞，水帘不尽野花红。

这是慨叹秦皇以前的72君封禅之举。

金舆玉辇谁重过，惟见秦王一土坯。

闻道茂陵留禅草，夕阳古黛愁人心。

凌虚忽忆千年事，汉策秦封总浪名。

这些比比皆是的前人题诗，不能说对煊赫一时的秦皇汉武没有怀念之情，其金舆玉辇、设坛拜祭的场面是浩大的；但是，事过境迁，浮名遽逝，其王霸伟业难敌山水永恒，这也是自然规律所致。有一首小诗说得真切：

祥符天子旧明堂。秦汉丰碑宿草荒。
人事已非坛尚在，摩挲老泪湿斜阳。
（〔元〕王奕《茂陵封禅坛》）

这正是与那个漫长时代有若干思想心脉的牵连，而又远离一个个风流帝王之后的臣民的深处心态，这里也是情与理的融合统一。今天的游人除了观赏那些无思想无感情的山山水水、花花草木，也还对这些陈旧不堪、缠绵悱恻的往事抱有兴趣，就像观赏那些出土于地下的零散破落、扑朔迷离的千年文物那样兴致勃勃，追究不已。

其实，对于那些带有某些不同时代色彩的种种遗物和遗迹，历来就发生过断续不已的情与理的笔墨官司。

比如传说那几棵曾为秦始皇避过雨而被封的松树，历来的评说各有其情，也各有其理：

二世空为万国图，咸阳宫阙已荒芜。
当年驻跸东封处，惟见苍髯五大夫。
（〔明〕龙瑄《秦松》）
二世山河已改移，五枝犹冒受封时。
昂藏应愧虚名污，贻笑商岩四紫芝。
（〔明〕王宏海《咏大夫松》）
四海苍生憔悴尽，五株松树独封官。
仁民爱物秦颠倒，何怪当年共揭竿。
（〔明〕李学诗《大夫松》）

同是松树，原为大自然供生之物，只因传说受封，便有如此褒贬之词。卫诗说它是久经风雨而亭亭独立的“苍髯五大夫”，是英雄；王诗说它虚冒功名、内藏污垢，为名人志士所耻笑的孬种，是狗熊；李诗则说它是四海憔悴、投机乱世、颠倒仁爱而引发百姓揭竿的导火线，是罪人。情与理在这里呈多元选择。其实，松树无辜，而是人们对秦王朝的看法不一所至，或者说是把松树这种自然物过分人格化的结果。

登山之“理趣”常在“有意”与“无意”之间发现，一旦说出，便令人欣然而生快意，这正是美的特点。

居高揽远理无疑，峰顶当先见晓曦。
设使海边立沮洳，虽早应更早于斯。
（〔清〕乾隆《日观峰》）

乾隆这首小诗发凡人之思，却有雅人之趣。他说登得高看得远这是无疑的道理。不过，就看日出来说，即使站在海边最低处，也应比站在高山最高处见太阳更早些。

五十年来自在身，每逢高处倍思亲。
山中羽客群相揖，今日真成绝顶人。
（〔清〕邹钟《泰山绝项》）

想不到的事突然成了事实，使自己格外惊喜。

壁立石屏向日明，小亭危坐午风清。
弹琴人去知何日，尚有高山流水声。
（〔明〕李戴《观万公题壁》）

这首小诗把真山水与旧故事一点通，使淡淡理与浓浓情交融为一体，如高山流水，声声在耳。

七、雅与俗

艺术上的雅与俗是两种不同层次与风格的作品属性的概括，它们的区别是由其审美取向的不同而造成的。一般地说，雅的是高深的、纯正的、有典有则的艺术，俗的则是通俗的、大众化的、浅白的艺术。中国古代即有所谓“阳春白雪”与“下里巴人”两种格调的楚乐，延续至今，各艺术领域仍呈现着或是流行的、通俗化的作品风格，或是典训的、文雅的作品形态。

其所以如此，我想主要是民族文化发展和普及的不平衡性与个人审美情趣的若干差异造成的。一般地说，雅的作品较之俗的艺术，其文化含量要高一些，艺术表现也复杂一些，能接受这种艺术的人也少一些；而俗的东西则有更广泛的社会性和群众性。但是文化要发展进步，艺术要精益求精，时时促进雅俗之间的转化，不断提高整个民族的文化素质和艺术修养，也许正是谈论这个话题的意义所在。

当然，雅与俗并非绝对的高低上下关系，具体到一些作品形态之中，常常是雅俗共存而互补的：雅中有俗情，俗中有雅趣，大俗即大雅，正是其互相渗透、互相转化的表现。所以人们常常对艺术提出雅俗共赏的审美要求，应当说，这是一种美的极致。

但是，雅与俗在更多的情况下是在分流。

泰山景观遍布整个山区，包括山川古树等自然景点和刻石古建等人文景点，计上百处。对于这些景点，以景观价值和文化内涵来鉴别，其中有不少景点应属高雅之处；而有些景点可能香客甚多，但并无多少人文内涵和景观价值的，应属粗俗之所。

如经石峪及高山流水亭所在之处，不仅自然景观幽胜至佳，而且人文轶事传播甚多，是为泰山“灵秀之钟毓”之地，为历代文人雅士所钦慕，其景观价值与人文价值都极高。

首先是佛家圣地。此溪间如巨人坦腹般的一亩石坪上，赫然刻着佛家圣典金刚般若波罗蜜经文。其刻写年代考为西来佛教在中国大兴的魏晋南北朝时期，是为一个特殊时代的产物，这当是有据的。在此基础上，又有着此为唐僧取经归来、经文落水、在此暴晒的传说，故此石坪素有晒经石、暴经石、石经谷等旧名，佛家宗教氛围颇浓。

其次是书家圣地。石坪经文字大如斗，字体八分隶。虽经千年风雨剥蚀而风韵犹存，正如清人包世臣所说：“北齐人书，落笔峻而结体庄和，行墨涩而取势排宕。”清末人氏缪润绂称其字“笔力雄健，字体之大，碑拓中世所罕瞩，洵巨观也”，并被康有为称为“大字鼻祖”“榜书之宗”，向来为书家所钟爱。除金刚经大字外，经石峪周围还留有历代书家文人的书刻题词，颇为壮观。

再者是文人圣地。正因有如上缘由，此处历来吸引文人雅士前来观赏抒怀。缪润绂称他曾“五造岱巅”，“未觌真面，终怦怦然，不能去诸怀也”（缪润绂《游经石峪记》），可见其魅力之大。明代进士侍郎督运官万恭祭祀泰山、构筑石亭，并著文《高山流水亭石壁记》一事更是昭著于泰山，留名后世。一代才臣万恭慧眼独识，才思敏捷，一下子把“高山流水”的远古佳话引入此景此境之中，使经石峪这块风水宝地又增添了浓郁的情感氛围，拨动了积郁在历代侠义之士、天涯知音胸中的最敏感的心弦。

万恭写道：

> 余嗜鼓琴，辄顾从者曰：夫是倚岱麓之壁也，斯不亦高山乎？夫是临水帘之泉，斯不亦流水乎？为子援琴而玄之邀泰山之神，聆广陵之散，若将巍巍乎志在高山也，又洋洋乎志在流水也。是谓神品，亦谓神解。从者悦，遂命之曰高山流水之亭。

文中说，万恭本人喜欢弹琴，于是就对随从们说，这块背倚泰山的石壁，不就是高山吗？这流下水帘的泉水，不就是流水吗？我为你们弹琴时远邀泰山之神，来听“广陵散”古曲，这不就是像古代的高士俞伯牙与钟子期之间知音默契的佳话吗？简直是自然天成的神妙之作，也是得悟其妙的知音之作。随从们听了万恭这番高论非常高兴，于是就建了亭，并命名为“高山流水亭”。此亭至今犹存，使后来人每每重温上古与明时两段佳话，令人玩味不已。

经石峪的高雅之处实在太多了，越是深通中国文化传统的人越是钦慕景仰，寻访流连。

万恭还做了一件振泰山之名、得游人之心的善举，那就是他登上泰山极顶告祭泰山时，将玉帝观北移，将“极顶石”露出，并树以“泰山之巅”的碑刻作为极顶的标志。这件事，可以说让泰山在最显豁的位置露出了自己的真面目，数百年来极大地满足了游人“登峰造极”的心愿。事虽小，意义大。万恭堪称泰山的真正“知音”。

那位“五造岱巅”，而对经石峪仍“未觌真面”的缪润绂，后来游完此峪后，发感慨道：

> 若此峪者，僻处偏隅，游迹罕到，非经刻书法之精妙，阒寂无闻也久矣，谁为之称道？夫兰亭得右军而彰，滁之琅琊遇欧阳而始显。伊古来高贤逸士，潜光隐曜，遁世而不见知，泯泯于长林丰草间者，何可胜道？独山水也欤哉。

这段议论，感叹“古来高贤逸士”隐没山林不被见知的世风时弊，由此也可看出从来就是“阳春白雪，曲高和寡”的现实，经石峪有着这么丰富的景观内涵，在泰山上下真是难得一二。

山水的壮丽与历史的悠久都可能增进景观的审美价值，丰富景观的文化内涵，给人以情操上的陶冶。前者如三道天门，特别是南天门在泰山景观中所占突出位置；后者如秦刻石与汉柏的沧桑阅历及古朴形象，都能使人产生一种庄严高雅的情感。

一天门悄然耸立在平地起步处。虽曰“天门”却很平淡；虽说平淡，却很庄严。所谓“岩岩频在望，今日始开通”，这意味着随山路的延伸，游人的领会会越来越深。

中天门是胜利的喜悦与艰难努力的凝聚处。穿过蜿蜒山路，到此视野为之一扩，终于投入了泰山的怀抱。但更大的诱惑和考验正在向游人挑战。

南天门两侧的对联为：“门辟九霄，仰步三天胜迹；阶崇万级，俯临千嶂奇观。”这话并不算夸张，等气喘吁吁的游人真的上来，那种感觉可能比这还好。当年中国头号诗人只留下一句“天门一长啸，万里清风来”，真是高雅的胸襟、潇洒的风姿，空前绝后。

如果说，连登三道天门会给人以膨胀的青春活力，那么，端详五棵古柏会使人尽快成熟。还有那块失而复得、几经水火的秦刻石，恨不得弄清它每朵斑痕里都藏着什么。两千多年，七十多万个日日夜夜，真是“天若有情天亦老”。

可以实事求是地说，在千千万万个游人中，真正懂得这些古树和残石的价值及感情的，还不会是大多数，这正是它的高雅之处。

但是，高雅并不是泰山景观唯一的最佳社会效益，更多的人所接受的是它的大众化、通俗化。

这首先使人想到的是，爱国将军冯玉祥为当地人排难解忧所建造的简朴的跨涧石桥“大众桥”。

20世纪30年代大众桥是冯将军隐居泰山时，看到泰山西麓一带百姓出门上山被深深的溪谷所阻，十分不便。为了百姓利益，他出资修建，名为“大众桥”，正是其旨所在。此桥的所在正是西溪出口天外村一带自然景观的荟萃中心。站在桥上，北望凌汉峰，苍松翠柏，郁郁葱葱；西望傲徕峰，层峦叠嶂，云霞盘绕。西溪从远山深处，迤逦而来，穿桥而过。顺流东望，楼舍如林，城貌一新，颇有山城一体之感。而桥上路人游人来来往往，竟也繁忙。看来这桥确有大众特色。半个多世纪以来，桥上该是走过多少大众百姓之人呢。

岱庙也是具有大众特色的景点。

岱庙是神府，也是游乐园。所谓神府，是说它是道教庙宇，祀东岳泰山神，是古代帝王祭祀泰山神的正规场所，也是古今求神拜佛者虔诚拜祝的迷信场所。而对于更多的游人来说，这里古建筑成群，古柏花木成荫，环境幽静，景色宜人，是一个游乐、休息、交往的好场所。多少年来，山城百姓就把岱庙看作是一个公园，每逢节假日，家人亲朋成群结队，或率子携孙出入其间，这就使它成为与大众百姓联系最密切、最广泛的游乐景点。

与岱庙相呼应，岱顶以碧霞宫为中心也具有相应特色。不过作为整个泰山之巅，自然景观的幽胜之处与虚幻色彩总是紧密结合在一起，颇有雅俗共存、各显其妙的特点。如岱顶观日这一胜景，古往今来雅俗共赏，雅人望丽日浴海而升天，抒胸臆作美文，畅想遐思；俗者看太阳破云雾照大地，欢呼雀跃，心满意足，兴奋下山。所表现或许有异，但对万物生命之源的光明使者——太阳的渴求与崇敬之情是一致的。

登山活动是一项社会性、综合性的活动。人们登山的目的也可能是多种多样的，正如社会群体的人生旅程那样五光十色，不过应该是都有一定的精神追求，否则是难以克服征途中的种种艰险的。这种精神追求，有的是健康的，有的可能是不健康的；有的是现实的，有的可能是虚幻的。但在雅与俗的分流与协调统一上，应该都是有益于身心的，有益于积极人生的，有益于社会前进的。

有一位登泰山的人写过这样两首小诗：

登岱

岩岩一片石，上与白云齐。
不知高若何，但觉清天低。
疑为苍玉柱，藉之支全齐。
安得庐其巅，百年向此栖。

下岱

不浅登临兴，千峰任意攀。
黄花明古戍，红花点秋山。
野色供诗料，村沽破客颜。
莫言行李尽，满载岱云还。

读一读这两首诗，应当说，诗人是爱泰山的，他看到了泰山的高大，看到了泰山的坚挺，因此，他想在山上造个房子，在这里住一辈子。但他还是下山了，又看了泰山的幽雅秀色，写了诗，喝了酒。下山后觉得收获很大，心满意足，“满载岱云还”一句，颇有雅趣。

人不能脱俗，也不能无雅。

八、美与丑

美与丑，是人们对客观事物两种相互对立的判断，其褒贬取舍的价值取向也是很鲜明的。然而，其二者往往又是相比较而存在、相斗争而发展的。可以说，失去对方，己方也难以显现出个性和光彩，所以，古人曾有“见美然后知丑”的辩证论断：

不睹琼琨之熠烁，则不觉瓦砾之可贱；不觌虎豹之彧蔚，则不知犬羊之质漫；聆“白雪”之九成，然后悟“巴人”之极鄙。

（葛洪《抱朴子·广譬》）

这里，论者是从琼琨与瓦砾、虎豹与犬羊、白雪与巴人的贵贱、文质、高卑之比较中突现美的，正如今人把真善美与假恶丑相比较而寓褒贬、定取舍一样，这是二者之间的差异性和对立性。然而，它们之间有没有统一性、可转化性呢？根据辩证法的规律，答案显然也是肯定的。清人刘熙载在谈到书法艺术时，曾以石头作喻，论述道：

怪石以丑为美，丑到极处，便是美到极处。

（刘熙载《艺概·书概》）

现代人也曾借用这个观点，把自己家乡存在数百年的一块陨石称为丑石，但最终还是成为无价之宝的美石，于是也悟得，丑到极点便是美（贾平凹《丑石》）。

说到丑石之美，莫过于人所共知的“太湖石”。因此种石多产于太湖地区而得名。李斗《扬州画舫录》称：“太湖石乃太湖中石骨，浪激波涤，年久孔穴自生。”据说，此种石头的特点有五个字：瘦、皱、透、漏、丑。因为这些特点是其他石种所不具备的，反倒成为一种美石，玲珑剔透，被供点缀园林景观或叠作假山之用，与楼台亭榭、绿柳繁花相映衬，形成一种山林相谐、曲径含幽的景观效果，让人看后赏心悦目。

其实，泰山岩岩，积石累累。泰山上的石头呈自然状者，也多奇形怪状，或挺拔如剑，或圆浑如鼓，或蜷伏如龟，或蹲踞如虎。本来是粗老黑壮、苔痕斑斑的陋石，一旦被想象成具有某种有灵性的形态，这丑陋也就变得有些可爱之处，成为美的化身。可见，丑与美之间，往往因鉴赏者的感情色彩而发生转移，这也正是审美过程中的扑朔迷离之处。

明人王若之所写《偶得岱阴一石置于池竹之间》一诗颇能道出这种微妙的现象：

奇石钟灵自可珍，片峰岱削独嶙峋。
移来近使临秋水，看去偏宜映绿筠。
半似凤翔惊翼鸟，浑如玉立谪仙人。
高斋神秀欢相对，下拜频频肃笏绅。

诗人从山阴捡得石头一块，本来，此石久经风雨浸蚀，一派“嶙峋”狰狞之状，可谓丑陋至极。但诗人看出了石头的灵性，非常珍爱，回来置入秋水池竹之间，结果看上去又似仙鸟，又似仙人，惹得主人奉若尊神贵客，其美之至也。

由此似可使人悟得，从丑到美之间，作为审美对象的自然物，被赋予某种“灵性”是关键所在，“灵性”所在即“美感”所在，美感的产生正是审美主体在审美实践中由客体的审美属性引起的愉悦性的心理状态。而如石头、古木、峰崖、涧谷一类的自然物，多呈天然状态，与人类的审美意识有一种达成默契的天然联系，时时会勾起人类对原初生活的美好记忆。因此，较之与对社会行为所造成的客观物，更容易引起源于人类本性的愉悦感。这大概正是许多自然物虽具奇形怪状而多为人们所喜爱的原因。

如上所说，除了石头，泰山上的树木也有因丑或因残、因衰而愈显其美的实例。

卧龙槐

卧龙槐。据考，此树已有三百多年的历史。最初是国槐一株，可能因外力撞击使其倾倒在地，在地枝干掩入土中生根重生，使树冠仰起，宛如卧龙翘首，欲飞未飞，似有龙性。应当说，此树之畸形属伤残所致，本为病态，应无美可言。但因其伤残后造型生动，让观赏者激发联想，产生爱怜惊叹之情，便有了美感。此古槐遂成为登山路上一著名景点，又与斗母宫隔路相对，仙宫古树，相得益彰。

汉柏。传为汉武帝所植，至今业经两千多年风雨寒暑，树干已衰残，皮裂心枯，枝瘦叶秃，颇见老态。但活着的四株仍虬干苍古，时吐新枝，显翠葆青。在汉柏面前，美似乎有双重标准，青春是美，苍老也是美，而且愈老愈令人敬佩。

元代江西人王奕大概是位汉王朝的崇拜者，他写的《汉柏歌》格调高古，塑造出一位久经岁月、忠于大汉的老臣形象：

肤剥心枯岁月深，孙枝已解作龙吟。
烈风吹起孤高韵，犹作峰头梁甫音。

四句歌从汉柏的外在形象写到其内在胸怀，从汉柏本身写到近嗣孙枝，最后以“犹作峰头梁甫音”一句写出经千年岁月的老柏仍在追思那亲历王朝的昔日辉煌，为逝去的一切唱挽歌。

曾任泰安知州的明代嘉兴人戴经把“汉柏凌寒”列入泰山八景之一，可见其景观价值之重要。他也是从汉柏的资深阅历入笔来写其“凌寒”之精神美的：

东封玉辇不闻音，柏树犹能慰访寻。
一代精神看翠霭，千年物色在苍林。
水帘洞口风偏急，御帐坪边雪正深。
到底凌寒谁可共，老松郁郁是同心。

距离坐着豪华车来泰山封禅的汉武帝已经过去一千多年，今天的游人看到他当年植下的汉柏，还是能使这种失落感得到些补偿的。那郁郁汉柏所焕发出的青翠之云、物华之色能使人想起那一代精神和千年履历。现在呢，泰山上风急、雪深，又是一个难熬的严冬，而能与山下汉柏携手并肩、抵御严寒的还有山上同样苍老坚挺的泰山松。这样一番满怀深情的拟人化刻画，也同样使并无智性的苍老柏树获得了深通人性事理的灵性，成了美的精灵。于是，游人们每每来到汉柏树前，总要驻足良久，凝眸审视，仿佛也要到那两千年的时间隧道里重走一趟。当然，那只能靠想象了。

山川之美，古来共谈。

那么，什么是山川之美？古人往往陶醉于此。东晋画家顾恺之有一次从浙江会稽探亲回荆州，人们纷纷问他越中山川究竟怎样美，顾恺之回答说：

千岩竞秀，万壑争流，草木蒙笼其上，若云兴霞蔚。

这几句很简洁的话，虽是古人为越中山川之美总结出来的，但实际上，也正是对许多自然山川美的共同概括，有秀丽的“千岩”，有奔流的“万壑”，有葱郁的“草木”，有变幻的云霞，便是大自然鬼斧神工般的天然布置，也是最本源的自然平衡生态，所以也最适宜人类的生存和发展。人类由此而自然产生丰富的美感。

在谈到自然与人文之美的融合时，古人也曾有精彩的见解：

> 王武子、孙子荆各言其土地人物之美。王云：“其地坦而平，其水淡而清，其人廉而贞。”孙云：“其山崔巍而嵯峨，其水泙渫而扬波，其人磊砢而英多。”
>
> （刘义庆《世说新语·言语》）

看来，这里的王、孙二人所在家乡的自然地理环境不同，他们各自所谈土地人物之美的内涵也不同。大概一则是平原地区，一则是山岭地区。其实，各有其美。应当说，王、孙二人都说得很精彩。

泰山地区也是如此的。在真正的山岭地带，山势“崔巍而嵯峨”，水流“泙渫而扬波”，而在泰山各条大河流域，如流域面积最大的汶河流域，也正是“地坦而平”“水淡而清”的。如有人曾这样写道：

泉流纷演漾，争绕汶阳田。
水碧明沙外，山青玉镜前。
凉风起苹末，斜日冷溪烟。
欧鹭吾怜汝，菰蒲自在眠。

（〔清〕王士祯《渡汶水》）

诗中所写，正是泰山南麓汶水流域水碧明沙、斜日溪烟的土地平旷地区之美，与“斜风瀑布悬，落日动山烟”的山地风光自然迥异。

与此相反，真正使泰山景观变丑的两种污染：一是精神污染，此即指迷漫泰山上下、过多过滥的迷信活动。关于这一点，可以分层次处理。既然泰山是座神山，且自古以来便受到人们包括天子帝王、名贤重臣们的虔诚崇拜，也流传着种种神话传说，要说完全彻底消除泰山上的迷信活动，那是不现实的，是做不到的。但是，从有利于整个社会的精神文明建设来说，对此应有所遏止，多增加泰山景观的文化意味和人文氛围，多宣传一点儿唯物论观点，限制愚昧落后的迷信场所。特别是对影响青少年心理健康的行为和做法，要严加控制，保持泰山这座文明山的良好氛围，让精神美的景观意味更浓些。

二是环境污染。随着旅游业的兴旺发达，旅游人员的大量增加，给自然景观的所在环境带来多方面的污染，这几乎成为世界性问题。但是，这种污染的有增无减将给自然生态的平衡带来毁灭性破坏，也是有识之见。泰山景观也面临着这一挑战，局部性的污染已给某些景点带来丑陋感。对此，应加大防止污染、保持本色的工作力度，使泰山继续以雄伟壮丽、明山秀水、花木葱郁、洁净文明的山岳公园面目迎接四方游人。

常言道，美在天然。特别对自然景观来说，使峰峦涧谷、古木名石各如其自然本色，少有人工痕迹，便更为游人所喜爱；造假景观，造假文物，便为游人所生厌。对此，古人也曾有言：

> 求美则不得美，不求美则美矣；求丑则不得丑，求不丑则有丑矣；不求美又不求丑，则无美无丑矣，是谓玄同。
>
> （刘安《淮南子·说山》）

这段话的意思颇含辩证法思想，也正反映了美与丑这两个相互对立而又有内在统一的美学范畴的脆弱性。美是一个被哲人们思索和争辩了两千多年而未获得一致看法的神秘字眼儿，这种神秘感也许正是由于美的东西在客观世界中的太不稳定性所决定的。但美的存在又是一个为所有关注它的人所共同认可的事实，而且，美几乎天天、时时被许多聪明人所发现，并为之感到惊喜和困惑。

而丑呢，丑就在美的旁边。

第四章
涵蕴丰广
——泰山景观的文化意蕴

一、神祇意识

古老的泰山，是大自然的杰作。它有着雄伟的山体，峥嵘的群峰，幽深的涧谷，奇异的石与树、水与云，是一个美不胜收的所在。但是，泰山之威名远播，也许还因为有一个“形而上”的潜在因素，那就是“泰山神”的威灵。

什么是“神”?《周易》中至少有两种解释是有助于人们思考的。一为“阴阳不测之谓神”(《周易·系辞上》)。古人一向把大自然看作是阴与阳的结合，所以有“一阴一阳之谓道”的概括。这可以说是对自然规律的基本认识。但是阴阳循环不已，万事万物的变化太复杂了，那么，对那些不可捉摸的变化，古人看得很神秘，认为是神灵在作怪，这可以说是“神”的发生学解释，这也是符合人类之初由原始崇拜而诱发的神祇意识的。一为“利用出入，民咸用之谓之神”(《周易·系辞上》)。这是说囊括天下之理的“易”已经揭示出事物的真相，确定了行事的方法，使人们懂得怎样进退出入，但大众日常用它而却并不知觉，这就叫作神。这正是讲神的功能是无所不灵的。以上这两个方面大概正是神祇意识的产生根源与魔力所在。

人类几乎都经历过相类似的“神”的困惑和崇拜。18世纪意大利法学家和历史哲学家维柯曾这样描述过西方人的最初经历：

> 当天空里轰起炸雷、闪着疾电的时候，异教人类的始祖所经历的必然就是这种情况……那时有少数巨人，身体一定顶强壮，散居在高山森林里，

猛兽穴居的地方，碰见雷电交作，不知道原因，就大惊大骇起来，抬头一看，就看到天。由于这种情况，按照人心的本性，人就会把自己的性质附会到雷电这种效果上去：因为在像打雷扯闪的情况下，大半是一些体力极强壮的人在发火，用咆哮来发泄他们的暴躁情绪：他们于是就把天想像为一个巨大的有生命的物体，把打雷扯闪的天叫作“天神”或“雷神”。

（《西方文论选》）

这里所描述的神的起源的想象是合情合理的，而在东方，在中国，其见解几乎是相同的：

昔者初民，见天地万物，变异不常，其诸现象又出于人力所能之上，则自造众说以解释之：凡所解释，今谓之神话。

（鲁迅《中国小说史略》）

东西遥隔数万里，其哲人之思竟也相通，可见这是人类智慧所能做出的最后结论：神起源于自然崇拜。

正像一切“昔者初民”曾经经历过的那样，繁衍于泰山南北的先辈们也经历过对大自然的恐惧与崇拜时期。那时的天下，自然是作为人类存在的异己力量肆虐于天下的，因此，反映原始时代情况的神话便往往想象出一些神灵怪异的巨人或英雄与各种自然灾难搏斗，借以表达原始人企图征服灾难和支配自然的最大愿望。在我国古代神话之中，便有许多这样的记载。

昔者共工与颛顼争为帝，怒而触不周之山，天柱折，地维绝。天倾西北，故日月星辰移焉；地不满东南，故水潦尘埃归焉。

（刘安《淮南子·天文》）

天塌地陷，这是一场大灾难，造成的原因是两位巨人为争帝位而撞倒了作为擎天柱的不周山。所述情景是古代人对天与地的上覆下载和日月星辰的东西运行，以及整个中国地势西北高、东南低的倾斜所做的朴素解释，反映了原始人们对某些自然现象的思考和探索。

往古之时，四极废，九州裂，天不兼覆，地不周载，火爁炎而不灭，水浩洋而不息，猛兽食颛民，鸷鸟攫老弱。于是女娲炼五色石以补苍天，断鳌足以立四极，杀黑龙以济冀州，积芦灰以止滛水。苍天补、四极正，滛水涸，冀州平，狡虫死，颛民生。

（刘安《淮南子·览冥》）

这是著名的“女娲炼石补天”的故事。故事中自然的灾害是强大的，毁灭性的，而人类总幻想出能与之搏斗的英雄来挽救世界。对灾难的恐惧与对英雄的景仰都是促使处于蒙昧中的人类产生神祇心理的基础。

大自然是人类起源并得以发展的摇篮，自然环境的好坏吉凶时时牵系着初民们的心。而蒙昧弱小的初民们面对大自然的肆虐，可以说是毫无对策，只有顶礼膜拜而已。因此，自然崇拜应是初民生存的重要精神支柱。而在人类所崇拜的自然物中，对大山与大河的崇拜是占重要地位的。泰山之神便因它的高大和神秘而倍受尊崇。从已出土文物所标示的中国最早期的大汶口文化时期距今大约已有4000～6000余年，在自然崇拜维系人类生存和发展的重要时期，生活在汶河流域的先民们之所以长期在此定居繁衍，并使氏族社会生产达到相当水平，固然在物质基础上有汶河流域的肥沃土地和繁茂植被，但与此背靠泰山、气候温和、雨量充沛，且有在先民眼中上承天意、下怀黎民的高山之神的佑护有重要关系，这在后来的典籍中，不乏其文字之踪迹。

泰山岩岩，鲁邦所詹。
奄有龟蒙，遂荒大东。
至于海邦，淮夷来同。
莫不率从，鲁侯之功。

（《诗经·鲁颂·閟宫》）

这是一首歌颂鲁僖公兴祖业、复疆土、建新庙的颂诗之片段。歌颂鲁侯以泰山起兴，且以歌颂泰山的巍峨博大为主体，可见鲁侯之功名是借泰山之威名的；没有泰山之神威，鲁侯能如此成功吗？

南北朝时期北魏大臣高允曾以学人之识写《祭岱宗文》，其文曰：

维皇兴二年，敢昭告于岱宗之灵：正趾坤元，作镇东夏，齐二仪以永固，崇至德以配天，故能资元气以造物，协阴阳而时若。若其岩岭峭峙，川谷幽深，神怪谲诡，倏忽百灵，吐纳风云，育成万品，摄生之所归焉，祯祥之所萃焉。是以历代帝王之崇，封禅铭功，以告其成。七十二君，咸在兹焉。自非功侔造化，应同自然，孰能若此者哉！

（〔唐〕《初学记》卷五）

这位官人笔下的泰山，正是自大汶口文化时期以来数千年众生眼中心中的泰山形神之积淀。他不仅把泰山看作是“岩岭峭峙，川谷幽深”的自然有形之山，更把泰山看作是“神怪谲诡，倏忽百灵，吐纳风云，育成万品，摄生之所归焉，祯祥之所萃焉”的主宰福祸生死、神通极为广大的无形精神之山，是秉承天地旨意、左右人间世界的“群山之祖，五岳之宗，天帝之孙，神灵之府”，如此天地至尊，所以才使历代帝君纷纷来封禅祭拜；如若泰山只是“岩岭峭峙，川谷幽深”的自然风景山，哪能惹得诸代天子王臣如此“敬山如敬天”呢。泰山的精神感召力远远在于其自然景观的吸引力之上，这种现象正是泰山神所形成的社会基础。

到明代时，也有一位颇有学者味的官员称颂泰山“为齐鲁之巨镇，奠后土之庞鸿。盖清淑之气，至此凝而不散，乾坤合辟之机，由此蕴而无穷。此其纪名载籍，为群山之宗者乎”(〔明〕陈琏《登泰山赋》)。把泰山看成是天地间“清淑之气”的凝聚之地，把握乾坤的枢纽之机，这也有点神乎其神的味道，视泰山为一座神府之地。

“泰山神府”的观念在不能掌握自己命运的社会基层找到了更加广泛的基础，这大概从大汶口文化时期以后的绵绵数千年间其趋势是有增无减的。关于泰山神灵的种种传说散见于民间，为祭祀泰山神灵的殿堂庙宇也遍见于山前山后，泰山神祇意识成为关注和向往这座名山的人们的一个情结。每年，来往于山上山下的游人中有许多是或深或浅地怀着这种感情的。

从远古至今，最有影响的泰山神的代表形象一为东岳大帝，一为碧霞元君，分别占据着山下和山上两座最大的神庙，各司其神职。

东岳大帝即泰山神，掌管东岳泰山诸般事宜。《博物志》称其为“天帝之孙也，主召人魂魄”。其来历主要有二：一说为“昔盘古氏之死也，头为四

泰山神

岳，目为日月……秦汉间俗说，盘古氏头为东岳……”即说东岳泰山是盘古氏之头化成的，当然泰山神即为盘古之灵。一说由古典神话小说《封神演义》中姜子牙册封黄飞虎一事而来，那泰山神即为黄飞虎无疑。两说虽均不见文献，但在民间的影响却极大，并由此衍生出若干传说，增强了其神秘性。本来，泰山神由人们的自然崇拜、山岳崇拜而来，应为山林之神，土地之神，但被分派为冥司主宰，执掌幽冥地府十八层地狱之事。据《燕京岁时记》载：“东岳庙有七十二司，各有神主之。”《封神演义》中也说得明白：“东岳泰山天齐仁圣大帝……执掌幽冥地府一十八重地狱，凡一应生死转化人神仙鬼，俱从东岳勘对。”此小说成书于明代，但泰山“幽冥地府”说却远在汉代已流行。如汉乐府中有《蒿里曲》即云：“蒿里谁家地，聚敛魂魄无贤愚。”晋代诗人陆机的《泰山吟》所述，更为悲楚：

泰山一何高，迢迢造天庭。
峻极周以远，层云郁冥冥。
梁父亦有馆，蒿里亦有亭。
幽岭延万鬼，神房集百灵。
长吟泰山侧，慷慨激楚声。

诗中所吟，简直就是一曲吊唁死者的哀歌。连清代学者顾炎武也说：“自陆机《泰山吟》始，遂令古帝王降禅之坛，一变为阎王鬼伯之祠矣。”正是在这样的背景下，历代笔记小说、轶事传闻，也出现过一些描摹鬼蜮人情的文字。如金元之际文学家元好问所著《续夷坚志》所载《东岳速报司》，即可见一斑：

世俗传包希仁以正直主东岳速报司，山野小民，无不知者。

庚子秋，泰安界南征兵掠一知还，云是希仁孙女，颇有姿。倡家欲高价买之，妇守死不行。主家利倡财，捶楚备至，妇遂病。邻里嗟惜，而不能救。

里有一巫女，私谓人曰："吾能脱此妇，令适良人。"即诣主家，闭目吁气，屈伸良久，作神降之态。少顷，瞑目叱咤，呼主人出，大骂之。主人具香火俯伏请罪，问何所触尊神，巫又大骂云：我速报司也。汝何敢以我孙女为倡？限汝十日，不嫁之良家，吾灭汝门矣！主者百拜谢过，不数日嫁之。

这个故事写得很有意义。一是为包公伸张正义。传说以刚正廉洁著称的北宋清官包拯曾任过泰安令，而包死后在冥府主管东岳速报司。此文中的巫女为救包公之孙女，作神降之态，终使包女脱险，堪称义举。二是写鬼蜮而具人情。所谓"东岳速报司"纯系乌有，但世人多闻泰山有阴曹地府之说，就此以荒诞破荒诞，具表人情，写得可笑又可爱。这在诸多泰山神府的流传文字中，实属不可多得的佳篇。可见泰山神话也有益世补心之作。

碧霞元君是位女神。如果说泰山神还具有某些官方色彩，那么这位女神更多的具有民间色彩，特别对妇女们的切身利益更为关切。

唐代诗人刘禹锡所作《送东岳张炼师》一诗是写给一位女道士的：

东岳真人张炼师，高情淡雅世间稀。
堪为列女书青简，久事元君住翠微。
金缕机中织锦字，玉清坛上着霓衣。
云衢不用吹箫伴，只拟乘鸾独自归。

这首诗写了一位"高情雅淡世间稀"的女真人，但她的工作是"久事元君住翠微"，即是说，长久地住在青葱的泰山之上侍候元君。可见，唐代时，碧霞元君已立足泰山之巅了。据说，她是一位玉女，或说是天帝的女儿，或说是东海龙王的女儿。据明人王之纲《玉女传》记："汉明帝时，西牛国奉符县善士石守道生女名玉叶，貌端而性颖，十四岁入泰山黄花洞修焉，泰山从此有玉女神。”宋真宗东封时，玉女被封为“天仙玉女碧霞元君”。这也是一说。

自从宋真宗加封元君并在泰山建起“昭真祠”，碧霞元君的神威越来越大，由主导功能的“主生”渐渐扩大为可以稳定社会秩序、恩赐百姓福祸的万能之神。在碧霞元君祠内，除正殿供奉元君外，东西厢还有“眼光奶奶”“送子娘娘”分任其职，使碧霞元君——泰山老母的形象更加仁慈博爱，也就有了更加广泛的社会基础。多少游人攀越山巅，总要一睹碧霞元君的玉容素姿，祈求实现自己的一生夙愿。

一嶂凌霄汉，中藏玉女家。
仙旛摇碧落，宝殿拥朱霞。
映日裁云锦，随风散雨花。
登临多少客，不惜路远赊。

（〔明〕刘策《碧霞宫》）

碧霞元君既是仙人，她的日常生活和精神世界是凡俗之辈难以揣测的。但有一则唐人小说《吴女盈盈》，倒是留下了发生在元君玉女身边的爱情故事。

吴女盈盈，善歌舞，姿容都冶。一夕，梦红裳美人手一纸曰：“玉女令汝掌奏牍。”及觉，泣以白母曰：“儿不能久居人间矣！异日，当访我碧霞峰顶。”其日竟卒。后诗客王山闻之，登岱绝顶，徘徊玉女池畔，为二诗以吊之。既归，梦二女奴，召至一溪间；更有碧衣短鬟者迎入宫殿。上有女子，玉冠绛衣，拥云幢宝扇。山不敢仰视。俄，女使持一简授山。上书一诗曰：

绛阙琳宫锁乱霞，长生未晚弃年华。
断无方朔人间信，远阻麻姑洞里家。
历劫遥翻沧海水，浓春难谢碧桃花。
紫台树隐瑶池阔，凤懒龙娇日又斜。

寻寐，明日追寻，不得其处。

这位吴女盈盈，有很好的天赋，本应有美好的人间生活，但其天赋被元君看中，遂令她弃俗升仙，侍奉元君。不料此事却拆散了一桩美好姻缘，使盈盈与情人王山只能以诗传幽情，怅然而分手。盈盈被称为是较早出现的“怨女”形象。正是那位未露面的元君仙人造成了绵绵此恨。看来，仁慈博爱者也有冷酷无情的时候。

但是，碧霞元君的神威不减，络绎不绝的崇拜者仍远近而来。不过，随着唯物论的普及，虔诚的信仰者为数不多，倒是心怀好奇者不少，都一齐给元君仙人投了钱币。

山岳崇拜还会引发与山岳有关的灵物崇拜，如对“泰山石”的崇拜便是颇有影响的一例。所谓“泰山石敢当”的传说，据考在唐宋年间便有传。后来便不仅限泰山南北一带，南方诸省乃至海外华裔所在之地，也有立“泰山石敢当”之石，以镇妖避邪的。不过，崇石之风似乎也是世界性的，许多民族、许多地域的先民们都曾对石头寄寓特别的感情，留下了许多巨石阵的奇迹。看来，石头与人类的关系太密切了。而泰山之石，也许可以作为整个泰山的象征，寄寓着泰山高峻稳固的形体精神，所以成为很久以来人们崇拜的重要灵物之一。

“石敢当”多为镇宅之石。因为宅居是人们的安身之处，避难之所，人们首先要使自己有一个“安乐窝”，在采取其他措施的同时，还要借助一下名镇天下的泰山——泰山石便当此重任。

泰山有一处名胜为“灵岩”，是说当年的竺僧朗公来此讲经，“猛兽归伏，乱石点头”，可见其经法之神，于是得名“灵岩”，也是石头被神化的一例。

总之，神祇意识是人类发展的漫长历程中人与自然关系的一种情结，是作为人类精神支柱的有机组成。按照唯物论观点，神是虚无的；但事实上，神又是难以抹掉的。问题的关键在于要永远保持住人的尊严和地位。

二、政治色彩

也许正是由于泰山所处的独特的地理优势，包括位于被称为中华民族重要发祥地的黄河流域，被已发现的远古人类生活遗址如大汶口文化和龙山文化遗址所包围，再加上泰山本身巍峨高大、吐纳风云等独特物象特点，所以，从汉文字记载的史料看，泰山很早就与人类社会政治生活联系在一起，并常常成为社会政治生活的中心场所。于是，泰山的声名身价便大大超越了泰山固有实体的意义，本来为造化所钟情的风景山也就时时被笼罩上一层浓浓的政治色彩，成为社会政治生活关注的焦点。

司马迁所著的纪传体史著《史记·封禅书》开宗明义地指出：

> 自古受命帝王，曷尝不封禅？盖有无其应而用事者矣，未有睹符瑞见而不臻乎泰山者也。

这也就是说，自古以来的帝王都举行过封禅活动，而所谓“封禅”，便是到泰山去祭拜受命；不这样做帝位是难以成命的。故此，《史记·五帝本纪》中所写五帝之事，便两次提到受命之帝往拜泰山的行踪：

> 黄帝“东至于海，登丸山，及岱宗”，“而鬼神山川封禅与为多焉”。
>
> 舜帝“岁二月，东巡狩，至于岱宗。柴，望秩于山川。”

司马迁明文记下黄帝与舜帝到岱宗封禅祭拜之事，其他三帝也当有此举，因为此已成制，“前有车，后也有辙”的。

当然，所谓“封禅”之举，绝不仅仅是一种祭拜山川的迷信活动，而是意味着权力交接的合法性和治理国家稳固性的政治显示，否则是不能进行封禅的。司马迁也谈到自五帝以后不尽人意的一面：

> 虽受命而功不至，至梁父矣而德不洽，洽矣而日有不暇给，是以即事用希。《传》曰：“三年不为礼，礼必废；三年不为乐，乐必坏。”每世之隆，则封禅答焉，及衰而息。厥旷远者千有余载，近者数百载，故其仪阙然堙灭，其详不可得而记闻云。
>
> （《史记·封禅书》）

这就是说，历代帝王虽受命践天子之位，但所治功业不足，或威望不高，或时机不宜，往往使封禅活动变少，以至于停顿很久，全然湮灭了。由此看来，兴盛已久的帝王封禅活动完全是统治者强化政权建设的示威性政治行动，而享有“造化钟神秀，阴阳割昏晓”自然之美的泰山，只不过是政治家们权力角逐的重要场所而已。

真正具有历史开创意义的封禅是我国历史上第一个统一的封建王朝创始者秦始皇完成的。对于这次封禅，《史记·封禅书》是这样记载的：

> 秦始皇既并天下而帝，或曰："黄帝得土德，黄龙地螾见。夏得木德，青龙止于郊，草木畅茂。殷得金德，银自山溢。周得火德，有赤乌之符。今秦变周，水德之时。昔秦文公出猎，获黑龙，此其水德之瑞。"于是秦更命河曰"德水"，以冬十月为年首，色上黑，度以六为名，音上大吕，事统上法。

这是说秦始皇为封禅造舆论，先物色"祥瑞"之物，由"黄帝"而"夏"，而殷，而周，至秦以"黑龙"为"水德之瑞"，如同拿到了"许可证"，然后付诸实施：

> 即帝位三年，东巡郡县，祠驺峄山，颂秦功业，于是征从齐鲁之儒生博士七十人，至乎泰山下。诸儒生或议曰："古者封禅为蒲车，恶伤山之土石草木；扫地而祭，席用葅稭，言其易遵也。"始皇闻此议各乖异，难施用，由此绌儒生。而遂除车道，上自泰山阳至巅，立石颂秦始皇帝德，明其得封也。从阴道下，禅于梁父。其礼颇采太祝之祀雍上帝所用，而封藏皆秘之，世不得而记也。

秦始皇封泰山的目的就是"颂秦功业"以振皇权，但儒生们多有挑剔，秦始皇则把他们甩在一边，在泰山之巅立起了功德碑，以彰明其封禅之举。但封禅活动并不顺利：

> 始皇之上泰山，中阪遇暴风雨，休于大树下。诸儒生既绌，不得与用于封事之礼，闻始皇遇风雨，则讥之。

> 始皇封禅之后十二岁，秦亡。诸儒生疾秦焚诗书，诛僇文学，百姓怨其法，天下畔之，皆讹曰："始皇上泰山，为暴风雨所击，不得封禅。"此岂所谓无其德而用事者邪？

仿宋代封禅表演

看来，秦始皇封禅表功之心太急切，甩掉了诸儒生却遭到了儒生们的诅咒。途中遇雨因封古松为大夫松，此松也遭到了许多后来文人们的讥讽。事情一旦卷入政治性风波，即使如郁郁青松也不得安宁。

从后人来看，悠悠两千年，秦始皇封禅泰山留下了不小的动静，堪称千古一帝。

在竞相封禅的诸代帝王中，均显示出其践位天子、炫耀天下的权欲色彩自不待言，而独创一格的唐代女皇武则天又别出心裁。唐高宗即位后，即有公卿屡请封禅，已立为皇后的武则天因觊觎皇权也“密赞”此事，于是麟德二年（665）御驾发京。然而在“封之礼”由天子执事之后，那“禅之祀”的执事之人却发生争议，随高宗前来的武皇后提出“总率六宫内外命妇，以亲奉奠”的强烈要求，懦弱的高宗只得依从，祭地祇梁甫，皆以皇后为亚献，诸王太妃为终献。看来似乎是“男女平等”的一个胜利，其实这其中围绕皇权归属所进行的政治斗争的刀光剑影也昭然在目。

遍观历史，不能说兴师动众、大举封禅的封建帝王庸碌无能，过不抵功，如秦皇、汉武多属风云之帝。但是，历史上也有因公卿谏阻帝王封禅而留下美名的，这些事例的政治影响为后人竖起可资借鉴的治世风范。

先者如管仲谏阻齐桓公封禅。《史记·封禅书》载：

> 秦穆公即位九年，齐桓公既霸，会诸侯于葵丘，而欲封禅。管仲曰：“古者封泰山禅梁父者七十二家，而夷吾所记者十有二焉。昔无怀氏封泰山，禅云云；伏羲封泰山，禅云云；神农封泰山，禅云云；炎帝封泰山，禅云云；黄帝封泰山，禅亭亭；颛顼封泰山，禅云云；帝俈封泰山，禅云云；尧封泰山，禅云云；舜封泰山，禅云云；禹封泰山，禅会稽；汤封泰山，禅云云；周成王封泰山，禅社首：皆受命然后得封禅。”桓公曰：“寡

人北伐山戎，过孤竹，西伐大夏，涉流沙，束马悬车，上卑耳之山；南伐至召陵，登熊耳山以望江汉。兵车之会三，而乘车之会六,九合诸侯，一匡天下，诸侯莫违我。昔三代受命，亦何以异乎？”于是管仲睹桓公不可穷以辞，因设之以事，曰：“古之封禅，鄗上之黍，北里之禾，所以为盛；江淮之间，一茅三脊，所以为藉也。东海致比目之鱼，西海致比翼之鸟，然后物有不召而自至者十有五焉。今凤凰麒麟不来，嘉谷不生，而蓬蒿藜莠茂，鸱枭数至，而欲封禅，毋乃不可乎？”于是桓公乃止。

作为齐国一国之君的齐桓公，夺取君位后，任用管仲进行改革，奋发图强。确如他自己说的那样，经过北伐南征，九合诸侯，实力增强，逐渐树立起盟主权威，成为春秋时代第一霸主。在这种情况下，他虚荣心胜，称霸心强，欲行“封禅”以壮声威。而改革务实的管子摆事实，讲道理，力劝其平息非分之想，更图国家实力之强，终于使桓公改弦更辙，放弃杂念。应当说，这一劝止行动是于国于民大为有益的。管子的思想光辉留映后世。

后来的劝止封禅，如魏征劝唐太宗李世民又为一例。唐太宗即位后的贞观初年，战乱已息，社会安定，新政显绩，天下太平。作为一代明主，唐太宗自是喜不自胜。但是隋亡之鉴不远，唐太宗颇为“自律”。贞观十一年，李世民终于按捺不住一代帝王之心，意欲泰山封禅。此时此刻，群臣纷纷奏请封禅。贞观十五年，李世民正式下诏将“有事于泰山”，终又因“彗星出于西方”而停封。但是，此间李世民为此事曾与魏征短兵相接，发生争议。李世民气势汹汹，向魏征挑战：

上曰：“公不欲朕封禅者，以功未高邪？”曰：“高矣。”“德未厚邪？”曰：“厚矣。”“中国未安邪？”曰：“安矣。”“四夷未服邪？”曰：“服矣。”“年谷未丰邪？”曰：“丰矣，符瑞未至邪？”曰：“至矣。”“然则何为不可封禅？”

对此挑战，魏征从容应对，力陈利害：

对曰：“陛下虽有此六者，然承隋末大乱之后，户口未复，仓廪尚虚，而车驾东巡，千乘万骑，其供顿劳费，未易任也。且陛下封禅，则万国咸集，远夷君长，皆当扈从；今自伊、洛以东至于海岱，烟火尚稀，灌莽极目，此乃引戎狄入腹中，示之以虚弱也。况赏赉不赀，未厌远人之望；给复连年，不偿百姓之劳；崇虚名而受实害，陛下将焉用之？”

应当说，唐太宗只是看到了唐初一时的复兴，未看到社会根本的虚弱；只是看到百姓一时的安定，未看到封禅所带来的新的危机；只是看到皇帝虚荣心一时的满足，未看到外患仍觊觎之心不已。而魏征看得深远，事实摆得明，道理讲得清，使善于纳谏的唐太宗头脑清醒了许多，封禅欲念又一次得到遏止。虽唐太宗此念未灭，但至死此梦未圆。后人局外看来，这次劝谏阻封的成功，应是魏征与太宗皇帝自身政治美德的又一次显示，如果不对古代君臣过分苛求的话。

泰山赫赫而又默默。无言而巨大的山岳却在时时搅动着中国社会的政治风波。

“泰山胜迹，孔子称首。”泰山与孔子之间似乎本应有一种天然联系。姑且不说孔子就出生、活动在齐鲁之间，泰山之侧，作为中国历史上第一位影响深远的思想家其在世人心目中的形象，似乎只有泰山可以相比。这一点，圣人自己心中似乎也有某种神秘感应，所以在他生命即将结束之前，产生了某种预感：

孔子蚤作，负手曳杖，消摇于门。歌曰：“泰山其颓乎？梁木其坏乎？哲人其萎乎？”

（《礼记·檀弓》）

孔子显然以泰山自喻。对此，后人似乎也无多异议。正由于此，作为思想家、教育家的孔子与泰山有关的言行，后人也多赋予它政治色彩。

对于泰山封禅一事，孔子也是很关心的。《史记·封禅书》中有载：

其后百有余年，而孔子论述六艺，传略言易姓而王，封泰山禅梁父者七十余王矣。其俎豆之礼不章，盖难言之。或问禘之说，孔子曰：“不知。知禘之说其于天下也视其掌。”诗云纣在位，文王受命，政不及泰山。武王克殷二年，天下未宁而崩。爰周德之洽维成王，成王之封禅则近之矣。及后陪臣执政，季氏旅于泰山，仲尼讥之。

从中可以看出，孔子在论述六艺的时候，很想把封禅之礼仪制度搞清楚，但由于上古七十余王封禅的记载资料太少，因此也说不清楚。但此事事关重大，治理天下的人必须了如指掌。从《诗经》中看到，殷纣王在位时，文王就受命伐纣，但还没有上泰山去祭祀。武王灭殷后两年，天下还未安宁下来他就崩逝了。再后来，周代封禅时机的成熟是成王，成王封禅颇近情理。再到后来王室衰弱，诸侯擅政，像鲁国的季氏不知天高地厚，也到泰山旅祭，孔子非常蔑视他。由此可见，孔子对于封禅之举是很有看法的，也是掌握很严格的。对于季氏的僭越之举，《论语》中写：

季氏旅于泰山。子谓冉有曰："女弗能救与？"对曰："不能。"子曰："呜呼！曾谓泰山不如林放乎？"

（《论语·八佾》）

孔子严厉批评了季氏的僭礼，也批评了冉有作为季氏家臣不能阻止季氏僭礼的无能。对这种放肆的行为，孔子痛心疾首，发出"难道能认为泰山之神还不如小小的林放"的感叹，其意在认为季氏旅祭泰山是亵渎了泰山，贬低了泰山。可见，在孔子眼中，泰山形象的高大不只是在于它可以"小天下"，而且，有着很深的政治寓意，不是什么人都可以朝拜的。这当然与孔子生活的等级森严的社会制度有密切关系。

如果说权力的占有和争夺给泰山景观投下了浓浓的政治色彩的话，那么，阶级的对立和斗争则曾使泰山卷入过举旗揭竿的政治风云。

这种对立和斗争的源头自然是孔子当年的一则铭人心际的见闻：

孔子过泰山侧，有妇人哭于墓者而哀。夫子式而听之，使子路问之曰："子之哭也，壹似重有忧者？"而曰："然。昔者吾舅死于虎，吾夫又死焉，今吾子又死焉。"夫子曰："何为不去也？"曰："无苛政。"夫子曰："小子识之，苛政猛于虎也！”

（《礼记·檀弓下》）

这则轶闻寓意深刻。圣人所见甚多，其言所记也甚多，包括后来被其弟子辑录成书的经典著作《论语》。但是，就其认识那个社会存在阶级与压迫的本质来说，此一言无疑是中的之见，所以也为后人所铭记。唐代柳宗元《捕蛇者说》一文，写到捕蛇者的不幸遭遇时，以“孔子曰‘苛政猛于虎’也”一语相证，令人心悸。

正是由于“苛政猛于虎”之事愈演愈烈，社会便时或失去安宁，一次次揭竿而起的农民起义像一股股来势迅猛的洪波巨浪，推动着古老而沉重的社会之舟不断前进。当年的绿林好汉啸聚泰山之侧，大振声威，使寂静的山林响彻抗争的呼啸声。如泰山傲徕峰下的扇子崖，曾是西汉赤眉军的营寨。公元25年，赤眉军与绿林军一起，推翻了篡汉的王莽新政。唐末的黄巢起义军曾以泰山为依托，浴血奋战，为改变自己的命运而拼死抗争。元末红巾军也曾转战泰山中溪，取得攻占泰安州的战绩。明末的闯王部属也给泰山留下了不朽的业绩。据史学家考证，漫漫两千年封建社会中，几乎每个时代的农民起义的呼啸声和战鼓声，都曾在泰山峰峦之间引起过回响。特如是到近代，爱国将领冯玉祥将军两次息居泰山，勇于肩负国难，弘扬民族正气，留下了许多佳话，他的爱国志士的不朽形象将同巍峨泰山同峙于天地之间。

泰山为自然之山，其险峰秀谷、飞瀑鸣泉、奇石怪树，与天下名山同中有异，各显其奇，多为游人所神往；泰山又为人文之山，其寺庙楼阁、崖碑石刻、轶闻传说，却为诸多名山所少有，为古今游人所深赏。泰山独处尘世喧嚣之外，又深通人情世故之中。泰山是神州社稷、家国兴衰、人世沧桑之历史见证。历史大师有言：泰山是中国文化史的一个局部缩影。这文化史中那根最活跃、最具制动性的神经便是政治。政治意识，应是整个意识形态中最强有力的部分。

三、艺术韵味

泰山像一幅巨画，又像一卷史书。

这是当代著名散文家杨朔在他的游记《泰山极顶》中所做的两个精彩比喻。

他写道：

> 一路从山脚往上爬，细看山景，我觉得呈现在眼前的不是五岳独尊的泰山，却像一幅规模惊人的青绿山水画的长轴，从下面倒展开来。最先露出在画卷的是山根那座明朝建筑岱宗坊，慢慢地便现出王母池、斗母宫、经石峪。……山是一层比一层深，一叠比一叠奇，层层叠叠，不知还会有多深多奇……
>
> 一时间，我又觉得自己不仅是在看画卷，却又象是在零零乱乱翻着一卷历史稿本。在山下岱庙里，我曾经抚摸过秦朝李斯小篆的残碑。上得山来，又在“孔子登临处”立过脚，秦始皇封的五大夫松下喝过茶，还看过汉枚乘称道的“泰山穿霤石”，相传是晋朝王羲之或者陶渊明写的斗大的楷书金刚经的石刻。将要看见的唐代在大观峰峭壁上刻的《纪泰山铭》自然是珍品，宋元明清历代的遗迹更像奇花异草一样，到处点缀着这座名山，一恍惚，我觉得中国历史的影子仿佛从我眼前飘忽而过……

这篇文章写在50年代末期，作为当代人写泰山游记是为较早的一篇。对泰山景观的丰富内涵，杨朔以自己敏锐而真切的感受，概括为两个比喻，是很准确、生动而有涵盖力的：“山水画”与“史稿本”正是泰山景观的价值和魅力所在。

泰山景观的山水画意境，前人多有所见。仅以山路题刻为例，略择几则，便可看出泰山景观意境之幽深。

“登高必自。”此题刻位于孔子登临处。

“瞻岩初步。”此题刻为红门宫门额。

这两处题刻位于登山起步处。游人满怀兴致而来，很想一览泰山山水之无穷奥妙，但眼前景观已使人眼花缭乱，心态不能平静。迎面一通石碑，送你“登高必自”四字，似一知己，与你通情，惹你在此碑前沉吟半日，得到启悟，也许会使你登山的心态更加勃发有序。而“瞻岩初步”的题额确曾使一位游人产生过一些体味：

> 登游泰山，踏上一天门，……首先映入眼帘的，是嵌有“瞻岩初步”四个大字的红门石坊。我体会，题额的人是颇费了一番考究的——仅仅这

个“初步”，已经在攀登上使人付出九牛二虎之力，而累煞了人；就是这个“初步”，是三条登山路线中，古迹胜景最集中的一段，就在这个“初步”，足足可以看到整个泰山的综合美的雏型。

（许评《瞻岩初步》）

“渐入佳境”。刻石位于斗母宫北。

“万笏朝天”。刻石为路边一竖立奇石。

当你踏过红门之后的一段路程，山路平坦，林木茂盛，鸟鸣山涧，心情坦然。一则“渐入佳境”的题刻会激发起更浓厚的游兴，产生更牵情的神往，四顾山川秀色，瞻望来程，会默然认同这四个字的及时提醒和它的微妙内涵。随之不远，一个小小的“万笏朝天”的微缩景观便是对这“佳境”的初步注释：它既是自然的，又是人文的。因此，当欣赏这自然的石头何以如此的同时，还会追究一下这持“笏”之礼的历史背景。那么，这以“一”代“万”的笏板所朝向的还是泰山主峰，也是天子所在的象征。

“峰回路转。”题刻位于药王殿南。

“勒马回看岱岭云。”题刻位于回马岭北。

此处山势突然陡峻，盘路曲折，云岭集聚。相传是宋真宗御驾登山回马处，传说而已。不过山势确使骏马难攀，游人至此也深感如在壶中窥天，有猝狭之感。于此之时，两则题刻正是山势写照，心情再现，拈来一句“峰回路转”，那真是自然天成之语。泰山之景有坦露不藏之胜，也有藏而不露之妙。

“山辉川媚。”

“泉响云飞。”

两条题刻都在云步桥畔，那正是泰山山水景观的荟萃地之 。山势陡峻，涧谷幽深，泉水飞溅，冷然清韵。每每使游人流连忘返，赞赏不已。所以这里留下的题刻也遍地多有。你可以一一辨识吟咏，体味品评。观实景，赏刻字，情洽于景，景融于情，辉媚的山川会使游人眉飞色舞，飞云响泉也会使世人涤虑洗心。这正是山光水色陶冶性情的审美功能。

“振衣千仞。”此题刻摩勒于对松亭东壁。

“风涛云壑。”此题刻也摩勒于对松亭东壁。

对松山又名万松山。此处两峰对峙，万棵碧松披拂高崖危石之上。山风习习，如虬髯龙甲对舞交吟于风涛云海之中。被乾隆皇帝诗称：

岱宗最佳处，对松真绝奇。

来到此处，游人游兴虽说不减，但脚步正甚艰难，需要助兴，也需要添力。自古游人多会心会意，所以此处沿途题刻遍布崖壁。“振衣千仞”，有一种“越高山如履平地”的轻松气度，可以给人以活力；“风涛云壑”，则是对这两崖景观的诗意概括，风卷松林涛声壮，云走石壑如浪奔，可以给人助兴。

“惟天在上”。在玉皇顶玉皇庙院内。

“雄峙天东”。此碑刻在玉皇顶东。

其实，泰山的实际高度很有限，离天大概得有十万八千丈还不止。不过，泰山的意念高度是“通天”的，历来写诗都是说登山如登天。在如此氛围中，当仰慕已久的游人经过千辛万苦，一凌绝顶，似乎一切心理负担都没有了，一切奋斗目标也都超越了，因此“惟天在上”便是这种瞬间心态的传神表达。而“雄峙天东”则是对泰山所居东方独秀的个性化强调。来到山顶的游人，总是向往着东方，大概与“日出东方”的人类潜意识追求有关吧，岱顶观日出正是泰山景观最壮丽的一幕。

经石峪

“水石阴森”。此题刻位于经石峪。

“枕流漱石”。此题刻也位于经石峪。

一位名人说过，泰山只一处经石峪也还值得来看看。经石峪虽并不在山路之上，许多人三登泰山而未见经石峪在何处。但经石峪的景观魅力自在。

如果说岱顶显豁敞亮，巨石累累，庙祠连连，多具阳刚之气；那么，与之相映又相补，经石峪则曲折幽深，水流潺潺，佛迹斑斑，颇含阴柔之美。

经石峪的自然魅力正在于水漫石，石含水，“水石阴森”四字正是其景观情调的写真；而“枕流漱石”则把这种水石相融的景致中又加进了人情味，使水、石、人三位一体，血脉灌注，生机盎然。游人每每进入此境，多半倚亭小酌，凭赏品观，寻味良久。

“源清流洁”。此题刻在王母池南溪东。

“洗心涤虑”。此题刻在道观王母池东。

王母池既为一道观，多为群仙会聚之地，执道之人也是一洗尘嚣，心向蓬莱，只与山泉闲云相伴。观中有王母池，泉水清冽甘甜，有养身祛病之效，多为游人所饮用。如此香烟缭绕、慧灯长明之处，题刻“源清流洁”“洗心涤虑”的石铭，正是洽情洽境之语。

“云门”。题刻于普照寺之入寺路径。

“界尘”。题刻于普照寺之南。

如果说道人讲的是得道成仙，那么，此一佛寺为佛家胜地。佛家认为人生就是苦难，所以有“苦海无边，回头是岸”的戒语。此处“云门”“界尘”大概就是与凡尘俗世所划的鸿沟，以为进入此境便能登上“慈航普渡”的救生船。佛家多取山水僻静处建寺造塔，也大概正是出于脱离尘世的追求，而普照寺的所在，正是泰山之阳，山坳之隐秘处，丛林隐蔽，山清水秀，为一天然静寂修行之妙境。

“虚白”。题刻于灵岩寺大雄宝殿外墙。

“藏拙”。题刻于灵岩寺大雄宝殿外墙。

“持戒”。题刻于灵岩寺辟支塔东侧。

“绝俗”。题刻于灵岩寺辟支塔东侧。

泰山西麓的灵岩寺曾是中国佛教四大胜地之一，历史上曾拥有数千出家人在此修行，佛规佛法当是十分严密。这四条题刻应都是佛家守则的箴言妙语。“持戒”“绝俗”显然是日常言行约束，而“虚白”“藏拙”便进入高层思悟境界。其实佛家所追求的妙境与艺术家所追求的灵境，许多地方是相通的。因此，“虚白”“藏拙”也是艺道精深的俗人所神往的至法。如此说来，宗教与艺术的信徒都需要真诚与执着。往日的“灵岩”不知使多少出家人修成正果，而今日的“灵岩”也能诱发艺术家钟情山水、崇尚妙境的灵感。

“锦峰宝嶂”。题刻于扇子崖天尊庙外壁。

“仙境云横”。题刻于扇子崖天尊庙院内。

这又显然为道家之词。道家云：“元始天尊生于太元之先，姓乐名静信，长存不灭，每天地开辟，则以秘道授诸仙，谓之开劫度人。”这里的自然景观自是层峰叠嶂，云横雾绕，颇有一派仙气，因此追求长生不死、变化飞升的道教选中此一神秘之地，世人便为“元始天尊”之神建庙立碑，至今香火不断。当然，更多的游人是为此云缠雾绕的山水景观所吸引，他们心中崇拜的是一尊自然美神。

中国的山水美学虽无庞大而严谨的科学体系，但对山与水相克相生、刚柔相济、阴阳互补的辩证关系却多有阐发，梳理开来，也是脉络清晰、骨肉丰满的；而在表述上，则习惯于用这种顿悟点评式的语言文字给予简洁明了的概括。如上述题刻文字，仅是遍布泰山各景观之所在的一二断语，而这些断语大都是古今游人在游赏之余，凭即来兴致点化而成，多半是洽景洽情，妙然生趣的。细细玩味，便会被时景时情所逗发，不期然而然地沉浸其中了。这正是山水美学中的核心范畴“意境”的魅力所在。

山水意境有大有小，有深有浅，有浓有淡。这似乎与取境者的眼界与胸襟有关。而对于游山玩水的人们来说，也似乎与他们的视点选择不无关系。

中国古代的山水画家与中国古代的小说家一样，在审视他们眼前的世界时，往往都是持“全知全觉”型的眼光，能看到他们眼前世界的褶褶皱皱、沟沟坎坎，这显然不同于近代写实的所谓“焦点透视法”，与这种“透视法”相区别，似乎也侧重“写意法”，重在意会神瞩，以大观小，所视景观层次丰厚、意境深远。

沈括在《梦溪笔谈》中这样说：

> 大都山水之法，盖以大观小，如人观假山耳。若同真山之法，以下望上，只合见一重山，岂可重重悉见？兼不应见其溪谷间事。又如屋舍亦不应见其中庭及后巷中事。若人在东立，则山西便合是远景；人在西立，则山东却合是远景。似此如何成画？李君（指李成）盖不知以大观小之法，其间折高折远，自有妙理，岂在掀屋角也。

正是沈括所概括的具有中国特色的“折高折远，自有妙理”的主张，代表了中国古代画家在审视山水景观时所采用的独特视角：与其说是用视线平直的眼睛去看，不如说是用钟情山水的心灵之窗去意会。由此，中国古代著名山水画理论家郭熙对山的意境的表现，提出了所谓“三远”法：

山有三远：自山下而仰山巅谓之高远，自山前而窥山后谓之深远，自近山而望远山谓之平远。

高远之色清明，深远之色重晦，平远之色有明有晦。

高远之势突兀，深远之意重叠，平远之意冲融而缥缥缈缈。

其人物之在三远也，高远者明瞭，深远者细碎，平远者冲淡，明瞭者不短，细碎者不长，冲淡者不大。此三远也。

这种“三远”法，曾指导古代画家创作了不少颇有意境的山水佳作，使山水画不仅表现出丰厚的空间感，而且也具有体现出画家情感节奏的韵律感，这正是中国古典山水艺术的独特之处。

把山水画法的技巧运用于审视真山水，也应把泰山看出个层次变化来，正如杨朔所说：“山是一层比一层深，一叠比一叠奇，层层叠叠，不知还会有多深多奇。”

金代的元好问在《东游记略》中曾这样描述远观泰山的印象：

……岱岳观有汉柏，柯叶甚茂。东有岩岩亭，山水自溪涧而下，就两崖为壁，如香山石楼，上以亭压之。北望天门，屹然如立屏。而浊流出几席下，真泰山绝胜处也。

这显然是从山下望泰山，有近、中、远三组镜头相叠，显出了看山的层次感：近景是岱岳观的汉柏，“柯叶甚茂”；中景是岩岩亭及溪水潺流而下；远景是天门如屏，瀑流出几席下。这三层景观，不都是眼所真见，而是心有所会的，但都很真实，也使画面很充实，有山有水，生动活泼。

泰山群峰是有层次的，远来游客步登泰山常常难识泰山真面目。因为随着游人视点的转换，泰山在游人眼中似忽隐忽现：

红门望泰山，甚易之，谓高不越吾乡秦望（秦望为作者故乡的小山）。过御帐崖，如壁万仞，陡上陡下，盖所谓泰山者，非泰山，傲徕山也。上黄岘岭，泰山始露其顶。登玉皇阁，泰山始分其身。至快活三，泰山始袒其肩背，至朝阳洞，泰山始出其肺肝。此时，傲徕山且在鞣靸之下，不能望泰山，敢蔽泰山耶。

（〔明〕张岱《岱志》）

这是作者一个细心而有趣的发现。曲曲山路，游人盘旋而登，泰山的面目也在时时变化。而泰山的种种变化，在作者看来，又似乎是泰山巨人的局部展示：在山顶看泰山，泰山似被分身；在快活三看泰山，似居泰山肩背；在朝阳洞看泰山，似抚泰山肝肺。作者把泰山人格化了，也把登山见闻感受化了。

只要你真的登上了泰山，那每每迷惑游人、使人误为泰山的傲徕峰，总是要显出真面目的。不过，傲徕峰的骗局似乎给泰山带来某种朦胧感和神秘感，使泰山境界更深远：

……至一天门，意为岱，岱犹未也。又三十里，而后为世所登之岱焉，惘然悟所登之山，十里可至者，傲徕也，非岱也。由石经峪至水帘洞，予亦漫然过焉，以为岱之路。而已，俟其反而复之，然傲徕自此以往，时与岱一，时与岱二，人各以其所至所见，一之二之，而又一之，实倏物也。

（〔明〕钟惺《岱记》）

这位万历进士所见与张岱所见略同，可见傲徕峰与泰山的玩笑不知开了多少年。当然，正是这种“时与岱一，时与岱二”的交错重叠现象，使泰山更增添了层峦叠嶂的层次感和纵深感，游人往往会在这种“山重水复”之中得到更大的乐趣和怡情满足。

明人董其昌说：“远山一起一伏则有势，疏林或高或下则有情。”（《画禅室随笔》）沈颢说：“层峦叠嶂，如歌行长篇，远山疏麓，如五七言绝。”（《画麈》）看来山水重叠的层次感正与音乐节律的起伏感一样，是艺术上的节奏感的个性化，是富有魅力的艺术规律的具体体现。

泰山，正蕴含着丰富的艺术韵味。

四、民俗氛围

偌大的泰山是自然景观的渊薮，也是人文民俗的宝库。自古以来，居住、旅游、探访过泰山的人们以各种形式，刻写下他们所创造和享用的生活行为方式的种种痕迹，记载下他们的语言、行动和心意传承的种种特点，包藏了丰富的岁月更移、时代转换、文化发展的可贵信息，使后人看到了前人在泰山上下种种社会生活的痕迹和人生步履的足迹。泰山也和整个神州大地一样，与世世代代繁衍生息的人们相伴为侣。

在泰山上，人类最早、也是影响最大的习俗礼仪便是封禅，“自古受命帝王，曷尝不封禅？”看来，这已形成古制。但真正实践这一礼仪的也并非历代不移，不仅“七十二家”所记仅十有二，而七十二家中，“唯黄帝得上泰山封”，其他多半采取或“燔柴”以祭天地，或“望”以祭山川。秦始皇以后，封禅礼仪更是虚多于实，遥祭多于亲封，而愈到后来，帝王之举便愈世俗化了。以至于最后，到泰山次数最多的乾隆皇帝只行“三跪九叩”之礼，其最大兴趣，便是挥写诗文，抒发诗人情怀，其“御笔”留刻也是最多的了。

民俗的真正内涵，应是具有广泛社会性的人情事理，而“泰山”这一赫然天下、五岳独尊的圣名竟然被移情于人类亲属关系中一个重要角色的尊称，也可见民俗对自然山川的“侵蚀”，使“泰山”具有了双重称谓的意味。

其渊源正是发生在帝王封禅泰山的一则轶闻。据唐人段成式所著《酉阳杂俎》载，唐玄宗李隆基于开元十四年到泰山封禅，丞相张说任封禅使，他的女婿郑镒也随往。按例，随皇帝参加封禅的官员，丞相以下的官职都可以升一级。张说之婿郑镒本为九品，但由于张说的运作，把郑从九品擢升为五品。唐制官服按品级着色，五品官穿浅绯色官服。百官会聚之时，唐玄宗看到郑镒的官服颜色突换，甚为奇怪，便问之。郑镒支吾难答。这时，站在一边的宫廷艺人黄旛卓机敏出言：“此泰山之力也。”妙语双关，唐玄宗听后会意而默许。于此，“泰山”既是五岳之尊的山名，又是婿之妻父的别称。推衍而下，便也有了“岳丈”“岳父”“岳母”“泰水”之称谓。泰山其名，便有了浓郁的民俗色彩。

当然，泰山还扮演着比“岳父”更有感召力和震慑力的角色，那就是“泰山神”。有了神性的泰山可以说是由于悠久民俗运作的结果，反过来，这富有神性魅力的泰山又为民俗的发展增添了更加丰富的社会内容。

吐纳风云之神。由于泰山山势高峻，又地处离东部沿海最近的平原丘陵区，自然成为风云集萃之地。《公羊传》载："触石而起，肤寸而合，不崇朝而遍雨乎天下者，唯泰山尔。"民谚也有"泰山戴帽（被云雾缠绕），不出三日大雨到"。这样，长期以来，人们便把泰山看作是呼风唤雨的神灵所在。祭拜泰山，祈求雨泽，也就成为多年沿袭的民俗盛观，或由官府请命，或由民间自发，此事多有所载。

明人王化写道：

旱魃为浸虐焰狂，焦禾烁石众皇皇。
郡侯恳效桑林祷，河伯洪施雨泽滂。
望慰三农兴颂美，忠输税岁庆丰穰。
朝天课绩应称最，显擢高名注帝傍。

（〔明〕王化《祈雨》）

看来旱情十分严重，庄稼像被火烤焦了一样，人心惶惶。官府的郡侯都亲为乡亲们祈祷，由此而使天神感动，雨泽遍施，终于能赢得丰收。诗人认为，这是官府最大的功劳，因此也会给郡侯们带来最高的声誉。看来，这种祈雨活动是一种政府行为，其场面礼仪之浩大繁盛，自然是可想而知了。

更多的是带有民间意愿色彩的祈祷，因为农人最关心自己的生死存亡，他们总希望年年有个风调雨顺的好年景。当然，这种心愿的表达常常带有迷信色彩，其实，笃信泰山能呼风唤雨、上通天帝，本身便是寄托于虚无，不过是民之所愿罢了。

名尊五岳镇山东，至圣惟司化育功。
一炷信香期感召，愿垂三白兆年丰。

（〔明〕年富《祷雪》）

"一炷信香"就是民之所愿。天下农人以最简单、也是最虔诚的祈祷礼仪来表达他们最大的心愿，那轻烟缭绕、渐化灰烬的"一炷信香"像耗费着他们的心血，烤炙着他们的心，总希望以此感化天帝，能在每年腊月前下两三场雪，那一年的光景便如探囊取物般轻易而过了。当然，要实现这个愿望，泰山应是重要的“中介”，天帝的意志在泰山，这“一炷信香”首先便是烧给泰山之神的。

赐子添寿之神。泰山之神虽多系民愿所想而成，因而总带有“应有尽有，有求必应”的特点。由此，每年的朝山者，便带着各种疑难困惑来向泰山老奶奶请示恳求，显示了世道人心的繁杂动态，提供了民俗考索的种种信息。

有为双亲祈寿者诗曰：

岱岳初登眺，秦松不可攀。
欲将千古色，长比二亲颜。
心切云相倚，行迟鹤共还。
仙童授芝草，灵秀到庭间。

（〔明〕谢榛《登岳为亲祈寿》）

泰山香客

父母之恩，滋育儿女之心。为父母双亲祈寿，是世间挚情之一。看到泰山上那古老的苍松，不由得想到双亲的容颜。按古老习俗，松鹤相伴，正是期望老者高寿的象征性表达，而泰山灵芝仙草据说也是使人长生不老的良药。这首诗，正透露着国人所一致向往的“双亲健在、福寿康宁”的理想生活。

虔诚的祈求往往是匮乏和贫困的反照，正像旱魃肆虐之年才兴师动众地祈雨一样，历来的登泰山祈求的香客们大多是在贫困线挣扎的普通民众。一位曾在21世纪30年代住过泰山的作家给我们留下了昔日登山的流民图景：

这一路之上，都有男女香客下来。女的都穿着大袖大摆的衣裳，红绿棉纱带扎着裤筒，头上挺着一撅“平三髻”，下面一双零仃的小脚，用后跟点着地，一步一个踉跄。看样子已经疲乏得不能支持。男的就是在城里看见的那种灰黑的人，一手拿着龙头木拐，一手挽着衣裳，也已经走得倒倒歪歪，看去两腿似乎有千钧的分量了。

除了男女香客而外，还有三三两两倦游归去的游客。游客和香客是迥乎不同的。这从外表上第一眼就可以分辨得出来。香客都黑皮粗衣，神情严肃得带有苦痛成分，无论从哪一点看显然都是乡下农人；游客则不然，洋鬼子，穿西服的摩登男女，穿绸着缎的白胖绅士，都坐着山轿，气派自然不同；就是那种步行的，也都是小市民或学生之流，一路上谈笑风生，纵然疲倦，但神情是愉快的。

（吴组缃《泰山风光》）

这些留影，显然勾画出了生活在30年代中国社会的不同人群，其贫富苦乐状况自然是差距很大的，这从他们显然不同的服饰、表情和心态都看得很清楚。仅从民俗意义上，那是一个封闭与新潮、乡土与外化相杂处、碰撞的年月。古老中国偏僻山乡的平静生活习俗，已经被洪水般侵入的西方绅士们的摩登气派所冲击、所渗入，陈旧的社会习俗已在发生裂变。在这样的背景下，泰山民俗出现了两种畸形变态儿：

一是所谓被“乾隆爷封了”的“丐官”。作家写道：

……早前听说，这条盘道上的人家都以在香期中乞钱为职业。自七八十岁的老婆婆以至三四岁的小孩都做这项营生。每人每期所入最好的可多至六七十元以至百余元。很多人家就以此起家，买地筑房，变作小康。男人则大半不做事，终天悠悠忽忽，过无忧无虑的现成日子。

（吴组缃《泰山风光》）

而另一种畸形现象，则是洋人到处讲道：

……原来北门内外一段街道就是这些香客们的大本营。那些低黯的卖香烟卖花生的小铺子，如今都打出黄纸黑字的招牌：“××香客老店”。店门口，店堂里，进进出出，坐的站的全是这些黑衣黑肉的不大说话的乡下人。天主堂，圣公会，都趁机会在这一带大活动，雇了些人满街散发《马可全书》《天国福音》之类的书，也有坐在店堂里和香客们讲道的。

（吴组缃《泰山风光》）

这两幅社会民俗图正是两种截然不同的社会制度下的病态生活在泰山的投影。

自古沿袭而来的泰山庙会可谓泰山古风的大展示。同为30年代的一位旅游者这样记载着当时的盛况：

时值夏历三月中旬，为泰山庙会之期，善男信女，远道而来朝山进香者，相望于途。妇女皆缠足，头梳长髻，衣裳博大，不着裙衫，脚带宽可四寸，多深红艳绿色，盖犹有数千年前内地古装之遗风。捧香合手，喃喃不绝于口。至于男子朝山，则唯随僧道鼓吹而已。有手持直角三角形之黄旗者，其上大书“泰山进香”四大字，右侧书“莱邑义峪庄”诸小字，是殆来自山东东部莱州者。山中居民，有出售香马纸锞者，生意最盛。

（傅振伦《重游泰山记》）

泰山庙会，是泰山盛会，据说是为纪念泰山神的生日而设的，当然其时的祭祝香火燃遍山上山下的佛寺道观，人们都纷纷向泰山诸神祈愿求应。同时，庙会也是物资交易、商业繁荣的好时机。届时店铺林立，商家连摊，城里的百货用品，乡下的土特产品，交流互惠，游人们大饱眼福、大饱口福，乘兴而来，满载而归，是山乡经济的一次大振兴，是当地农民的喜庆日。

泰山观光带来的经济效益在历史上早有记载，而旅游与商业的结合也往往构成泰山民俗的一个重要侧面。早在明代，钟情泰山景观的张岱就曾这样描述过泰山旅游业的盛况：

离州城数里，牙家走迎。控马至其门，门前马厩十数间，妓馆十数间，优人寓十数间。向谓是一州之事，不知其为一店之事也。到店，税房有例，募轿有例，纳山税有例。客有上中下三等，出山者送，上山者贺，到山者迎。客单数千，房百十处，荤素酒筵百十席，优傒弹唱百十群，奔走支应百十辈，牙家十余姓，合计入山者八九千人。春初日满二万，山税每人一钱二分，千人百二十，万人千二百，岁入二三十万。牙家之大，山税之大，总以见吾泰山之大也，呜呼，泰山。

（〔明〕张岱《岱志》）

这是一笔可观的旅游经济账，也是一幅真实的社会民俗图，从中可以看到四百多年前泰山之麓的社会习俗和百姓心态，看到泰山在当时整个社会结构中的地位和吸引力。

泰山的草药丰富。清人慧秀的《岱宗赋》所列药名数十种，上山采药便成为一种与旅游相辅相成的职业。有位作家这样写道：

等到下午两三点钟左右，是香客们下山的时候了。他们已把他们的心事告诉给神明，他们已把一年来的罪过在神前取得了宽恕，于是他们像修完了一桩胜业，他们的脸上带着微笑，他们的心里更非常轻松。而他们的身上也是轻松的，柳篮里空了，酒瓶里也空了，他们把应用的东西都打发在山顶上，把余下的煎饼屑，和临出发时带在身上的小洋针、棉花线、小铜元和青色的制线，也都舍施给了残废的讨乞人。他们从山上带下平安与快乐在他们心里，他们又带来许多好看的百合花在空着的篮里，在头巾里，在用山草结成的包裹里。我们不明白这些百合花是从哪里得来的，而且那么多，叫我们觉得非常稀奇。

（李广田《山之子》）

这位作家又描述了一支香客下山的浩荡大军的行状和心态，他们朴实的装束，简单而丰盛的食品，有着像完成了一桩胜业似的轻松情怀，这正是世世代代信奉泰山神灵的普通百姓的朝山之举的真实写照。不过，他们此时此刻的轻松并不一定会给他们带来永久的福运，这是可以肯定的。而暂时的解脱对这些整年挣扎在生存线上的人们来说也是一种福分。最后，作家特别醒目地写到与香客们轻松的心情相映衬的百合花。作者在此打了个伏笔，后来才写道，百合花后面还有一个家庭的悲剧，那就是哑巴一家原是靠上山采百合为业的，为此，哑巴的父亲和哥哥都已摔死在险峰下的深谷之中，而哑巴已继承父业，为游人们采卖百合为生计。这个故事里的民俗意义也是发人深思的。

我们还应注意到，香客们的食品主要是煎饼，这正是一种带有乡土特色的农家主食。当年来泰山的洋人曾为之好奇不已：

> 我和劳瑞先生看了好一回。他告诉我，这磨出来的东西就是做煎饼的。磨好了以后，拿一只鏊子摆在地上，下面烧起火，把浆糊一瓢瓢舀到鏊子上，就结成薄块，一瓢糊，一张饼。在山东西部这一带，普通农家都以这种煎饼为正餐，据说比窝窝头好吃，而且非常便于携带、保存。农人早上起来下地，带几张煎饼在身，整天可以不用回家。工人上工，也带这种煎饼；寒苦人家子弟上学，也带这种煎饼；做买卖的，小贩子，赶牲口的，出门行远路，一去十天半个月，也是带了煎饼去，歇店的时候不用花伙食钱。
>
> （吴组缃《泰山风光》）

这位作家借洋人之口对“泰安煎饼”做了非常准确而概括的介绍，简直就是一幅富有生活气息和乡土情调的泰安煎饼图赞。直到今天，对不熟悉泰安乡情的游人来说，这种介绍仍然是新奇而有趣的。

作为近代泰山民情图的全面反映，当首属冯玉祥将军息居泰山时所撰48首诗配画碑刻，其内容多着眼于当时生活于民间的劳苦大众的悲惨遭遇，如农人的田间劳作、挖野菜的妇人、路旁的残疾人、挑山工、泥瓦匠、石匠、推小车的、卖西瓜的、抬山轿的、担水的老人、牧羊人、小商贩、进庙求佑的一群、生病的孩子、穷人家的日常生活和欢庆年节等，都被一一写来，具体逼真，通俗生动。正如为此石刻作序的老舍所说：

> 陈列馆中最近的添置是四十八块刻石，刻的是泰山民间的生活情形。冯先生虽已与泰山居民打成一家，可是他怕一离开那里，大家就松懒下来，忘去他的指示，而旧病复发；若是刻在石上，安在馆中，图是真情，诗是实话，常来看看，总足以提醒大家，应当一致努力。再说远处人民来朝山拜顶的，生活情况本与此差不多，看看这些也能得点教训。还有，那登泰山而小天下，自以为了不得的人们，见此也得倒吸一口凉气，知道活的泰山原来另有一番光景，并非只有松石古迹而没有受罪的活人。
>
> （老舍《泰山石刻序》）

民俗就是人的历史、社会的历史的真实写照。泰山之巅的天街，曾存在过以笊篱、棒槌、鹦鹉等做招牌的店铺，那是特定背景下的一种民俗。那么，今日泰山可以坐汽车、缆车，脚不沾地地一步登顶，又是今日背景下的一种民俗。民俗，不就是时代历史的一个窗口吗?

五、哲理启示

巍巍泰山雄伟博大，而“泰山精神”是远比泰山自然实体更昂扬、恢宏、富有震撼力和感召力的巨大存在。因为“形而上者谓之道”，“道”是幻化的，无限的；“形而下者谓之器”，“器”是具体的，有限的。“泰山精神”就是人类从泰山自然实体幻化、升华出来的意识形态的结晶。如同泰山的自然存在是复杂多向的整体一样，泰山精神的蕴含也是丰富多彩的，但其主导是应与历史发展、社会进步的方向相一致的，是中华民族屹立于世界民族之林的重要精神支柱之一。

泰山是与民族生息共渊源的。

据考古资料显示，泰山南北，在几十万年前便有人猿活动。通过对新泰乌珠台少女牙齿化石的发现，证明在五万年前，泰山附近的人类社会已进入旧石器时代。随后发现并发掘的从北辛文化、大汶口文化，到龙山文化的古文化带，证明经历了几千年的演化又进入了新石器时代。这些先民们的生息，唤醒了沉睡数十亿年的荒原，经历了几经升沉的泰山演变，为中华民族的形成谱写了最早的序章。古称东夷的氏族群体，便应是在泰山周围活动的人群。这个氏族是以鸟类为崇拜图腾的。《左传》曾称传说中的少昊氏的官员便是以鸟类来命名的，其后典籍所载的“舜”，其甲骨文便如鸟形，是鸟头人身，显然是从崇拜图腾演化而来的氏族神。其后，又把“舜”演化为古代的五帝之一，说他曾“耕历山，渔雷泽，陶河滨，作什器于寿丘，就时于负夏”(《史记·五帝本纪》)，是一位历史上很有作为的古帝。从他的活动范围来说，为泰山南北一带。这些以“鸟”为图腾的氏族部落的崇拜物后来演化为“凤”，与黄河上游氏族部落的联盟图腾“龙”相结合，于是“龙凤呈祥”，形成了历史悠久的华夏祖先，而泰山与黄河应是这一演变的历史见证。如果说，奔流不息的黄河以充沛的水源和广阔的沃土为先民们提供了耕耘五谷、获取食粮的生存之地；那么，巍峨葱郁的泰山便是先民们赖以祭天地、祈风雨的精神依托。也就是说，神秘的泰山与远古人类相处共存的漫长时期，是更多地以人类精神的物化体为人们所景仰和崇拜的。这正如明代《重修东岳庙记》碑文所述：

> 自郊祀天地而下，复有名山大川之祭。盖名山大川、两间物形之最钜者，形钜则气之所钟亦钜，而神必依之。于是有雨泽之润，有财货之生，有年谷水旱之祈祷焉。

应当说，这正是泰山精神与民族精神相融合的端倪初露。

随着人类文明的进化，社会物质生活得以更大的丰富和切实的保证，人类的精神追求也得以理性地提高和深度地开拓，泰山精神的内涵逐渐与从蒙昧中觉醒的人的自主意识联系在一起，形成思想和感情的有机载体，泰山精神便更加注入了民族智慧的活力，成为民族文化遗产中的重要财富。有史记载以来，我国思想发展史上第一个高峰期的著名代表人物孔子及孟子都借泰山的巍峨形象寄寓过他们的博大思想，使两者之间相得益彰。孔子的“仁者乐山”（《论语·雍也》）的名言，便是如泰山般沉静宽厚的有形山体，象征着他思索终生、奔波终生所建立起来的思想体系的精华部分“仁”的。孔子弥留之际，仍把自己的血肉生命和精神支柱与泰山联系在一起，可见，这位伟大思想家的思想光辉是与泰山精神融为一体了。

正因为有了这种背景，孔子思想和学说的继承人孟子留心记得先贤“登东山而小鲁，登泰山而小天下”（《孟子·尽心上》）的日常体验，并把它阐发为一种深刻哲理和伟大情怀，使后人品味不已。孔孟一体的思想脉络似乎从泰山的巨大形体上找到了两位圣人的共同坐标。孔孟思想是儒家思想的主体，而这一思想体系又是维系中国社会节奏缓慢而历史悠长的发展行程的根基，其对整个社会发展、民族命运的走向的承载力和运转力是巨大的，难以置换的。大概在哲人们看来，与此可以相比拟的，只有拔地通天的泰山。因此，泰山精神的内涵，也得到了巨大的充实和扩展。

大概也正是在这一背景下，中国历史上第一位伟大的史学家司马迁发现了泰山所蕴含的人格价值，振聋发聩地提出：“人固有一死，或重于泰山，或轻于鸿毛，用之所趋异也。”（司马迁《报任安书》）司马迁的发现，是以自己不得已蒙受奇耻大辱为代价的，所以他的话说得沉痛，说得激昂，说得催人肝肠。如此之时，他想到最崇高、最有价值的就是泰山，就是泰山般的人格。泰山精神几近成为我们民族气概的同义语。事实上，此后的两千余年，无数中华民族的优秀儿女，以此为人生价值的衡量标尺，达到了人生奋斗的高境界。

大概也正是因为有了这样的文化背景，泰山便成为许多志士仁人向往的攀登目标，登山也就成为一种与“君子之道”相联系的壮举和善事。泰山之麓的“孔子登临处”与泰山之巅的“望吴圣迹”，永远向后人炫耀着圣人亲登泰山的楷模行为，那“小天下”的极致妙境永远诱惑着熙来攘往的游人。

在实现勇登泰山的壮举行动中，最有号召力的人，继孔子至圣之后，大概要算中国的诗圣杜甫了。当年的杜甫初出茅庐，到洛阳应进士考试未中，胸怀壮志却出师受挫，对于一个血气方刚、年轻气盛的后生来说，其心中郁积是要爆发的。于是在他随后的赵、齐一带漫游中，便借“望岳”的契机，一吐“会当凌绝顶，一览众山小”的胸中块垒。品味诗句，分明可以感到，杜甫是在发誓登泰山，也是在借登泰山的雄心壮志抒写他人生的奋进精神，也可以说是泰山雄姿所投射给他的思想动力。“会当凌绝顶，一览众山小”这两句诗眼，虽与孔子“小天下”的名言表述有异，但其境界、魂魄是一脉相承的，杜诗是对孔圣人所述博大哲理的传承和演化。由此使我们看到前后二“圣”的灵犀相通之处。这正是我们民族优秀文化思想的精华所在，也是泰山精神的可贵价值所在。

当然，从孔子到杜甫都是长期支撑中国社会大厦的儒家的代表人物，他们的社会理想或向往于“周监于二代，郁郁乎文哉，吾从周”（《论语·八佾》），或执着于“致君尧舜上，再使风俗淳”（《奉赠韦左丞文二十二韵》），但他们都主张实行“仁政”，缓解社会矛盾，减轻人民负担。他们为了自己的目标和理想的实现，奔走终生，忧虑终生，积极入世，孜孜以求。应当说，其思想主导是与攀登泰山、不畏艰险、不达峰顶绝不罢休的执着精神相一致的，也是一个民族的优秀人物所共同具备的基本品格。这也正是古往今来的人们每每以“登山”作喻，激励自己或同志者携手并进、坚持不懈的背景所在。在通往岱顶的山路上，几乎处处留下了“登高必自”“从善如登”“努力登高”一类的题刻，正是对这种“长如流、初如带”般的民族不屈精神的回应和赞颂。

正如泰山不仅是挺拔高峻的，也是博大宽容的一样，我们的民族在漫长的生存发展历程中，不仅要靠儒家那种积极入世、拼命苦干、坚忍不拔的顽强意志，也需要自由舒畅、劳逸有度、旷达乐观的慈爱情怀。如此这样，才是较为完美的自然与人生。事实上，这也是我们民族以空前的勇气和高度的智慧所谱写的一部真实而辉煌的历史。其实，登泰山又何尝不是这样呢？径取直上的办法是费力而单调乏味的，迂回从容而登顶的路子才是轻松而富有情趣的。小而大之，大而小之，登山与论识泰山精神和弘扬民族思想文化不都有相通之理吗？

几乎与儒家思想并行于世的老庄哲学以它应有的存在价值延续至今，形成了中国思想史上所谓“儒道互补”的有趣现象，为中国社会诸等人生的平稳过渡铺设了有机的双行轨道，后人对此做出了“以出世精神，干入世事业”的智慧箴言，成为我们民族思想文化宝库的宝贵遗产。

对于泰山，古人还说过一句至今闪耀着真理光辉的名言：“泰山不辞细土，固能成其大。”（李斯《谏逐客书》）应当说，这也是泰山精神的一个重要内涵，就是宽容为怀、广汲博收。如上所述，泰山之高、之险，激励人们登攀奋进；泰山之博、之雅，抚慰人们心怀旷达。因为泰山有动势之壮，泰山也有静态之美。而后者正是作为儒家思想重要补充的道家境界。古往今来，泰山不知吸引了多少文人墨客来此纵情山水，容纳了多少隐者高士来此修身养性，他们的名言行踪也为博大的泰山添了迷人的风景。陆机的“长吟泰山侧，慷慨激楚声”（《游泰山》），谢道韫的“逝将宅斯宇，可以尽天年”（《泰山吟》），李白的“旷然小宇宙，弃世何悠哉”（《游泰山》），直到今人的“且将茶当酒，逸兴自悠悠”之句，都表述了景观秀丽的泰山是游人淡泊名利、寻求宁静、以享天年的精神家园。当年的“诗仙”李白少时学剑任侠、漫游蜀中，及壮仗剑去国，出蜀远游。初到鲁地，流连泰山。他心旷神驰，寻仙问道，狂歌轻舞，思入冥冥，也是一种活法。他的言行踪迹展示了博大泰山与泱泱古国、芸芸众生共存共处、碰撞磨合的另一种风貌，蕴含着自然与人生深度交融的另一种意蕴。这也许正是泰山“固能成其大”的真正意义所在。一千多年之后，冯玉祥将军在壮志难酬之时息居泰山，其部僚写过一首《泰山颂》的打油诗：

泰山何其雄，万象都包容。
泰山何其大，万物都归纳。

泰山何尊严，万象都包含。
一切宇宙事，皆作如是观。

这首诗也许并不具备中国传统意义上的诗境，语言也显得俗白，但其中蕴含的意味是耐人深思的，其“宇宙观”借泰山表述备尽，特别是诗作者作为一员战将的随僚同息于山林之中，似乎把葱郁泰山的特殊社会功效表述得淋漓尽致。

泰山上遍布常青松柏，有的数十年、数百年，甚至数千年，经风雨，傲霜雪，无人看护，独立支撑。有的虽“肤剥心枯”，犹枝叶繁茂；有的树身倾倒，枝柯断裂，依然屈曲向上；有的植深石罅，缺水少土，风吹日晒，依然挺立强生。泰山上遍布危崖巨石，有的如长剑，有的如巨人，有的如卧虎，有的如牧羊，有的像花，有的像柱，有的如巨扇，有的如天烛。这些各种各样的石头，为泰山景观增添了许多光彩。石头虽是无生命的，但它能启发人们的想象，逗引人们的情趣，于是也便能生发一种精神。总之，泰山上的松柏与顽石也是泰山精神的载体和象征物，多少年来，许多游人写诗著文，赞石颂树，丰富了人们的精神宝库。

泰山是一座自然景观之山，也是一座象征民族精神的人文之山。所谓“泰山精神”，虽然不同时代应有不同的思想文化内涵，但是，作为与我们中华民族生存发展共源共流的泰山，其精神蕴涵是承继着我们民族思想文化的光辉，积淀着历代先贤的思想精华的。在中华民族进入历史发展的新时代，这种精神又被注入新时代思想潮流的新鲜活力，被赋予与新时代历史风貌相协调的新的姿态，为社会发展和民族奋进提供新的更大推动力。

新时期泰山精神的主要内涵应是：

登攀——开拓的精神。

泰山雄峙天东，昂首天外，为“五岳独尊”之山，为“天下第一名山”。它声震中外的魅力，吸引着大量游人来登攀游览。要实现“一览众山小”的愿望，领略“登泰山而小天下”的境界，最重要的行动就是攀登。攀登才能走进泰山，攀登才能欣赏泰山之美，攀登才能体验泰山之高，攀登才能享受登山之乐。当然，现在登山有了现代化交通工具，可以坐汽车、坐缆车，一坐到顶。但是，那样游山，只是“走马观花”，只是“隔岸观火”，只是“以一当十”，并不能全面细致地观赏泰山景观的全部奥妙，甚至看不到泰山之中的许多最佳

攀登

景点。因此，观赏泰山的最佳方式还是移动自己的双脚，一步一个台阶，一路一身汗水地登攀。只有这样的登攀，才能看了景，生了情，悟了理，养了性。因此，勇于登攀是“泰山精神”的核心，也是实现一定社会目标和人生目标所必需的思想素养。

这种勇于登攀的精神，表现在推动改革开放大潮之中，就是不畏艰险、勇于开拓的精神。改革开放的本意，就是打破故步自封、思想僵化的陈旧格局，解放思想而又实事求是地搞好各个方面的工作。这就好比登泰山，首先要树立勇攀顶峰的信心，然后要一步一步地攀登。听人说景，不行；远山观景，也不行，而要勇于举步，勇于开拓。十几年来改革开放的实践已充分证明，胆子大一点儿，步子快一点儿，既坚持解放思想的精神，又坚守实事求是的原则，这正是邓小平同志建设中国特色社会主义理论所规定的正确思想路线。

宽容——团结的精神。

泰山是博大的，泰山景观的内涵是丰富的，既有雄伟壮丽之姿，又有妩媚秀丽之容；既有显豁旷达之风，又有朦胧幽深之境；既有惊心动魄之景，又有低吟浅唱之声。其人文景观中既有儒家之“正经”，又有佛家之梵音；既有道家之庙观，又有西来之真神；既有帝王之颂碑，又有店家之手迹；既有神话与传说，又有真实的遗迹。可谓斑驳杂处，各显其价值，这也许是泰山历史悠久、声誉远播的结果。所以郭沫若才把它称为“中国文化史的一个局部缩影”，这也正是泰山在五岳之中独称其尊的重要原因。从这个意义来看，泰山是宽容的，是广纳博收的。而对于我们来说，广泛吸收古今中外人类所创造的一切文化的精华，才能真正创造出具有生命力的社会主义文化，而拒绝和排斥一切外来的东西并不是正确的态度，这是多少年来正面和反面的经验教训所反复证实了的。

宽容就是开放，宽容就是广纳博取，宽容才能为创造提供必要的基础。当然，宽容并不是兼收并蓄，只有把门打开才能与世界沟通。

由对事物的宽容自然联想到加强团结的重要。不团结的重要障碍就是缺少宽容，唯我独尊，夜郎自大，嫉贤妒能，武大郎开店，都是有碍于正确路线和方针的贯彻，有碍于经国之大业目标实现的。“稳如泰山”的意象就应当是我们泱泱大国的写照。民族的团结，国家的安定，人民的安居乐业，这正是我们的事业兴旺发达的表现。俗话说：“人心齐，泰山移。”可见人民的团结比泰山更有力量。

竞生竞存——艰苦奋斗的精神。

“物竞天择，适者生存”，这是大自然的规律，也是泰山景观演化的规律。千万年之前的泰山是个什么样子，我们无从得知。但自从有了人类的活动，泰山便与人类共存共生，人类社会进入了文明时代，泰山自然生态也呈现出独特的优势。当年的杜甫来到齐鲁大地，一眼就被泰山那郁郁葱葱的生命之色所吸引，于是使他产生了“一览众山”的雄图大略。又过了一千多年，泰山上依然松柏常青，百花争艳，群鸟交鸣，依然是生机勃勃的。特别是那挺立在悬崖、巨石间的青松翠柏，无水少土，风吹日晒，依然茁壮成长，顽强地活着，令人感佩，令人景仰。古往今来的多情文人写过不少这类颂赞之文，连大思想家孔子都留下了“岁寒，然后知松柏之后凋”的箴言，可见思想家从不凋的松柏身上看到了具有思想价值的东西。

今天我们提倡艰苦奋斗。我们是靠艰苦奋斗起家的，就像当初被风吹送到贫瘠的悬崖上的那粒种子，靠自力更生萌芽，靠艰苦奋斗成长。革命的事业也一向是靠这种精神由小到大的。今天条件好了，还要艰苦奋斗。因为这不仅是个条件，也是一种精神，一种支撑生命、催人奋进的精神。今天的有志者看到泰山上的青松，依然有所感怀。这正是泰山精神的“移情”作用。

第五章
美在当今
——泰山景观的现代意义

一、开拓旅游文化资源

泰山是一座自然风景雄伟秀丽、历史文化积淀丰厚的中国名山，蕴藏着丰富的旅游资源。在日趋繁荣的旅游业中，泰山始终是一个旅游热点，获得了广泛而美好的声誉：

1982年，中华人民共和国国务院公布为第一批“国家重点风景名胜区”；

1988年，联合国教科文组织同意将泰山列入“世界自然与文化遗产”清单；

1990年，国家建设部授予泰山名胜风景区为“全国环境卫生先进风景名胜区”；

1991年，国家旅游局（今文化和旅游局）将泰山风景区评为“中国旅游胜地40佳”之一。

联合国教科文组织高级官员认为，文化源于自然，泰山文化源于泰山。泰山把自然与文化独特地结合在一起，并在自然的概念上开阔了眼界，这是中国对人类世界的巨大贡献。由此可见，泰山不仅是中国的名山，也将是全人类的共同财富，泰山风景的旅游价值已为越来越多的人所认识，因而将发挥更大的作用。

随着整个国民经济的发展和繁荣，广大人民物质生活水平有了较大的提高，更多的人由温饱型转向小康型，人们对生活的需求由最基本的吃穿住逐渐转向含有更多精神享受成分的内容，而旅游则是很重要的一项。近年来的事实表明，在双休日和节假日期间，个人或家庭自费旅游的人数越来越多，游程也越来越远，由本地发展到外地，由国内发展到国外。据报载，“九七”旅游年开端，还出现了“南人北游，北人南游”的国人对游热。而泰山地处南北要道，交通便利，游程适中，内涵丰富，富有吸引力，是促进旅游事业兴旺的有利条件。为深化认识，推进层次，增强自主意识，还应对泰山景观的审美属性及旅游价值做一理性剖析。

自然与人是世界的主体构成，而自从人类走出自然便创造了文化，使之成为自然的负面。这正是人类文明进化的历程。从现在来看，人类初始从树上走到地上，从制造第一片石器到飞上太空，应当说是经历了漫长的路程，跋涉了很远的距离。但是，作为原本就是自然的一部分的人类，至今仍时时刻刻生存于大自然的怀抱之中，不仅依赖自然提供衣食之源、休憩之所，而且要“望山以寄情，临水而澄思”，在自然中寻找精神家园。正是人类这种对大自然的天然依赖性构成旅游的社会基础和心理基础，当今旅游热中一句响亮的口号“回归自然”，便是被现代化隔膜日疏的人与自然的关系的大调整。

旅游，就是人向自然的回归。

当然，这种“回归”不是倒退，也不是简单的“返回”，而是人类文明进程中对生存环境和精神家园真、善、美的企求和创造。旅游的美学本质是和人的本质，即在于创造美好生活的本质特性息息相通的。当旅游者的轻快步伐应和着观光游览的现代化节奏步入葱郁山川、辽阔草原、起伏海洋的时候，生活就开始进入美好的境界，人生的乐趣便油然而滋生于旅游者的心头。惬意的旅游留给人的美好印象，是人们记忆中闪光的彩照。因此，美学视野中的旅游，是一种综合性的社会文化审美创造活动，是集自然美、生活美与艺术美为一体的审美实践。

人是旅游审美实践的主体，而旅游景观则是旅游审美实践中的客体对象物。旅游景观的审美属性对于旅游的成功来说是至关重要的，所谓“登山则情满于山，观海则意溢于海”，便是旅游审美实践中主体与客体默契相融的一种最佳境界。

泰山何以成为人们登临兴会的旅游胜地呢？

首先是泰山景观的形态美。泰山已经在神州大地上存在了亿万年，当然其大部分时间是没有人类存在的寂寞空间，日出日落，风雨雷电；草生草黄，天热天寒，可想在那种情况下是无“美”可言的，因为“美”是人类意识的伴生物。当人类进化到对于赤身裸体有一种羞丑的感觉时，不知又经历了多少年，这种感觉也就是“美”的意识的觉醒。后来，人类又对自己周围的环境和自己使用的简单工具“按照美的规律”进行改造，美的意识便更加健全完善了。

美的事物应当首先具有一定的形象性，这种形象中应当具备事物诉诸人的视听觉的形态、色彩、声音等要素，这些要素，各以其不同的层次和特点给人以不同的感受。

以形态而言，有大小、方圆、长短、厚薄等类型，产生不同的美感。现有史料中最早发现泰山形态美的文字就是《诗经·鲁颂·閟宫》中的诗句：

泰山岩岩，鲁邦所瞻。
奄有龟蒙，遂荒大东。
至于海邦，淮夷来同。
莫不率从，鲁侯之功。

诗的主旨在于歌颂鲁国祖业兴、疆域阔，但以泰山起兴，显然是把泰山作为强国的依托和象征。泰山既高又大，鲁国人为之自豪，十分景仰。按照美的不同范畴，此时此刻的泰山，以高大的形态在鲁国人心中矗立起“崇高美”的形象，这与千百年来泰山在世代游人心目中的视觉印象是一致的，这也正是泰山审美形态的主导风格——壮美。

再以色彩美来说，世间的色彩都是来自太阳的七色光：赤橙黄绿青蓝紫，各种色彩都有不同的审美效果，如红色的热烈，黄色的明朗，蓝色的清秀，绿色的宁静，青色的清丽等。泰山的色彩是由苍石与绿树构成的，再加上山岚的笼罩，显得其整体色彩并不那么单纯。对泰山色调的总体把握，是唐代诗人杜甫最先圈定的，那就是“青”：

岱宗夫如何，齐鲁青未了。

青色的主要成分应是绿色，因为泰山的绝大部分山体是被松柏和多种草木覆盖着，而松柏又多是久经风雨和曝晒的苍郁之色，与古老的山崖色彩相协调，构成富有生机和活力而又颇为沉郁的生命之青色，在齐鲁大地上延展开去，聚天地之灵气，钟造化之神秀，是很有诱惑力的。当年轻的诗人杜甫发现了这个生机盎然的巨大存在之后，便把它作为终生奋斗目标的象征物高悬于自己的人生旅程，时时激励自己奋力登攀，一凌绝顶。这“青”色就是青春和生命的颜色。

谈到声音，也是构成泰山形象美的内容，那便是“天籁”之美。诸如流水声、刮风声、鸟鸣声、虫吟声、海浪声、林涛声等都是自然之声，都是对人类生存环境的节律伴奏，有益于人们身心健康的。即使如夏日枝头那刺耳的蝉鸣与雨后沟涧那聒噪的蛙声，也是特定季节和特定环境所不可缺少的，缺少了便意味着生态的失衡和危机。游人进入泰山，看山上郁郁丛林，听山涧淙淙水声；看天上白云舒卷，听林中松涛吟咏；看青峰怪石林立，听鸟儿鸣啼空中；看寺庙轻烟缭绕，听檐头叮当风铃，形与声的交融，往往使人陶醉其中。

千姿百态的旅游景观，就是由这些千姿百态的山川形态、色彩、声音按多样统一的美的法则组成的。多样统一，是指每处景观都是一个完整和谐的统一体，在这个统一体里，包容着互相区别而又互相配合的不同景色。同时还指这些不同景色之间又往往具有大体相近的美学风格，使各个景观的形态呈现出鲜明的个性。正是这些千姿百态的各自不同的鲜明个性，引发观赏者不同的情感反应，体验到不同的审美享受。细心的游人，会在登泰山的一路盘旋曲折之中，领略到泰山景观形象的丰富内涵。不过，由于旅游者美学素养的不同，对此中意味的领略深浅有无是不一样的，这就需要强化导游的导引作用。导游要善于运用深入浅出、有声有色的导游手段，把旅游者导入富有感染力的美的境界。

第二是泰山景观的动态美。谁都知道，山是静的，河是动的；树是静的，风是动的；石头是静的，流云是动的。无论静的或是动的，都可以成为美的。

泰山是静的，又是动的，是静中有动，动中有静的。而从绝对意义上来说，泰山是动的。

据地质学家的考察，泰山的岩石是古老的。“大约在28亿年以前，古老陆壳裂开，形成巨大的超基性—基性火山活动—碎屑岩沉积的凹陷带或海槽。25亿年至27亿年期间，深部的岩浆多期活动上升侵位，形成不同类型不同期次的侵入杂岩，构成早前寒武纪结晶基底。在古生代早期形成寒武—奥陶系的沉积盖层，晚期又接受了石炭—二迭系的含煤岩系积沉。”（《泰山大全》）这就是泰山岩石的渊源，大约在25亿年以上。但是，泰山本身又是年轻的：“在距今1亿年左右的燕山运动中，本区迅速隆升崛起，逐渐形成今天傲然耸立的泰山，目

醉心石

前泰山仍以每年0.5毫米的速度继续上升。”(《泰山大全》)也就是说，具有雄伟山体的泰山目前正处在1亿年妙龄的“青春花季”，且像一个正在长个儿的小伙子，每年都有一个令人惊喜的新高度。说到泰山自身的运动，不能不提到据说是世界独一无二的独特地质现象，即从红门到后石坞以北长达12公里的火成岩柱状体分布，被人称之为“桶状构造”或“涡柱构造”，柱体长数米至20余米，直径在0.5米至4米不等，轴向呈近东西略向北倾，各柱体相间排列很有规律(参见《泰山研究论丛》第四集　李永庆、欧阳贵《泰山“醉心石”的年龄及地球化学特征》)。据专家测定，这种现象的形成是在11～13亿年间，地壳中“低黏度的基性岩浆在有利的构造环境下产生旋卷流动分异的结果”(参见《泰山研究论丛》第四集　李永庆、欧阳贵《泰山“醉心石”的年龄及地球化学特征》)。根据科学家的结论，我们可以想象在泰山演化过程中，广袤的地层载着古老的山体，在一排排巨桶般的岩浆滚动轴带动下缓缓地移向它们愿意去的地方。这种运动至今虽已停止了十几亿年，但看到那有趣的涡旋状节理的巨型石桶依次排列的现场，仿佛使人觉得那干活的巨人们刚刚离去，那隆隆的滚动声依然回响。应当邀请每一位富有想象力的游人来此观赏默想一番，其动人心魄的巨大场景会使他们如醉如痴。正因为如此，前人才把这种石桶称之为“醉心石”。这静景中不是包含着惊心动魄的动势吗?

当然，进入泰山，真正呈现出大自然的动态的，是流动的水，是舒卷的云，是呼啸的风。它们给万籁俱寂的泰山带来动的韵律，产生美的动态，构成泰山上的许多奇观：

悬崖千尺响奔湍，涧道嶒崚动石澜。
仿佛青天有风雨，松阴漠漠逼人寒。

(〔清〕康熙《百丈崖观瀑》)

这是写云步桥上飞瀑岩的瀑布。由于瀑布水溅四方，云雨弥漫，仿佛使晴天变成了雨日，寒气逼人。

晓凭危岳回高寒，俯瞰溟濛宇宙宽。
方爱乱云填万壑，忽惊急雨失群峦。
（王子谦《登岱遇雨》）

真的云雨大作，淹没了群峰众山，使游人大吃一惊：泰山哪里去了？大概科学技术发展至今，人类能把几千公斤的火箭飞船送上天，但还没有力量能使泰山在刹那间消失，唯一能做到的，就是虚无缥缈的泰山云海。泰山云海能腰斩泰山，能刀劈泰山，能搬走泰山，使泰山如作掌上舞，安稳如泰山者也增添了许多动态美。

第三是泰山景观的内涵美。就五岳名山来说，泰山独称其尊的重要原因是泰山有丰厚的历史内涵。泰山可以说是人类古文化的发祥地，是中华民族荣辱兴衰的历史见证者，是“中国文化史的一个局部缩影”。泰山形象还是民族精神的一个重要象征。

诸如，作为泰山景观缩影的岱庙建筑的典雅辉煌，孔子登临坊的深远意想，红门与斗母宫的佛道共处，经石峪景观的“山高水长”，壶天阁的壶中天地，五松亭的千年陈迹，云步桥的水帘情趣，十八盘的人生步履，南天门的清风襟怀，漫步天街的远瞩高瞻，登上绝顶的遐想幽思。这是在登山，也是在读史；是看画，也是赏诗；是在观赏大好河山，也是在填写人生履历。

孔子“登泰山而小天下”的名言响彻两千多年；司马迁“人固有一死，或重于泰山，或轻于鸿毛”的感叹刻在了共产党人的心底；杜甫“会当凌绝顶，一览众山小”的诗句成为亿万登山者和改革者知难而上的动力。

泰山是大自然山川、风云、花木之美的荟萃，泰山也是民族文化、艺术、思想的宝库。这些都构成了泰山景观的美的内涵。

美学家认为，山水旅游的本质属性，就在于旅游者从山川草木的自然情趣中觅取人类精神生活的营养和活力，以自然山川的艺术情趣对人类现实生活做一种调节和补充、净化和升华。在中国古代哲学家中，庄子的人生观，正是一种富有艺术情趣的人生观。他以超越现实的心灵之光观照现实人生，他认为“虚静恬淡寂寞无为者，万物之本也”，“朴素而天下莫能与之争美”(《庄子·天道》)。他的这种返璞归真的思想直接影响了后人“崇尚自然”的情趣追求，也可以说奠定了中国旅游文化中“回归自然”这一基本旨趣。当今时代，进入现代化进程的游人当然不会像庄子那样为了疏远尘世而隐居山林，但以山林之乐补充和调节尘世之累却正是当今旅游热的时尚追求。

现代旅游作为集自然美、社会美、艺术美、科学美为一体的综合性实践活动，不仅可以使游人得到赏心悦目的愉悦感，而且可以使人启智广识，提高素养，全面充实人的精神世界。这正是旅游景观的综合功能所在。

据泰安国土规划办公室统计，仅泰山景区就有山峰112座，崖岭98处，岩洞48处，溪流102条，池潭瀑布58处，泉水64眼，奇石58块，石刻、碑碣1800余处，还有遍布泰山上下的历代古建筑和古树名木，这些都为进一步开拓发展泰山旅游奠定了雄厚的基础。应当充分发挥这些旅游景观的多项功利性功能，更全面满足现代人的精神生活需求。

从现有旅游资源和薄弱环节来看，应予大力开发的旅游项目应当包括：

（一）开设地质旅游，全面认识泰山

泰山旅游不应仅仅局限在看山看碑看古庙，爬到山顶把香烧，而应导引游人开阔眼界，增长知识，全面认识泰山的过去、现在和将来。特别是泰山的形成和演化史，经过多年的考察，专家们已取得了大体一致的科学共识，并且找到了许多地质依据，发现了许多奇特的地质现象，对于认识泰山的出现和存在，是很有意思的。过去在解释泰山并非最高、何以五岳独尊时多从人文历史方面找原因，这固然是十分重要的，但独特的人文历史还是取决于独特的地理优势。泰山“穷荒故易雄”的独特山势是怎样形成的呢？那就只有到久远的地质演变中去找来龙，看去脉，其中的奥妙、魅力并不小于山高水长的雅趣，而且知识性强，使人以更多的科学眼光看待泰山，少了一些迷信色彩。

（二）扩充艺术碑廊，提高旅游品位

泰山是一个遍布碑刻的历史遗址，其中的多数碑刻富有一定的艺术价值，而其中的少数碑刻是难得的文物瑰宝，很有历史的和艺术的人文内涵。而这些东西现在或则被珍藏，或则被冷落一隅，为多数游人所难见、难识，而一般游

人所见到的，多是无异于其他名山的山光水影、古庙泥神，引不起多大兴趣，致使来去匆匆，印象浅淡。其实，这正是“身在宝山不识宝”，泰山的古碑可以敷衍一部中国历史。最早的“秦刻石”虽已断残，但其斑斑伤痕记载着两段历史：一是秦王朝的兴亡史，始皇帝一统中国东巡泰山，何等荣耀！秦二世接手弄权，短命夭亡。二是此碑石几经沧桑，失而复得的历难史。这些都是民族史的投影和插曲，不讲不知，讲得增识。还有此碑所写为何，残字所剩云何，都可对游人一说。再如国家一级文物《张迁碑》，实为国宝之一。一是碑文所述张迁家世业绩，与正史相印证，资料难得，史鉴可贵；二是碑文字体古拙，开汉隶一格，后世临摹崇拜者颇多。对此能有所宣讲解说，也是对民族优秀文化遗产的传承远播。又如经石峪景点，融书艺之光、情谊之韵、思潮之争等历史内涵为一体，得江山之助，千载不朽，也是诸种信息的高度浓缩，不应仅仅看过山水大字而罢。

（三）开辟休闲场所，丰富旅游生活

相对于“团结、拼搏、勤奋、开拓”的工作节奏来说，旅游的本质属性应是休闲、怡情、轻松、活泼的。作为旅游胜地的泰山，应当为游人多开辟一些休闲场所，供人们在山光水影、鸟语花香的宜人环境中消遣娱乐。现在，随着双休日的实施，周末外出休假已蔚成新风，地处南北之要冲的泰山首占地利之势，应当为人们提供更多的休闲场所，让人们在轻松愉快、温馨雅致的心境中觅得精神上的调节与升华。

泰山，应当成为国人神往与流连的精神家园。

二、加强精神文明建设

我们生活在一个伟大的时代。

从1996年到2010年，是建设有中国特色社会主义事业承前启后、继往开来的重要时期。面对突飞猛进、快速发展的历史，面对竞争激烈、风云激荡的世界，我们的国家和民族，不仅要求物质文明有一个大的繁荣，而且要求精神文明有一个大的发展。十几年来，我们党领导全国各族人民在坚持改革开放、坚持以经济建设为中心的同时，大抓精神文明建设，取得了积极进展和明显效果，对促进改革、发展、稳定起了重要作用。1996年10月，党的十四届六中全会又通过了《关于加强社会主义精神文明建设若干重要问题的决议》，对此做出了总的要求和部署，强调了搞好社会主义精神文明建设的重要战略意义，指出：

> 社会主义精神文明是社会主义社会的重要特征，是现代化建设的重要目标和重要保证。建设社会主义精神文明，关系跨世纪宏伟蓝图的全面实现，关系我国社会主义事业的兴旺发达。物质文明是基础，经济建设这个中心必须牢牢把握，毫不动摇，但是精神文明搞不好，物质文明也要受破坏，甚至社会也会变质。在把物质文明建设搞得更好的同时，切实把精神文明建设提到更加突出的地位，认真解决当前一系列紧迫问题，进一步开创新形势下精神文明建设的新局面，已经成为全党和全国各族人民极其关注的大事。

根据这一总的要求，必须把搞好精神文明建设的精神贯彻到各项工作各个领域之中。作为泰安市支柱产业的泰山旅游业也必须认真贯彻，切实落到实处，而泰山景观正是进行社会主义精神文明教育的好教材和大课堂。

十四届六中全会决议指出："社会主义思想道德集中体现着精神文明建设的性质和方向，对社会政治经济的发展具有巨大的能动作用。在改革开放和现代化建设的整个过程中，思想道德建设的基本任务是：坚持爱国主义、集体主义、社会主义教育，加强社会公德、职业道德、家庭美德建设，引导人们树立建设中国特色社会主义的共同理想和正确的世界观、人生观、价值观。"作为有着两千年文化史遗迹的泰山及自然风光，正是洋溢着爱国主义精神的活教材。看山川壮丽，为祖国新貌而赞叹；看古碑沧桑，为历史悠久而自豪；看群艺精湛，为文化灿烂而骄傲。泰山是中国文化史的局部缩影，泰山是中华民族精神的伟大象征。泰山吸引着古往今来的帝王、百官、名贤、庶民们的崇拜之情，正是民族魂魄巨大凝聚力的明证。泰山还是历代农民起义的啸聚之所，泰山的威名正是奴隶们反抗奋争的坚强后盾。泰山的每一件文物都凝聚着炎黄子孙的智慧和心血，泰山的每一处遗迹，都记录着祖先们的奋斗和足迹。爱国主义是一个历史范畴，在不同时代、不同历史阶段，国人都以自己的真情向祖国大好河山表露自己的心迹，留下了炎黄子孙忠于祖国的心声，这些都是进行爱国主义传统教育的生动例证。

“泰山岩岩，鲁邦所瞻。”那是泰山被国人所热爱、所崇敬的爱国之声最遥远的呼号。

近至21世纪20年代，一位满腔爱国激情的同胞又以自己的肺腑之言铭刻摩崖：“愿同胞努力前进，上达极峰，独立南天门，高瞻远瞩，捧日擎云，可以张志气，拓胸襟，油然生爱群拯世之心。感斯山之固，国家柱石，日新月峻，巍然吾民族之威棱。”

民族危亡的抗战时期，泰山儿女们举旗挥戈，为保卫故乡热土而战，在泰山之侧刻写下壮丽的一页。“革命老人”范明枢，奔走呼号，为抗日致力尽忠；冯玉祥隐居泰山，不忘民族耻辱，刻写下“你忘了没有？东三省被日本人占了去，有硬骨头的人应当去拼命夺回来”的大字警示语。在西溪长寿桥下的石崖上也留有“还我河山”的国人愤激之石声。

这些已逝岁月的留痕，刻在了泰山石上，也刻在了中国人的心上。“前事不忘，后事之师”，其爱国之情将永远激励后人。

在全民族树立艰苦创业精神，是实现社会主义现代化的重要思想保证，也是进行社会主义精神文明建设的重要内容。在革命战争年代，泰山儿女们和全国人民一样，在贫困中奋起，在饥饿中御侮抗敌，在山洞里运筹决策。而今的革命遗址便是当年先辈们艰苦创业的历史见证。与泰山儿女们同有一片爱国情的冯玉祥将军，曾写过一首后来成为墓志的小诗：

平民生，平民活。
不讲美，不讲阔。
只求为民，只求为国。
奋斗不懈，守诚守拙。
此志不移，誓死抗倭。
尽心尽力，我写我说。
咬紧牙关，我便是我。
努力努力，一点不错。

冯将军身处高位，物质条件优裕，但他甘为布衣，出入民间，生活清廉，

“不讲美，不讲阔”，此种精神与我党我军“艰苦创业”的精神是相通的，他的作为也堪为后人楷模。常温前辈廉洁事，更创今日勤俭业。我们的国家是发展中国家，虽然在富民兴国的道路上已经走出了一大步，但与许多发达国家相比，经济文化还比较落后，处在社会主义的初级阶段和创业时期。伟大的创业实践，需要伟大的创业精神。当游人登上泰山山路最艰险路段十八盘的时候，也正是体验“世上无难事，只要肯登攀”（毛泽东诗句）的革命前辈们的英雄主义精神的时候。党中央号召：“要在广大干部群众中深入持久地进行艰苦创业精神的教育，引导人们正确认识国情、正确认识建设中国特色社会主义的长期性和艰巨性，牢固树立勤俭建国、勤俭办一切事业的思想，大力发扬艰苦奋斗、励精图治、知难而进、自强不息的精神。”（《中共中央关于加强社会主义精神文明建设若干重要问题的决议》）古人曾讲过“不扫一室何以扫天下”，这个道理运用在“登泰山”与“创大业”之间的关系上，也是相通的。有了登山中“知难而进”的志气，也就容易激发起创大业“自强不息”的精神，在登泰山时畏难退缩，何以能励精图治创社会主义大业呢！正像“愚公移山”的寓言鼓舞中国人民推倒三座大山、取得全国胜利一样，勇攀泰山的精神也会成为中国人民为实现“三步走”的目标而奋勇前进的动力。

在社会主义精神文明建设中，适应社会主义市场经济的新秩序，树立正确的人生观、价值观，是个很有现实意义的重要课题。其实，人生观、价值观之争归根结底是个标准问题，也就是个“为什么人”的问题，而社会主义道德建设的核心是为人民服务思想的普遍确立，反对和抵制拜金主义、享乐主义和个人主义。作为我们共产党人为人民服务的典范人物之一的张思德，就是在默默无闻的平凡岗位上，把自己的一切乃至生命献给了革命事业，是为人民利益而死的。毛泽东同志在赞扬张思德这种精神的时候，引用了伟大的史学家司马迁“人固有一死，或重于泰山，或轻于鸿毛”的话，把张思德的死看得比泰山还重。在这里，一向稳重博大的泰山反衬出一个普通共产党人的崇高形象和精神。当我们面对泰山、投入泰山之中的时候，我们赞颂着泰山的雄伟博大，我们也应感受着比泰山更崇高、更伟大的共产党人为人民服务的思想光辉，进而让这种思想深入普及于社会各领域和各成员之中，“提倡尊重人、关心人，热爱集体、热爱公益，扶贫帮困，为人民为社会多做好事”（《中共中央关于加强社会主义精神文明建设若干重要问题的决议》），以使文明礼貌、助人为乐之风蔚成大势，波及全国。

社会主义精神文明建设要求在努力提高全民族的思想道德素质的同时，还要努力提高全民族的科学教育文化水平，以现代化的科学知识和文化素养武装广大人民，“实现以思想道德修养，科学教育水平，民主法制观念为主要内容的公民素质的显著提高，实现以积极健康、丰富多彩、服务人民为主要要求的文化生活质量的显著提高，实现以社会风气、公共秩序、生活环境为主要标志的城乡文明程度的显著提高。在全国范围形成物质文明建设和精神文明建设协调发展的良好局面”（《中共中央关于加强社会主义精神文明建设若干重要问题的决议》）。

科学文化教育的普及与提高，是促进和推动精神文明建设的重要一翼。《中共中央关于加强社会主义精神文明建设若干重要问题的决议》指出：

> 改革开放和社会主义现代化建设的伟大实践，为文化建设注入新的活力，同时迫切要求文化事业有一个大的提高和发展。只有深深植根于人民群众的历史创造活动，继承发扬民族优秀文化和革命文化传统，积极吸收世界文化优秀成果，我们的文化事业才能健康发展，愈益繁荣。

而“我们的文化事业”的“健康发展，愈益繁荣”正是全民族科学教育文化素质“显著提高”的基本条件和重要基础。作为几千年民族文化积累的泰山文化，也应是我们继承和发扬的重要文化遗产，借以充实和丰富社会主义的精神文明建设。当然，要继承和发扬作为历史文化积累的泰山文化，必须首先坚持以马克思列宁主义、毛泽东思想和邓小平建设中国特色社会主义理论为指导，运用辩证唯物主义和历史唯物主义的科学方法进行清理和辨析，以分清精华和糟粕，建设真正属于社会主义精神文明的泰山文化体系，为广大游客提供科学而丰富的文化知识。

构成泰山文化范畴的首要内涵是关于人类起源时期的远古文化。迄今为止，在泰山文化圈内已发现多处远古人类活动遗址。其中如在泰山东南的沂源县发现了距今40万年的猿人化石，在泰山东部的新泰乌珠台发现了距今5万年的“智人牙”化石，而后最重要的是，在泰山之南麓的汶河流域，发现了距今6000年～4000年间的原始社会新石器时代中国先民们的生活遗迹。这些被后来命名为“大汶口文化”的丰富遗存，证实了黄河下游、泰山南北一带人类在母系氏族时代和由母系向父系氏族时代过渡阶段的发展景象。社会主义时代的文明是由历史久远的人类文明逐步发展而来的，“大汶口文化”正是人类文明初始阶段的生动显示。懂得这个来龙去脉，是生活在今天的现代中国人所必须具有的历史意识和民族意识。有了这种意识，我们的民族会产生更强烈的凝聚力，从而激发我们与这块古老的热土紧密相连的乡土感情和爱国深情。

展示泰山文化的悠久传统，不可回避的重要课题是泰山封禅史。这大概是作为中国名山的泰山所独有的历史库存。原始的封禅更多的带有原始山川崇拜的遗迹：“此泰山上筑土为坛以祭天，报天之功，故曰封；此泰山下小山上除地，报地之功，故曰禅。”（《史记·封禅书》）后来，这种封禅活动带上了非常浓厚的政治色彩：“王者易姓受命而起，必升封泰山何？教告之义也”，以此告曰天下“君权神授”。于是，随着中国封建社会频频改朝换代、帝废君立的进行，泰山上也演出了一幕幕封禅闹剧，也就使泰山越发神圣至尊了。生活在今天的人们虽仍能看到这幕幕旧剧的斑斑遗迹，但一个个腐朽王朝的背影已经杳如黄鹤，以文字和想象重新构筑的封禅大典的活剧只如同一件复制的历史文物，帮助后人认识和剖析那个曾是有血有肉的时代和社会，从中辨识哪是被历史淘汰的荒唐和罪恶，哪是对后人有益的财富和真理。自然山川崇拜的时代过去了，“君权神授”的时代也过去了。现在是“人民当家作主”的时代，是“萧瑟秋风今又是，换了人间”的时代，是“从来就没有什么救世主，也不靠神仙皇帝，要创造人类的幸福，全靠我们自己”（《国际歌》）的时代，是科技推动卫星上天的时代，离开那个“封禅”的时代愈远，愈使我们感到那些举动的愚蠢和可笑。

当然，“封禅”没有了，“崇拜”还是有的，迷信还是有的，这大概也是人性的弱点之一。当个人不能掌握自己命运的时候，就幻想能有一种力量，能有一个万能的存在，那就是由“神”来支配世界，佑护自己。再说，人的精神总是大于人的肉体存在，人的精神需要寄托，需要有精神支柱来支撑，这就往往有多元的信仰选择。漫长的人生历程时时都在做着这种选择。于是，人类童年时代的朦胧意识还会在许多人身上苏醒萌发，于是便又崇拜山川，崇拜偶像，崇拜怪异，时至今日的泰山上上下下缭绕不断的香火便是这种朦胧意识萌发的幼芽。“野火烧不尽，春风吹又生”，对于蒙昧和迷信一要承认它的存在，二要善于启蒙和引导。用许许多多真实的事例和切身体验启发蒙昧者和迷信者尽快找到科学可信的精神家园，那就是无数先哲在无数次成功和失败的实践中所凝聚起来的智慧和哲思，包括马克思列宁主义、毛泽东思想和邓小平创立的建设中国特色社会主义的理论，其中有人类发展和社会前进的大道理，也有个人得失和一己悲欢的小道理，都可以找到通向社会主义文明的通衢大道，就像从不同的方向攀登泰山，只要目标一致，就都能登上那最豁达的极顶一样。

近年来，发生在泰山上的许多动人事例都说明社会主义的文明之花已烂漫开放，有的轻生者被民警及时发现并给予及时的开导安抚，悲寂的灵魂重新找到希望。有的失足受伤者或猝发急病者被热心的路人或值勤的职工及时救助，从危亡中夺回生命，谱写了感人的文明篇章。开展多年的“笑迎天下客，满意在泰山”的窗口服务活动大大改变了泰山的旧容旧貌，使泰山在全国名山中首先建成了“安全山、文明山、卫生山”的综合治理最佳形象，泰山上下的社会主义文明之声远播海内外。

泰山文化的丰厚内涵是历代泰山的建设者和鉴赏者为泰山留下的诸多诗文、碑刻、建筑、学术等多方面的文化遗产，这些，既是历代文化思想的结晶，又是建设社会主义文化的借鉴和营养。民族文化传统是一条河，是一条流动的河，时代的转换会给这条源远流长的河注入新的水源和活力，但不会堵塞和截断长流的河水，而社会主义文化之河正是这样与几千年民族文化之长流一脉相通的。对于这种传承关系，江泽民在第六次全国文代会、第五次全国作代会上的讲话中从文艺发展的角度做了深刻阐述：

> 中国社会主义文艺发展和繁荣的最深刻根源，在中国人民的历史创造活动之中。五千多年来，各族人民在改造自然、改造社会的过程中，在共同抵御外侮的斗争中，相互帮助，增进友情，融汇为统一的、团结的中华民族，创造灿烂的中华文明；经济、政治、思想文化，无数人物和事件，波澜起伏、可歌可泣，每一块砖瓦，每一捧泥土，都记载着祖先们的勤劳、智慧和创造。所有这些，催促着我们在这块土地上继续奋斗，都应该在我们的文艺中占有自己的地位。特别是我们党成立以来，把马克思列宁主义基本原理同中国具体实践相结合，中国人民由精神上的被动转入主动，经过艰苦卓绝的斗争，建立了中华人民共和国，开创了社会主义新时代。我们正在进行的社会主义现代化建设，是前无古人的伟大创举，按照党的“一个中心，两个基本点”的基本路线的要求，深化改革，扩大开放，建立社会主义市场经济体制，发展社会主义民主，发展社会主义精神文明，是

在我国进一步解放和发展生产力，消灭剥削，消除两极分化，最终达到共同富裕的必由之路，是促进社会全面进步的必由之路。

（1996年12月17日《人民日报》）

在泰山的历史上，不但记载着诸多帝王为“君权神授”而进行的浩大封禅活动，也记载着历次受剥削受压迫的中国农民不堪其苦而进行的轰轰烈烈的起义和斗争；不但储存着历代志士仁人忧国忧民、狂歌低吟所留下的诸多悲辛，也留刻着世代苦工奴隶开山修庙挑石抬轿所挥洒的滴滴血汗；不但演绎过统治者、权欲者为膨胀的私利所编造的丑剧，也永存着卑贱者、劳动者用自己的智慧所建造的丰碑。我们的民族是个勤劳、勇敢、智慧的伟大民族，五千年泰山文明史可以作证。

社会主义的文明应当有全新的内容，但历史的营养是创造的基础和动力。泰山是泰山文化和泰山精神的载体。联合国教科文组织驻华代表泰勒曾指出：泰山管理“面临着严峻的挑战”，“要发挥其促进社会进步的种种功能”。这既包括按《世界遗产公约》与《风景名胜管理条例》管好泰山，也应包括要推动社会文明的进步，让泰山变得更美，更有自然的和文化的魅力。

三、改善人类生态环境

泰山，是大自然的骄子。在二十多亿年的造山运动中，它以巨大的躯体隆起在亚洲大陆的东方。它孕育着繁荣的生机，植被茂密，巉岩峥嵘，是人类繁衍生息的温润之地。如果说整个人类文明建设正像一座正在崛起的城市，那么，显示着自然生机的山岳则是由“城市”向自然延伸的“公园”。泰山被勘定为世界上少有的人类自然遗产之一，正是从它所遗存的自然景观的价值来做出的科学判断。当此“回归自然”成为人类寻求的生存目标之时，保持和扩大泰山的自然生态环境，抵御和消除日趋严重的环境污染和自然资源匮乏所带来的危机和困顿，是一项有远见的促进人类文明建设的重要课题。

早在人类荒蛮时代，泰山呈现着自然资源和生态的原始状态：“其上多玉，其下多金。有兽焉，其状如豚，而有珠，名曰狪狪，其鸣自叫。环水出焉，东流注于江，其中多水玉。”（《山海经·东山经》）这是一个神话般的时代。在人类物质文明进化的历程中，泰山不断以丰厚的出产为人类所享用。《淮南子·地形训》中曾认为“中央之美者，有岱岳，以生五谷桑麻，鱼盐出焉”，成为古老文明的发祥地之一。

应当说，由于数千年来，这块古老土地的生产力水平发展平稳，泰山的自然生态和资源环境变化不大，“日出而作，日入而息”的耕作和“日中为市”的古老交换方式，使整个社会节奏消融于大自然正常新陈代谢、生生不已的生态规律之中，人与自然是和谐共存的。

清代一位有文字才华的僧人曾以古老的赋体描绘了丰富多彩的泰山之自然资源和自然景观：

其上则神霄玉女，日观天门，丈人君子，巌巢居尊。凤凰石马，雕窝鹤巢，思乡分水，青岚尽消。三尖五花，傲来仙影，锁云弄月，回雁双挺。悲愚俗之舍身，念仙间之莫拯。

其下则徂徕高里，梁父云亭，莲花岞崿，狮子峥嵘。御帐当前，马棚侍右，仙台远举，长城蔽后。飞鸦伏象，负襁悬刀，呼名不一，送目匪遥。靡不纡青冠紫，吐瑞擎霄，列仙班于庑下，群拱玉以来朝。

石则羊栏虎阜，牛心龙口，大悬小悬，舟屋形取；涂胭脂于落照，试干将而中剖，织女用以支机，生公喜其肯首。

泉则飞鸾白鹤，护驾涤尘，圣水水帘，玉醴天绅。碾驰周于石室，碧霄泻于云根，泛桃花兮出谷，渍云药兮轻身。

洞则白云黄华，鬼仙金母，想引蛇于五丁，异藏书之二西。

峪则大龙小龙，石经石壁，问椒子于阳坡，识仙人之履迹。至若东西三汊，虬在鹰愁，投书饮马，雷鼓喧流。王母之池，封家之汇，或下滦河，或趋汶水，取仁智之能兼，岂江湖之是侈。

尔乃夭乔并丽，飞走咸若。

松却秦官，柏膺汉爵。椿梧梓桧，榆柳桑柞，楸槲榕栾，杨栋群木。皆土所宜，取用斯绰。

卉则辛夷长春，凌霄夜合，罂粟鸡冠，蔷薇芍药，山丹月季，五色的烁，紫藤黄蔓，尤堪馈馌。

果则梨栗枣柿，梅李杏桃，林檎石榴，笾实克饶。朱樱夏熟，紫奈秋摇。可以黍雪，可以冰调。琱宴盘荐，止渴蠲痟。

药有青芝赤剑，太乙长卿，鬼见须愁，王不留行。车前之穗，马兜之铃，黎芦泽泻，山查地丁。鸳鸯之蕊，枸杞之英，金石脂土，载在图经。克瘳厥疾，匪若眩暝。

鸟则红娘巧妇，白练黄鹂，鸠雀莺鸨，鸦鹊雉鸡。提壶布谷，野鹜鹧兹。声如唱佛，种似画眉。鹌鹑翡翠，时或有之。

兽则獐髡獾鹿，苍狐白狼，两足跃兔，三色羵羊。戴珠之狪，披黄之鼠，奔壑投崖，昼伏夜起。匪曰山珍，备物乃纪。

溪涧之水，易涸易盈。游鳞不产，奚贵空名。

谷有稷黍，稻麦菽粟，胡麻巨胜，民用恒足。豆兼黑白，青黄赤绿，香闻九里，岁唯二获。

野茧缫丝，木棉选蓐，有枲有麻，以供常服。坚冰在阴，积雪在谷；少暑多凉，陶瓴不足。

太古之风，淳朴之俗，穴处巢居，如豕如鹿，是曰山岷，迷宠就辱。

（〔清〕慧秀《岱宗赋》）

这篇赋文并未被后人重视，其实这里展示了古来泰山的巨大财富。据粗略统计，这里所写山上景观14处、山下景观12处、名石12处、名泉10处、名洞4处、名峪12处、名树14种、名花12种、名果14种、名药18种、名鸟20种、名兽10种、谷物8种等，充分显示了泰山的自然资源优势，也刻画了泰山山民们淳朴的民俗和简朴而充实的日常生活，使人顿生返璞归真之念。

从生态环境意义上讲，对人类最直接、关系最大的是水源和林木资源。

泰山“三美”最重要的是水美。

泰山之水来自地下蓄水和天上降水。这些水源之水，或以山泉喷涌，或以溪河流泻形式呈现地表，供生物和生命体汲用。千百年来，泰山水确为人们造福至深。

泰山遍地有山泉。

泰山最高处有云泉，水由顶峰北崖石隙流出，常年不竭，日出水量约10立方米。山顶之泉还有神泉、双泉、石泉、玉女池及圣水井。宋人所著《文献通考》称：“泰山玉女池在太平顶……清澈可鉴，味甚甘美。”

以下升仙坊一带有龙口泉。《泰山小史》称："大石有罅，如龙哆其口，水自中出也。"云步桥北御帐坪上有护驾泉，传为宋真宗封禅驻跸处。中天门北有玉液泉，壶天阁有圣水泉，斗母宫一带有龙泉、水帘泉，王母池一带有王母泉、朝阳泉，岱宗坊北有白鹤泉，金山下有广生泉，扇子崖月亮洞有青泉、西溪黑龙潭、白龙池，它们都常年积水，长流不断，雨季瀑布如练，声如雷鸣。

这些都是自然形成的地下泉。由此可见，泰山地下水脉丰富，水质良好，长期惠泽于泰山儿女。

泰山内外河溪纵横。以最高玉皇顶为分水岭，北有玉符河、大沙河注入黄河；东有石汶河、柴草河，南有梳洗河、泮河，西有泮汶河，东北有麻塔河。这些东西纵横之河，均源于山谷崖泉，最后汇入大汶河，构成完整的大汶河水系，灌溉着泰山南北沃土良田，也滋育着古往今来的汶河儿女。

泰山林木资源也很丰富。

现今的泰山森林覆盖率已达80%，总面积达50多万亩，主要树类有松、柏、栎和刺槐。松林分布多在千米以上的山崖和人迹罕至的山陵，柏、栎、刺槐多在千米以下山坡、沟溪边、盘道两侧等处，包括天然林和人工林混植，覆盖着大部分山陵，使泰山呈现出一片未了之青色。

溪流和林木是地球生命的摇篮。专家们说，地球上水源最丰富、林木最茂密的南美亚马孙河流域的热带雨林，是地球的"肺部"，那里丰沛的雨水和茂盛的树木为整个地球制造和输送着大部分的氧气，供地球上的人类和各种生命体延续生长。那么，水源遍布和植被茂密的泰山也是一处巨大的天然氧气制造场，是鲁西乃至华北华东地区的"肺部"，它对于营构局部生存环境和自然气候也有着巨大的影响。因此，保护好这里的自然生态，对改善整个人类生存环境和未来文明的建设和发展都有着重要意义。

要处理好这样几个关系：

自然景观与人文景观的关系。应当说，良好的自然景观是前提，是基础。对于泰山这样一座古老而巨大的山岳来说，首先是由于它本身独特的自然条件，包括地理位置、山岳的高度和广度、山势山貌特色等，才使得人类对它崇拜、仰慕、歌颂和喜爱，由此而积淀了人类的人文行为效益，营构了大量的人文景观，使泰山的观赏价值愈益提高和增值。但是，应当说，直到今天，前来游登泰山的大多数人，还是由于仰慕泰山的自然风光之美，或者是出于拥抱自然、悦目赏心的观赏心理才来登山的。也就是说，登泰山，首先是为了观赏祖国的山川之壮丽，这是共识。因此，就其基本价值来说，是自然泰山第一，文化泰山第二的。近年，泰山由联合国申准列入世界遗产也是由自然而文化的。这样的认识顺序不仅是历史的顺序造成的，也是其价值意义的顺序所决定的。因此，泰山遗产的管理工作应当首先着眼于自然生态的保护和改善。同时，这也是与当今由于环境恶化的挑战而带来的“回归自然”趋势相一致的。

开发资源与保护生态的关系。泰山作为人类自然和文化遗产，已为全世界人们所共识，为全世界人们所共同拥有。泰安是以旅游为主导产业的开放城市。山是名山，城是名城，努力开发名山名城的旅游资源，为更多的游人提供更多的观赏景观，是理所当然的，也是振兴泰安、繁荣经济的大势所趋。这些年来，泰山泰安的旅游环境已大大改善，旅游资源也得到进一步开发，如后石坞、桃花峪、扫帚峪等废旧景区已被重新建设开放，对丰富泰山泰安旅游内容也起了很大作用。再如重点乡镇的风俗旅游，也得到国内外游人的青睐。这些旅游项目的拓展，对发展经济、振兴泰安也是功不可没的。既然旅游是振兴泰安地方经济的主导产业，还应在开发上下功夫。但是，开发不应过多地破坏泰山的自然生态环境，要多保留一些原始山林和古遗址，允许有一些人迹罕至的幽僻景区存在，不可把整个泰山山区都引入旅游的浩浩人流，形成闹市。应在开发如民俗游等人文项目上拓展思路，也可组织安排如古人“望祭”那种礼仪般的远观山景、遥参其胜，以保护那些应该保护的原生态和古遗址。也不可过多地设置人造景点，喧宾夺主，还是要以古老而多姿的泰山本色吸引游人，保持泰山的自然魅力。

眼前利益与未来前景的关系。有一句最现成的话，叫作“留得青山在，不怕没柴烧”。当然，这是小农时代对待青山的一种策略，不过其眼光还是很远大的，也很符合我们今天对待青山、对待自然的大政方针。人类为了走向文明，脱离自然，改造自然，超越自然，最终还是要依赖自然，回归自然，化入自然。因为人类的出现和进步就是大自然演化规律的一种具体体现，人来到世间，生老病死，和大自然中的许多生命体是一样的，所谓“人生一世，草木一秋”并非只是一种悲观的哀叹，而是一种真谛妙悟。人类若要毁坏了自己赖以生存发展的自然生态环境，就像古人“破釜沉舟”般地毫无退路，当然也没有进路了。所以，要留住青山，让青山常绿，绿水常清。让杜甫当年遥望泰山的第一印象“岱宗夫如何，齐鲁青未了”的美好景象继续留给后人吧！

铭诸书后

我与泰山朝夕相伴已三十余年。《泰山美韵》便是这三十几年间我对泰山感情的凝聚，或者说，这里所写的，正是三十几年间我心中的泰山。

古人云："四美具，二难并。"我想借这两句文学才子的得意之言反说一下自己的隐衷。

先说"二难并"。古人本意是说"贤主嘉宾"难以并得，而我的意思是说我曾有两难：一是"美是难的"。美学研究了两千年，至今还弄不准"美是什么"，山水美学就更少有人涉足，而初涉此难的我还能多说些什么呢？二是出书难，这是老话题。当然，眼下书滥成灾也是事实，但时下出书费用之巨也是如我之辈难以承受的。两难当头，曾使我一掷弱管，善罢甘休，但幸得"四美具"一助，两难得以化解，柳暗花明。所谓"四美具"，原是"良辰、美景、赏心、乐事"并赏，而我的夙愿也正是得此"天时、地利、人和"之惠。回想当初，课题的拟定和申报就是在我校科研处和各级领导的指导和督促下进行的。随后，在全省高手如林的激烈竞争中终于被审定为山东省哲学社会科学"九五"社科规划重点项目之一，并获得资助。此后，省规划办、泰安市委宣传部、泰安市新闻出版局和泰安师专的领导同志都给了令人鼓舞的关怀和支持，使我的探查梳理、研究撰写工作得以启动运行。于是，艰难的美的开掘似如一种美的享受浸润在心。时至1997年初夏，这部书稿终于枝繁叶茂，绽花成实。在众人浇花的动人场面中，我校科研处的高明国、市新闻出版局的李京泰和课题组的张用蓬、张欣等几位年轻人尽心尽力，极力促成，使我难忘，谨此鸣谢。

我心中的泰山至高至美，"四美具"的真情至诚至深。

我还要衷心感谢老友、摄影家丛树敏先生慷慨为本书提供丰富而生动的图片资料，使之增色添彩。

看泰山依然年轻，而我却已向青春告别了，但是我与泰山相通的那份感情是不会老的。泰山美韵，使人永远年轻！

杨树茂

1997年盛夏